Eric Wagner

TAE-KWON-DO perfekt

- Technik, Training, Formenschule -

Meinem Trainer und Meister

Bernd Stork,

der mir stets Freund und Vorbild zugleich war und
der mir eine exzellente Ausbildung angedeihen ließ, indem er
mich in unzähligen Stunden in den Techniken und geistigen
Hintergründen des Taekwondo unterwies.

Eric Wagner

Beinhaltet die klassische und moderne
Formenschule der **Hyong** und **Taeguk-Übungsfiguren**

ISBN: 3-8330-0795-8

Bibliografische Information Der Deutschen Bibliothek:
Die Deutsche Bibliothek verzeichnet diese
Publikation in der Deutschen Nationalbibliografie;
detaillierte bibliografische Daten sind im Internet
über "http://dnb.ddb.de" abrufbar.

Der besondere Dank des Autors gilt Bernd Stork, Kevin Kaufmann und Thorsten
Müller für ihre freundlichen Unterstützung bei den Foto-Aufnahmen.
.
Layout, Zeichnungen, Satz: Eric Wagner
Titelbildgestaltung: Eric Wagner
Herstellung: Books on Demand GmbH, Norderstedt
Fürth 2003

Inhaltsverzeichnis

Vorwort des Autors

Die ursprünglich aus Korea stammende Kampfkunst "Taekwondo" erfreut sich auch in Europa zunehmender Beliebtheit. In über 60 Ländern der Welt wird diese Sportart bereits praktiziert und ein Ende dieser kometenhaften Entwicklung ist nicht abzusehen.

Dieses Buch soll in erster Linie mit den Grundlagen dieser Sportart vertraut machen. Durch die zahlreichen Bildfolgen und ausführlichen Beschreibungen hilft es gerade dem Anfänger dabei, über die ersten Schwierigkeiten hinwegzukommen.

Aber auch der Fortgeschrittene wird schnell feststellen, dass dieses Buch ein sehr hilfreicher Begleiter in der Ausbildung ist. Dabei eignen sich besonders die übersichtlichen Formentafeln zum schnellen Wiederholen oder dem Vertiefen von neu erlernten Übungsfiguren.

Dadurch, dass dieses Buch sowohl die Hyong-Übungsfiguren als auch die Taeguk-Übungsfiguren beinhaltet, eignet es sich besonders auch für die Taekwondoin, die wie ich beide Formensysteme während ihrer Ausbildung erlernt haben. Allen anderen bietet sich so die Möglichkeit, sich zusätzlich zum eigenen, auch mit dem jeweils anderen Formensystem vertraut zu machen.

Bedanken möchte ich mich an dieser Stelle bei meinem Lehrmeister Bernd Stork, der mir eine exzellente Ausbildung zukommen ließ und dem ich einen Großteil meines Wissens verdanke.

Ich hoffe dass dieses Buch viele Lehrer und Schüler in ihrem ständigen Bestreben nach körperlicher und geistiger Verbesserung unterstützt.

Eric Wagner

Die Geschichte des Taekwondo
Die Bestandteile des Taekwondo
Die Vorteile des Taekwondotrainings
Wichtige Grundprinzipien des Taekwondo
Die koreanische Flagge (Taegukki)
Das Gürtelsystem
Der Trainingsraum (Dojang)
Die Kleiderordnung während des Trainings
Die koreanische Sprache

Die Geschichte des Taekwondo

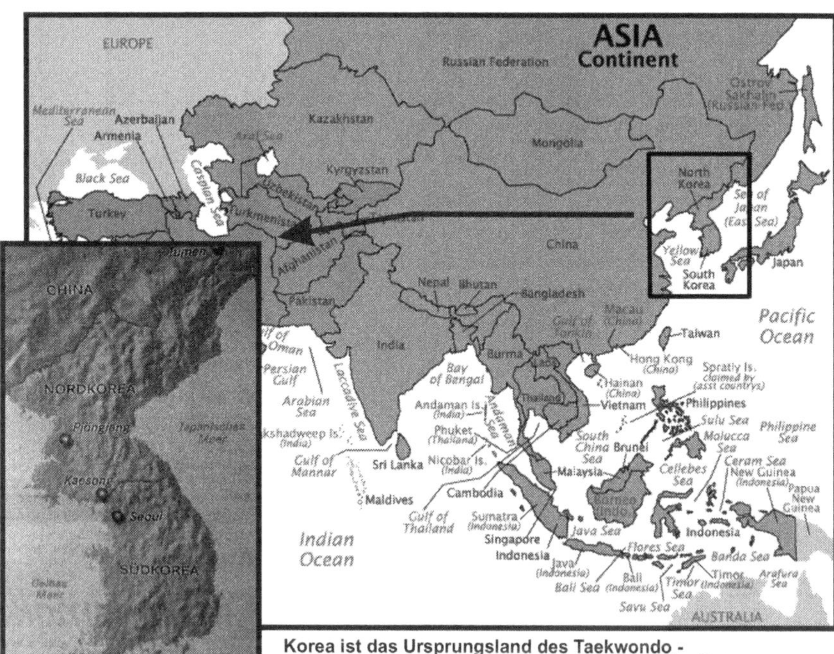

**Korea ist das Ursprungsland des Taekwondo -
von hier aus wurde es in der ganzen Welt verbreitet**

Im Gegensatz zu Kampfkunstarten wie „Karate" und „Judo", die in Europa relativ populär sind und heutzutage von jedem größeren Sportverein angeboten werden, ist immer noch relativ wenigen Leuten „Taekwondo" ein Begriff. Häufig wird von Laien das Wort „Karate" auch als Synonym für „Kampfsport" verwendet, „weil das doch sowieso alles das Gleiche sei". Dabei lassen diese Leute jedoch unberücksichtigt, dass es eine große Vielfalt an Kampfkünsten gibt, von denen jede ihre eigene Herkunft und Geschichte, ihre eigenen Techniken und ihre eigene Tradition hat. Gerade als Schüler einer dieser Kampfkunstarten, wird man sich früher oder später mit der Geschichte seiner Kampfkunst auseinandersetzen wollen, nicht zuletzt um die, häufig geschichtlich verankerten, Prinzipien und Traditionen seiner Sportart besser verstehen zu können.

Im Folgenden möchte ich einen kurzen Abriss über die geschichtliche Entwicklung des Taekwondo geben, der als kurzer Überblick gedacht ist und dem angehenden Taekwondoin zum ersten Einstieg dienen soll.

Was heißt "Taekwondo"

Das Wort „Taekwondo" setzt sich aus drei Teilen zusammen, die - ins deutsche übersetzt - schon einen groben Überblick über den Inhalt und das Wesen dieser Kampfkunst geben. **„Tae"** bedeutet übersetzt im Sprung mit dem Fuß schlagen und steht somit für die Fußtechniken. **„Kwon"** heißt wörtlich übersetzt Faust und kennzeichnet die Handtechniken. Am schwierigsten jedoch ist der Wortteil „Do" zu übersetzen. **„Do"** leitet sich vom chinesischen Wort „Tao" ab, und steht im übertragenen Sinne für die geistige Entwicklung des Schülers. Es geht also im Taekwondo um eine Schulung und Stärkung der körperlichen und geistigen Fähigkeiten, die je nach Trainingseifer und Wissensstand, bei jedem Taekwondoin unterschiedlich weit ausgeprägt sind.

Der geschichtliche Ursprung

Zwei Begriffe sind mit Taekwondo untrennbar verbunden: das Land Korea und der Name „Choi Hong Hi".
Die **geschichtliche Wurzel** des Taekwondo liegt in **Korea**. Es gibt Belege dafür, dass bereits vor über 2000 Jahren taekwondoähnliche Kampftechniken im Norden Koreas be-kannt waren.
Die Kunst der waffenlosen Selbstverteidigung genoss in alter Zeit in ganz Korea großes Ansehen. Korea - wie wir es heute kennen - war damals noch in die Königreiche Koguryo, Baekje, Koryo und Silla aufgeteilt doch in jedem dieser Königreiche wurde die Kunst der waffenlosen Selbstverteidigung bereits praktiziert. Zwar trugen diese Selbstverteidigungskünste damals noch keinen einheitlichen Namen - unter den Bezeichnungen Subak bis Taekyon waren sie damals bekannt - doch dienten sie schon damals alle dem einheitlichen Zweck sich, nach einem Verlust der Waffe, im Kampf mittels Tritten und Schlägen weiter verteidigen zu können. Deshalb musste zu dieser Zeit jeder Ritter eine dieser Kampfkunstarten beherrschen.

Nach der Vereinigung der vier Königreiche wurde die Fähigkeit sich waffenlos verteidigen zu können jedoch zusehends bedeutungsloser und verlor immer mehr an Popularität.

Die Neuzeit

Während der Besatzungszeit durch die Japaner dann (1909-1945), in der die Ausübung aller kriegerischen Künste verboten war, wurden Kampfkünste nur noch von einigen wenigen heimlich praktiziert und an einen erlesenen Kreis von Schülern weitergegeben. Obwohl in dieser Zeit eine starke Vermischung der

koreanischen Techniken mit dem japanischen Karate statt fand, blieb die koreanische Kampfkunst erhalten.
Erst nach der Befreiung Koreas im Jahre **1945** wurde ein neues Heer geschaffen und das Ausüben von kriegerischen Künsten war wieder gestattet. Zu dieser Zeit existierten gleichartige Kampfkünste unter den unterschiedlichsten Namen wie Kung-Su, Tang-Soo-Do oder Tae-Soo-Do. Ein - zu dieser Zeit noch - Oberleutnant namens **Choi Hong Hi** begann damals, die ihm vertrauten kriegerischen Künste, an seine Soldaten weiterzugeben.

Der einheitliche Name

1955 wurden die verschiedenen Kampfkunstarten dann zusammengefasst und von einem gemeinsamen Ausschuss der Name „Taekwondo" als neue und einheitliche Bezeichnung der nationalen Kampfkunst ausgewählt.
Seine weitere Entwicklung und weltweite Verbreitung verdankt Taekwondo hauptsächlich den Bemühungen von General a.D. Choi Hong Hi. Dieser sorgte durch zahlreiche Demonstrationen für eine **weltweite Verbreitung** und ergänzte die Kampfkunst durch zahlreiche Techniken. Auch das traditionelle Formen-system der „**Hyong-Übungsfiguren**" geht auf ihn zurück.

Taekwondo heute

Taekwondo hat nun bislang nie da gewesene Ausmaße erreicht. Wurde sie ursprünglich nur von einigen Adeligen und Rittern praktiziert, hat diese Kampfkunst heute Tausende von Anhängern in über **60 Ländern** der Welt und die Zahl ihrer Anhänger steigt stetig.
Auch Deutschland hat diese beeindruckende Entwicklung mitgemacht. Seit der ersten Taekwondo-Demonstration 1965 in München, ist die Zahl der Taekwondoschüler ständig gestiegen. Bereits heute findet man in vielen mittelgroßen und kleinen Vereinen eine Taekwondo-Abteilung und ein Ende dieser Entwicklung ist nicht abzusehen.
Verwunderlich ist das kaum, ist Taekwondo doch durch die Kombination klassischer Techniken mit den modernen Abwandlungen und Ergänzungen zu einer Art des geistigen Trainings und der Selbstverteidigung geworden, die weltweit ihresgleichen sucht.

Die Bestandteile des Taekwondo

Schon zu Beginn der Ausbildung wird jeder Taekwondoin auf eine harte Probe gestellt. Wie der Vogel, der ersten laufen lernen muss, bevor er fliegen kann, muss auch der junge Taekwondoschüler sich erst mit den wichtigsten Grundtechniken dieser Kampfkunst vertraut machen. Seine ersten Schritte in diesem, für ihn völlig unbekannten Terrain, bestehen aus der ständigen Wiederholung einer handvoll Grundtechniken gepaart mit einigen sehr tiefen und anstrengenden Stellungen. Diese „ersten Schritte", die sich vor allem durch ein relativ monotones und geistig wie körperlich sehr kraftraubendes Training auszeichnen, und die für einen jungen Schüler, der „schnell kämpfen lernen will" alles andere als spannend sind, können je nach Geschicklichkeit des angehenden Taekwondoin einige Wochen in Anspruch nehmen. So wird dem Schüler schon zu Beginn der Ausbildung ein sehr hohes Maß an Ausdauer abverlangt. Man sagt, dass 4 von 5 Schülern bereits an dieser ersten Hürde scheitern. Hält der Taekwondoin diese erste Phase der Grundlagenschaffung jedoch durch, wird er schon bald den Abwechslungsreichtum und die Vielfalt an Herausforderungen erkennen, die seine Kampfkunst ihm bietet. Mit jedem Fortschritt erschließt sich der Schüler neue Ge-

biete und es stellen sich dem Schüler neue Aufgaben, die es zu bewältigen gibt.

Im folgenden sei eine kurze Einteilung der verschiedenen Teilbereiche des Taekwondo gegeben, obwohl - da viele Teilbereiche auseinander hervor gehen und sich gegenseitig bedingen eine Strukturierung dieser Kampfkunst relativ schwierig ist.

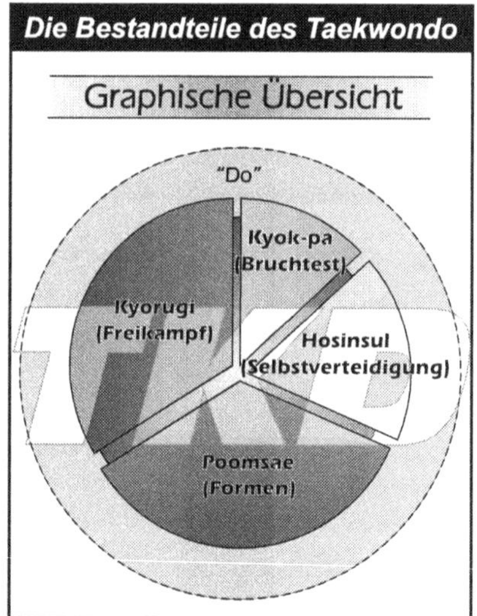

Formen (Poomsae)

Sobald der Schüler über fundierte Kenntnisse der Grundtechniken verfügt, werden diese zu Übungsfiguren, sog. Formen, zusammengefügt.

Formen bestehen aus einer Reihe von Einzeltechniken. Diese sind zu festgelegten Bewegungsreihenfolgen zusammengefügt, die einen **imaginären Kampf** gegen einen oder mehrere Angreifer darstellen. Anders ausgedrückt: das Formenlaufen ist eine Art Schattenboxen mit fest vorgegebener Choreographie. Für jeden Gürtelgrad, bekommt der Schüler innerhalb eines Formensystems eine neue Übungsfigur hinzu. Da die Formen immer schwierigere Techniken und Kombinationen enthalten, können mit ihrer Hilfe Schnelligkeit, Härte und Präzision der einzelnen Techniken trainiert werden. Auch die Konzentrationsfähigkeit und Vorstellungskraft des Schülers wird durch erlernen dieser Übungsfiguren hervorragend geschult.

Es gibt im Taekwondo mehrere von einander unabhängige Formensysteme, von denen zwei im Verlaufe dieses Buches noch eingehend behandelt werden.

Zum einen das „traditionelle" System der „**Hyong**"-Übungsfiguren, dass auf General a.D. Choi Hong Hi zurückgeht.

Zum anderen die etwas moderneren, so genannten „**Taeguk**"-Übungsfiguren, die sich vor allem durch kleinere Stellungen und realistischere Techniken auszeichnen.

Da man für jeden Gürtelgrad eine neue Form beherrschen muss, erlernt ein Schüler auf dem Weg zum Schwarzgurt die ersten neun Formen zumindest eines oder sogar mehrerer dieser Formensysteme.

Sparring (Kyorugi)

Freies Kämpfen, oder anders ausgedrückt „Sparring", dient in erster Linie dazu, in einem sportlichen Wettkampf die kämpferischen Fähigkeiten mit anderen Kampfsportlern zu messen. Da jedoch für das Sparring viele Fähigkeiten erforderlich sind, die durch das Formen laufen alleine, wenig bis gar nicht geschult werden würden, muss der Taekwondoschüler auch hierauf gezielt vorbereitet werden.

Dies geschieht mit Hilfe des so genannten **Einschritt-** und **Mehrschritt-Kampfes**. In einer Partnerübung muss dabei einer der Schüler den anderen mit einem fest vorgegebenen Schlag attackieren. Der andere hat mit einer vorher festgelegten Verteidigungskombination den Angriff abzuwehren. Diese Art des Trainings schult vor allem die Reaktionsfähigkeit und das Abstandsgefühl des Taekwondoin, ohne ihn dabei durch unkontrollierte Schläge dem Risiko einer Verletzung auszusetzen. Hat der Schüler gezeigt, dass er die technische und geistige Reife für den Freikampf besitzt, kann man ihn mit entsprechender Schutzausrüstung am Sparring teilnehmen lassen.

Selbstverteidigung (Hosinsul)

Im Verlauf seiner Ausbildung wird der Taekwondoin auch mit Selbstverteidigungstechniken konfrontiert. Hierbei geht es vor allem darum, ihm ein Grundwissen über das Wirken der verschiedenen **Griffe** und **Hebel** zu vermitteln. Durch einfache aber wirkungsvolle Techniken wird er so in die Lage versetzt, Angreifer ohne große Mühe abzuwehren. Auch das Befreien aus kritischen Situationen, wie Schwitzkästen oder Armhebeln, fällt in diesen Bereich des Taekwondo.

Bruchtest (Kyokpa)

Der nach Ansicht vieler Leute wohl spektakulärste Teil des Taekwondo sind die Bruchtests, die jedoch nicht annähernd so häufig praktiziert werden wie gemeinhin vermutet wird. Hierbei geht es in erster Linie auch nicht, wie häufig angenommen, um das Zerstören einer Sache. Vielmehr steht hier die **Überprüfung der Präzision einer einzelnen Technik** im Vordergrund. Nur durch entsprechende Geschwindigkeit und technisch saubere Ausführung, lassen sich stärkere Materialien zerschlagen. Mit roher Gewalt oder Kraft kann dagegen nichts ausgerichtet werden.
Auch für die Konzentrationsfähigkeit stellt der Bruchtest eine gute Prüfung dar. Da jedoch gerade bei Bruchtests ohne sachkundige Anleitung eine relativ hohe Verletzungsgefahr besteht, ist auch hier eine entsprechende Vorbereitung unabdingbar.
Wenn diese jedoch durchgeführt wurde, ist das Verletzungsrisiko selbst hier auf ein Minimum reduzierbar.

"Do" - die geistige Schulung

Neben diesen Hauptgebieten, gibt es noch eine Reihe von weiteren Bestandteilen, wie z.B. der Fallschule, die jedoch nicht umfangreich genug sind, um sie hier einzeln aufzuführen.
Dies gilt allerdings nicht für die geistige Schulung, das „Do", das mit Taekwondo untrennbar verbunden ist. Zum einen schult man durch das harte Training seine Konzentrationsfähigkeit und Willensstärke. Zum anderen ist, auf viel subtilerer Ebene, mit dem Praktizieren dieser Kampfkunst meist auch ein Charakterwechsel des Ausübenden verbunden. Durch Stärkung des Selbstvertrauens wird nach jahrelangem Training eine Souveränität und Ausgeglichenheit erlangt, die einem in vielen Bereichen des Lebens dient und dazu beiträgt, dass viele Probleme des Alltags gar nicht erst entstehen. Selbstvertrauen ist die Voraussetzung für Bescheidenheit und Toleranz, zwei Grundpfeiler aus den Prinzipien des Taekwondo.

Die Vorteile des Taekwondotrainings

Jeder der vor der Entscheidung steht „ist Taekwondo eine Sportart für mich", wird interessiert sein zu erfahren, welche Vorteile das Taekwondotraining mit sich bringt und an welche Leute sich diese Sportart in erster Linie richtet.

Ein bestimmter „besonders geeigneter" Personenkreis für die Ausübung dieser Sportart lässt sich nicht definieren. Taekwondo ist entgegen vieler Leute Vorurteil nicht nur eine Sportart für junge und bewegliche Menschen. Gerade ältere Leute können von dieser Kampfkunst profitieren, da Beweglichkeit und Ausdauer keine Voraussetzung für die Ausübung sind, sondern gerade die Folge derselben darstellen. Durch regelmäßiges Training lässt sich auch bis ins hohe Alter ein beachtliches Maß an Beweglichkeit aufrecht erhalten. Zudem ist eine Ausübung dieser Sportart ganz nach den individuellen Fähigkeiten und Vorstellungen des Praktizierenden möglich.

Physische Wirkungen

Man kann Sport aus den verschiedensten Motivationen heraus betreiben. Einige treiben Sport aus sozialen Gesichtspunkten, andere möchten durch Bewegung und Fitness ein langes gesundes Leben führen. Taekwondo ist eine Sportart, bei der jedes Gelenk und jeder Muskel bewegt wird. Anders als bei vielen anderen Sportarten, **schult** Taekwondo **beide Körperhälften** gleichermaßen. So werden einseitige Belastungen, die den Körper auf Dauer Schaden zufügen, hier vollständig vermieden, ja vielmehr noch, bereits vorhandene Einseitigkeiten durch stetes Training wieder ausgeglichen. Durch regelmäßiges Training kann so der Körper in umfassenden Maße fit gehalten werden, was zu einer Steigerung der Gesundheit und des Wohlbefindens wesentlich beiträgt.

Psychische Wirkungen

Taekwondo ist aber mehr als eine reine Bewegungskunst. Denn, „in einem gesunden Körper wohnt auch ein gesunder Geist", oder, anders ausgedrückt: solange der Mensch gesund ist, verfügt er über eine große Tatkraft. Das regelmäßige Training fördert den Kreislauf und damit die geistige Fitness des Taekwondoin.

Darüber hinaus stellt Taekwondo auch eine **Anleitung zur Charakterentwicklung** dar. Durch Steigerung des Selbstvertrauens, bildet Taekwondo die Grundlage für Bescheidenheit und Toleranz, zwei Eigenschaften, die für ein spannungsloses Sozialleben äusserst wichtig sind. Durch die Vermittlung sozialer Wertvorstellungen, wird auch eine enge Verknüpfung zur Ethik des Menschen hervorgerufen, welche die Basis für ein rechtschaffendes und vorbildliches Leben in unserer Gesellschaft darstellt.

Wichtige Grundprinzipien des Taekwondo

Da durch das Erlernen von Taekwondo, dem Schüler Fähigkeiten vermittelt werden, die keinesfalls falsch angewendet werden dürfen, muss sich jeder Schüler den folgenden Prinzipein zutiefst verpflichtet fühlen:

Grundsätze des Taekwondo

stets zu beachten sind:

1) Selbstverteidigung
2) Höflichkeit
3) Bescheidenheit
4) Toleranz
5) Integrität
6) Durchhaltevermögen
7) Selbstdisziplin
8) Sozialcourage
9) Hilfsbereitschaft

diese Grundsätze sind alle
gleichermaßen wichtig

Taekwondo ist mehr als nur die Kunst sich selbst verteidigen zu können. Jeder der sich mit dieser Sportart intensiv beschäftigt, wird früher oder später erkennen, dass Taekwondo einen Lebensstil darstellt. Das Verhalten eines Taekwondoin in der Öffentlichkeit fällt auf dessen Meister, Schule und nicht zuletzt auch auf seine Kampfkunst allgemein zurück.

Ein angehender Schüler, der oben genannte Grundsätze nicht einhält, indem er z.B. ständig in Schlägereien verwickelt ist, oder indem er in der Öffentlichkeit durch provokantes Verhalten auf sich aufmerksam macht, schadet so nachhaltig dem Ansehen seiner Schule und seiner Kampfkunst. In solchen Fällen sollte sich deshalb der Meister besonders verpflichtet fühlen, seinen Schüler schnellstmöglich auf den richtigen Weg zurückzuführen. Sollte dies nicht möglich sein, bleibt keine andere Alternative, als dem Schüler eine fortgesetzte Teilnahme am Training zu untersagen.

Die oben aufgeführten Prinzipien sind also als Verhaltenskodex für den Schüler zu verstehen, nach dem er sein Verhalten innerhalb wie außerhalb des Dojangs ausrichten sollte.

Um den Wesensgehalt der schlagwortartig aufgeführten Grundsätze noch besser zu verdeutlichen, seien sie kurz im einzelnen erläutert:

Selbstverteidigung

Taekwondo darf nur zur Selbstverteidigung eingesetzt werden. **Niemals** dürfen die erlernten Techniken **aggressiv** angewendet werden.
Oberstes Ziel des Taekwondoin muss immer die Vermeidung kämpf-

erischer Auseinandersetzungen sein. Eine Vielzahl von kritischen Situationen lassen sich oftmals auch durch einfaches Weggehen oder Nachgeben lösen. Nicht derjenige der im Kampfe siegt, sondern **derjenige der den Kampf vermeidet zeigt wahre Größe**. Taekwondo ist immer nur ein allerletztes Mittel, die „ultima ratio", wenn alle anderen Versuche den Angriff abzuwehren fehlgeschlagen haben.

Je weiter die Fähigkeiten des Taekwondoin fortgeschritten sind, desto mehr sollte er sich diesem obersten Prinzip verpflichtet fühlen.

Höflichkeit

Während des Trainings findet die Höflichkeit in der Einhaltung der Etikette (siehe S. 27) ihren Ausdruck. Doch auch außerhalb des Dojangs sollte der Taekwondoin in besonderem Maße rücksichtsvoll und höflich seinen Mitmenschen gegenüber agieren. Dabei sollte sich der Schüler seinen eigenen Schwächen in ganz besonderem Maße bewusst sein, um andere wegen ihrer Fehler nicht zu verachten.

Bescheidenheit

Der Schüler sollte stets seine Bescheidenheit bewahren, und dankbar für sein bereits erlangtes Wissen und seine Fähigkeiten sein. Niemals sollte

mit Lob, Auszeichnungen oder erlangten Titeln angegeben werden. So werden Neid und Missgunst anderer vermieden.

Toleranz

Aufgeschlossenheit und Verständnis für andere Kulturen, Ideale und Lebensanschauungen sind eine der wichtigsten Voraussetzungen für ein friedliches mit- und nebeneinander. Durch Akzeptanz und Interesse für andere Einstellungen, kann der Taekwondoin seinen eigenen Horizont erweitern und die Verständigung mit seinen Mitmenschen fördern.

Integrität

Der Schüler sollte die Fähigkeit besitzen, Recht und Unrecht zu unterscheiden. Anhand seiner vorgenommenen Wertung sollte der Schüler dann versuchen, stets dem rechten Pfade treu zu bleiben. Da aber niemand unfehlbar ist, kann es sein, dass der Schüler eine unrechte Handlung begeht. In diesem Fall sollte er genug Gewissen besitzen um sich schuldig zu fühlen, und im besonderen Maße um die Wiedergutmachung bemüht sein.

Durchhaltevermögen

Um sich im Leben voran zu bringen, sind häufig sehr steinige Wege zu gehen. Nur mit Beständigkeit und Hartnäckigkeit ist es möglich solche Durststrecken zu meistern. Der ehrgeizige Schüler muss sich Ziele setzen, und diese mit Beständigkeit verfolgen. Nur so wird er in der Lage sein, im Leben etwas zu erreichen.

Selbstdisziplin

Innerhalb wie außerhalb des Trainings einer der wichtigsten Grundsätze des Taekwondo. Ein Taekwondoin sollte stets die Kontrolle über sein Handeln bewahren. Er sollte sich nur innerhalb seiner Grenzen und Fähigkeiten bewegen. Eine gute Selbsteinschätzung ist dabei eben so wichtig, wie ein genügend hohes Maß an Vernunft.

Gerade beim Sparring wird die Wichtigkeit dieses Grundsatzes deutlich: wird ein Schüler aggressiv, weil er von seinem Gegner häufig getroffen wird, so kann das sehr gefährlich für die Gesundheit beider Athleten werden. Der Verlust der eigenen Kontrolle kann also, wie an diesem Beispiel deutlich wird, verheerende Auswirkungen haben, und ist daher entsprechend kritisch zu werten.

Sozialcourage

Mit den Fähigkeiten die man durch regelmäßiges Taekwondotraining erwirbt, erlangt der Schüler im Laufe der Zeit eine gewisse Stärke. Da mit Macht jedoch regelmäßig ein hohes Maß an Verantwortung verbunden ist, wird der Taekwondoin mit wachsenden Fähigkeiten gegenüber seinen Mitmenschen auch verpflichtet.

Ist am Anfang das Wissen des Taekwondoin noch nicht ausreichend, so erwirbt er im Fortgeschrittenenstadium Kenntnisse und Fähigkeiten, die ihn in die Lage versetzten, einen oder sogar mehrere Angreifer wirksam abzuwehren. Spätestens ab diesem Zeitpunkt sollte sich der Schüler verpflichtet fühlen, Unrecht zu bekämpfen, indem er insbesondere schwächeren und älteren Menschen in kritischen Situationen zur Seite steht.

Da aber häufig auch schon ein entschlossenes Auftreten zur Abwehr der Provokanten genügt, sollte auch der Anfänger bereits versuchen, im Rahmen seiner Möglichkeiten sozial schwächere Personen zu schützen. Insbesondere auch durch ein Miteinbeziehen umstehender Personen, kann häufig schon ein Druck auf den Angreifer ausgeübt werden, der diesen zur Aufgabe zwingt.

Hilfsbereitschaft

Das Wissen das der Schüler erwirbt sollte er nicht vor anderen verschließen. Vielmehr sollte er stets um Hilfsbereitschaft bemüht sein, und versuchen, sein Wissen zum Nutzen anderer einzusetzen. Durch diese gegenseitige Unterstützung ist es allen möglich, sehr viel schneller Fortschritte zu machen.

Die koreanische Flagge (Taegukki)

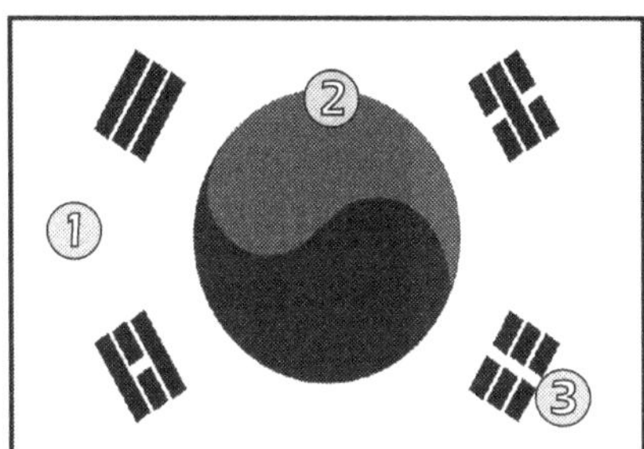

Abbild der koreanischen Flagge - der Kreis in der Mitte ist bei farbiger Darstellung rot/blau

Die koreanische Flagge ist in jedem Dojang zu finden. Als Respektsbezeugung und als Ausdruck der Dankbarkeit gegenüber dem Herkunftsland des Taekwondo, ist die Fahne vor jedem Training zu grüßen (siehe hierzu S. 27). Die koreanische Flagge hat jedoch, eine weit darüber hinaus gehende, sehr viel tiefgreifendere, philosophische Bedeutung, deren Grundzüge - da sie auch wesentliche Prinzipien des Taekwondo darstellen - hier im Folgenden kurz erläutert werden sollen.

Die Geschichte der Flagge

Der geistige Ursprung der koreanischen Flagge entstammt der asiatischen Philosophie des „Yin und Yang". Deshalb wurde das kreisförmige Symbol des „Yin und Yang" als zentrale Figur in den Mittelpunkt der Flagge gesetzt. In Korea wird dieses Symbol für Yin und Yang, und manchmal auch die Flagge selbst, als "**Taeguk**" bezeichnet. Im übertragenen Sinn meint man mit diesem Begriff das Gedankengut des „I Ching", das, wie hieran deutlich wird, über das Symbol ganz eng mit der Flagge verbunden ist.

Ein weiterer Grund für die Wahl dieses Symbols dürfte auch die Tatsache sein, dass die weltweit ältesten Funde solcher Symbole aus Korea stammen, und somit eine jahrtausende lange Verknüpfung zwischen dieser Weltanschauung und dem Land Korea belegt wird.

Das erste Konzept mit dem Yin-Yang-Symbol als zentraler Figur kreierte zum Ende des 19. Jahrhunderts **Young-Hyo Park**, als Korea im Zuge der Vereinigung eine einheitliche Flagge benötigte.

Die Bestandteile

Die Flagge besteht aus drei Teilen: dem weißen Hintergrund, dem rot/blauen Kreis in der Mitte und den vier Triogrammen in den Ecken der Flagge.

Der weiße Hintergrund steht für den Frieden (①).

Das rot/blaue Symbol in der Mitte wird, wie oben schon erwähnt, Taeguk genannt (②). Es stellt den Ursprung allen Seins im Universum dar. Der zentrale Gedanke ist die per-

21

fekte Harmonie und Balance aller Dinge. Ein Teil geht aus dem anderen hervor. Ein Teil kann nicht ohne den anderen bestehen. Es ist eine ständige Bewegung, ein ständiger Wechsel zwischen den Sphären, so dass letztlich beide Teile als Einheit zu betrachten sind.

Der blaue Teil symbolisiert **„Yang"** und steht damit für alle negativen Dinge des Lebens wie z.B. Dunkelheit und Kälte.

Der rote Teil symbolisiert „**Yin**" und steht damit für alle positiven Dinge des Lebens wie Helligkeit und Wärme.

Yin und Yang stellen immer eine Relation dar. Nie ist eine Sache absolut Yin oder Yang zugeordnet. Vielmehr wird eine Sache Yin im Hinblick auf eine zweite, Yang im Hinblick auf eine andere, dritte Sache sein. Der Frühling z.B. ist im Vergleich zum Winter Yang, im Hinblick auf den Sommer dagegen Yin.

Die vier Triogramme in den Ecken (3) stehen ebenfalls für das Prinzip von Gegensatz und Einheit. Bei genauer Betrachtung stellt man fest, dass die jeweils diagonal gegenüberliegenden Symbole zeichnerisch genau das Gegenteil ihres Gegenübers darstellen. Zum Beispiel besteht das Symbol oben links aus drei durchgezogenen Linien, während das gegenüberliegende Symbol unten rechts durch drei unterbrochene Linien dargestellt wird.

Zusätzlich haben die Symbole in Korea folgende Bedeutung:

Bedeutung der Trigramme
links oben - Himmel
rechts unten - Erde
rechts oben - Wasser
links unten - Feuer

Auch in ihrer übertragenen Bedeutung stellen diese Symbole also das jeweils genaue Gegenteil dar.

Bedeutung im Taekwondo

Durch diese starke Verknüpfung der koreanischen Flagge mit der östlichen Philosophie, werden durch sie also auch die Grundprinzipien und das philosophische Gedankengut des Teakwondo symbolisiert. Damit wird klar, dass die koreanische Flagge ihre Legitimation für ihren Platz im Dojang nicht alleine durch den geschichtlichen Ursprung des Taekwondo erhält, sondern ebenso durch ihre Verkörperung einer philosophischen Grundanschauung, aus der die geistigen Hintergründe des Taekwondo entstanden sind und die auch heute noch deutlich durch den geistigen Weg des Taekwondo verkörpert werden.

Das Gürtelsystem

Die meisten Leute verbinden mit dem Gedanken an traditionelle Kampfkünste automatisch den Gedanken an den ominösen, schwarzen Gürtel. Dabei ist das Gürtelsystem der Kampfsportarten nicht annähernd so traditionsreich, wie die Kampfkünste selbst.

Entstehung und Entwicklung

Das erste „Rangsystem" erfand ein Judomeister namens **Jigoro Kano** im Jahre **1883**. Um zwei seiner Meisterschüler auszuzeichnen, verlieh Kano ihnen „Shodan". Damals bestand jedoch noch kein äußerlich erkennbarer Unterschied in der Kleidung der einzelnen Schüler. Erst 1886 begann Kano dann damit, seine besten Schüler schwarze Gürtel tragen zu lassen, die jedoch mit unseren heutigen Gürteln, aufgrund der andersartigen Trainingskleidung, keine großen Gemeinsamkeiten hatten. Dies änderte sich erst 1907, als Kano den uns bekannten, modernen Trainingsanzug (Dobok) einführte. Doch wurde von ihm weiterhin nur zwischen weißen und schwarzen Gürteln unterschieden.

Die Karatekas auf Okinawa benutzten in alter Zeit überhaupt keine besondere Kleidung. Auf Photographien, die zu Beginn des 20. Jahrhunderts aufgenommen wurden, kann man heute noch erkennen, dass damals entweder in normaler Tageskleidung oder in Unterwäsche trainiert wurde. Ein Gürtelsystem wurde hier erstmals von **Funakoshi** im Jahre **1924** eingeführt, mit dem Hintergrund, die Akzeptanz und den Respekt vor Karate bei den Japanern zu steigern.

Die Einführung dieses Gürtelsystems, und die Einführung einer einheitlichen Trainingskleidung, waren zwei von vier Voraussetzungen, die dazu führten, dass Karate als „echte" Kampfkunst wahrgenommen wurde.

Die meisten anderen Kampfkunstarten übernahmen dann das japanische Gürtelsystem mit einigen Abwandlungen.

Das Gürtelsystem im TKD

Im Taekwondo ist eine Grobunterteilung des Gürtelsystems in Schülergrade (10.-1. Kup) und Meistergrade (1.-9. Dan) möglich. Der Schüler beginnt mit dem 10. Kup, da die Zahl zehn die niedrigste zweistellige Zahl ist, und so den Beginn eines langen Weges verdeutlicht.

Der höchste Dan-Grad ist der neunte, da die Zahl neun sich rechnerisch aus drei mal drei ergibt, und die Zahl drei im östlichen Kulturkreis ein Symbol für Glück darstellt.

Gürtel werden normalerweise durch das Ablegen von Prüfungen erworben. Der Inhalt der einzelnen Prüfungen kann jedoch aus Platzgründen in diesem Buch nicht näher erläutert werden. Wer hier weitergehendes Interesse hat, sei auf die Prüfungsordnungen der Taekwondoverbände verwiesen, die wenn auch nicht verbindlich, zumindest eine grobe Richtschnur für die Abnahme von Prüfungen darstellen.

Das Gürtelsystem im Überblick

Schülergrade

10. Kup	-	weiß
9. Kup	-	weiß-gelb
8. Kup	-	gelb
7. Kup	-	gelb-grün
6. Kup	-	grün
5. Kup	-	grün-blau
4. Kup	-	blau
3. Kup	-	blau-rot
2. Kup	-	rot
1. Kup	-	rot-schwarz

Meistergrade

1.-9. Dan	-	schwarz
Poom	-	rot-schwarz

Auch die Wahl der Gürtelfarben erfolgte im Gradsystem des Taekwondo nicht willkürlich. Jede von ihnen hat eine genau festgelegte Bedeutung, die an dieser Stelle kurz erläutert werden soll:

Die Schülergrade

weiß - symbolisiert die Unschuld des Schülers, der noch kein Wissen über Taekwondo besitzt. Im Gegensatz zu den anderen Gürteln, die durch das Ablegen von Prüfungen erlangt werden, erhält man diesen Gürtel automatisch mit der Aufnahme des Taekwondotrainings. (10. Kup)

gelb - der Schüler ist dabei, die Grundtechniken zu erlernen. Wie eine Pflanze, die ihre ersten Wurzeln entfaltet, legt der Schüler in diesem Stadium die Grundlagen für sein Fortkommen. (8. Kup)

grün - der Schüler schreitet in seinem Kenntnisstand voran. Sein Wissensstand ist nun mit dem Entfalten der ersten Blätter vergleichbar. (6. Kup)

blau - wie eine Pflanze, die immer weiter Richtung Himmel strebt, erreicht auch der Schüler mit der Erlangung des Blaugurtes ein höheres Niveau. Ab diesem Zeitpunkt ist der Schüler nicht mehr als Anfänger, sondern als Fortgeschrittener anzusehen. (4. Kup)

rot - diese Farbe hat in erster Linie zwei Funktionen: zum einen soll sie den Schüler ermahnen, sich der Gefährlichkeit seiner Techniken und seines Kenntnisstandes bewusst zu sein. Zum anderen sollen seine Gegner vor den fortgeschrittenen Fähigkeiten gewarnt werden.
(2. Kup)

Die Meistergrade

schwarz - schwarz ist das Gegenteil von weiß und stellt somit den größtmöglichen Kontrast zum Anfänger dar. Es symbolisiert außerdem die Unangreifbarkeit des Dan-Trägers durch Furcht und Dunkelheit.
Alle neun Dangrade werden durch einen schwarzen Gürtel symbolisiert.

Poom - da die Prüfungsordnung vieler Verbände vorsieht, dass man für den Erhalt eines Dangrades mindestens 16 Jahre alt sein muss, erhalten jüngere Absolventen der Danprüfung einen Poom (rot-schwarz), der, sobald sie 16 Jahre alt geworden sind, durch einen Schwarzgurt ersetzt wird.

Sonstiges

Neben diesen einfarbigen Gürteln gibt es noch die zweifarbigen Zwischenstufen (weiß-gelb, gelb-gün, grün-blau, blau-rot, rot-schwarz) die jeweils eine Mittelstellung des Taekwondoin zwischen zwei Stadien symbolisieren.

Es sei an dieser Stelle aber noch einmal darauf hingewiesen, dass die Gürtelfarbe nur ein Indiz für den Kenntnisstand seines Trägers ist und alleine durch Betrachtung des Gürtels sich keine genügende Aussage über die Fähigkeiten des Praktizierenden treffen lässt.

Der Trainingsraum (Dojang)

Der Trainingsraum (Dojang) ist ein Ort, an dem junge und alte Menschen gleich welcher Rasse, welcher Herkunft oder welchen Geschlechtes zusammen kommen, um gemeinsam Taekwondo zu trainieren. Ziel aller ist es, ihre psychischen, physischen und ethischen Fähigkeiten und Wertvorstellungen durch hartes Training zu verbessern. Hierfür notwendig ist es, dass durch Autorität innerhalb des Dojangs eine Atmosphäre des gegenseitigen Respekts und der Ruhe geschaffen wird. So wird es den Schülern ermöglicht, sich von ihren Alltagsgedanken zu entfernen, damit sie sich auf das zu absolvierende Training voll konzentrieren können.

Die Einrichtung des Dojangs

Der Raum selbst sollte groß genug, sein, so dass alle Sportler ihre Kampfkunst praktizieren können, ohne sich dabei gegenseitig zu behindern.
Des weiteren sind im Dojang üblicher Weise zwei Fahnen zu finden: die koreanische Flagge und die Flagge des Heimatlandes, in dem Taekwondo ausgeübt wird (hierzulande z.B. die deutsche Flagge). Durch die koreanische Flagge wird Respekt und Dankbarkeit gegenüber dem Ursprungsland des Taekwondo ausgedrückt.

Die deutsche Flagge schafft eine geistige Brücke zwischen dem Heimatland des Ausübenden und dem Ursprungsland des Taekwondo.
Vorteilhaft ist es ferner, wenn der Boden des Dojangs mit Matten ausgelegt ist, da so ein gelenkschonenderes Training ermöglicht wird, die Rutschfestigkeit erhöht wird und durch den weicheren Untergrund die Muskulatur besser gestärkt wird.
Auch wenn große Teile des Taekwondo ganz ohne Ausrüstung trainiert werden können, ist es außerdem von Vorteil, wenn einige Trainingsgeräte wie Schlagpolster, Boxsäcke, Spiegel oder Weichbodenmatten vorhanden sind. Diese Einrichtungen sind allerdings nicht zwingend notwendig. Schließlich ist einer der Vorteile des Taekwondo, dass man diese Kampfkunst, ohne Hilfsmittel zu benötigen, jederzeit und an jedem Ort ausüben kann.

Das Verhalten im Dojang

Um die oben beschriebene Atmosphäre nicht zu stören, gibt es eine Reihe von formellen Umgangsformen, die von jedem Taekwondoin innerhalb des Dojangs unbedingt eingehalten werden sollten. Die in der Übersicht auf der nächsten Seite aufgeführten Verhaltensweisen stellen keine abschließende Regelung

Die Ettikette im Dojang

Folgende Regeln sollten für einen reibungslosen Unterrichtsablauf von allen Schülern unbedingt eingehalten werden:

1. Beim Betreten und Verlassen des Dojangs sind der Trainingsraum und die anwesenden Sportler durch Verbeugung kurz zu grüßen.

2. Die Aufstellung bei Trainingsbeginn/-ende erfolgt von rechts nach links dem Kup-Grad entsprechend. (Bei gleichem Kup dem Alter/ der Größe nach)

3. Nach dem Aufstellen und dem Kommando "Charyot" (Achtung!) erfolgt das Kommando "Taegukki Kyongle" (Die Fahne grüßen!).
Es wird die Koreanische Fahne gegrüßt. Diese kurze Phase der Konzentration sollte dazu genutzt werden, sich von störenden Gedanken frei zu machen und sich ganz auf das jetzt beginnende Training zu konzentrieren. (Während des Grußes die rechte Hand auf die linke Brusthälfte legen)

4. Danach tritt der Meister vor die Klasse. Der höchstgraduierte Schüler spricht nun das Kommando "Charyot - Sabom Kyongle" (Grüßt den Meister!) Danach grüßen die Schüler den Lehrer und umgekehrt durch kurzes verbeugen. Bei Partnerübungen grüßen sich die Partner mit dem Gruß "Kyongle".
Der tiefere Sinn dieses Grußes besteht darin, dem Partner, dem man ja als Gegner während der Übung gegenüber tritt, zu verdeutlichen, dass man bei allem entschiedenem Kämpfen ein Partner bleibt und dass man froh ist, mit dem anderen trainieren zu können.

5. Sollte ein Schüler das Training wegen eines gewichtigen Grundes unterbrechen müssen, so hat er sich beim Trainer durch kurzes Verbeugen ab bzw. wieder anzumelden.

6. Während des Trainings darf nur geprochen werden, wenn es absolut notwendig ist.

7. Höhergraduierten Schülern und insbesondere dem Meister ist mit dem gebührendem Respekt gegenüber zu treten.

8. Nach Beendigung des Trainings erfolgt das Grüßen wie am Anfang.
Ein eigenmächtiges Verlassen des Unterrichts, das nicht durch einen gewichtigen Grund und nach vorheriger Absprache mit dem Trainer erfolgt, ist nicht gestattet.

9. Das Verhalten eines Kampfsportlers hat sich sowohl innerhalb als auch außerhalb des Dojangs im besonderen Maße durch Höflichkeit, Integrität, Durchhaltevermögen, Selbstdisziplin und Unbezwinglichkeit auszuzeichnen.

dar. Trotzdem kann jeder Schüler aus dieser Aufzählung entnehmen, worauf beim Verhalten innerhalb des Dojangs besonders zu achten ist.
Zu jeder Zeit sollte das Verhalten des Schülers in besonderem Maße von Respekt gegenüber seinen Trainingspartnern bestimmt sein.

Die Kleiderordnung während des Trainings

Neben der Einhaltung des Zeremoniells, sollte der Schüler innerhalb des Dojangs immer darauf achten, seine Kleidung in Ordnung zu halten. Die einheitliche Kleidung aller Taekwondoin während des Trainings besteht aus einem Trainingsanzug (Dobok) und dem Gürtel (Ty).

Der Trainingsanzug (Dobok)

Der Trainingsanzug besteht aus einer Schlupfjacke oder einer Jacke mit übereinanderzulegenden Schößen und einer dazugehörigen Hose. Der Anzug ist für gewöhnlich weiß. Die Hose muss weit genug geschnitten sein, dass ein Spagat in jede Richtung möglich ist. Die Armlänge sollte mindestens bis zur Mitte der Unterarme reichen, sollte jedoch keinesfalls die Handgelenke überdecken.

Empfehlenswert ist es, bei der Auswahl des Anzuges kein zu dünnes Material zu wählen, da gerade bei Selbstverteidigungstechniken der Anzug eine hohe Reißfestigkeit besitzen muss.

Der Dobok des Schülers sollte stets in gepflegtem Zustand sein. Hierzu gehört regelmäßiges Waschen ebenso wie ordentliches Zusammenlegen nach jeder Benutzung. Da das Trocknen des Doboks nach jeder Wäsche einige Zeit in Anspruch nimmt, kann es bei mehrmaligem Training pro Woche sinnvoll sein, sich zumindest zwei Trainingsanzüge zuzulegen.

Das Zusammenlegen des Doboks wird auf der folgenden Seite erläutert.

Der Gürtel (Ty)

Die Länge des Gürtels richtet sich nach dem Körperumfang des Trägers. Er sollte lang genug sein, dass nach dem Binden des Gürtels noch zwei ca. 20-30 cm lange Enden herabhängen.

Da der Gürtel während des Trainings kaum Schweiß aufnimmt, muss dieser nicht mit jeder Wäsche des Anzuges mitgereinigt werden. Dies ist auch in sofern von Vorteil, da der Gürtel durch häufiges Waschen sehr schnell ausbleicht und an Festigkeit verliert.

Da gerade am Anfang der Gürtel noch relativ steif ist, und er sich somit sehr leicht lockert, sollten die kurzen Pausen des Trainings dazu genutzt werden, seinen festen Sitz zu überprüfen.

Das Binden des Gürtels wird auf Seite 30 genau beschrieben.

Anleitung zum Zusammenlegen des Doboks

Es empfiehlt sich den Dobok nach jedem Training wie folgt zusammenzulegen:

Schritt 1

Die Jacke wird auf dem Boden ausgebreitet und die Hose, längs zusammengefaltet, in der Mitte darauf gelegt.

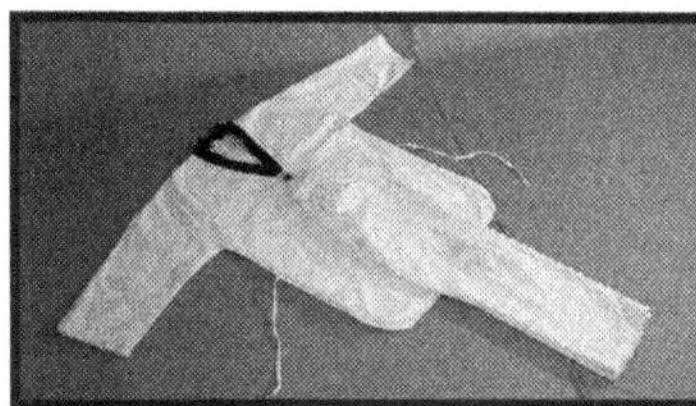

Schritt 2

Der linke Ärmel wird nach rechts gefaltet. Dann wird der Ärmel senkrecht nach unten gelegt. Dasselbe wird mit der anderen Seite gemacht.

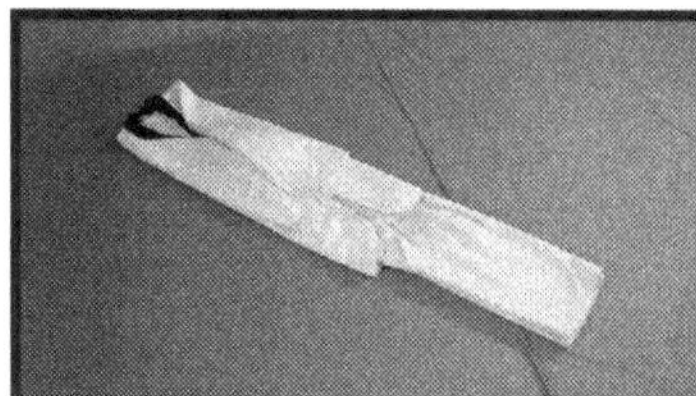

Schritt 3

Nun wird die Hose gerade nach oben gefaltet.

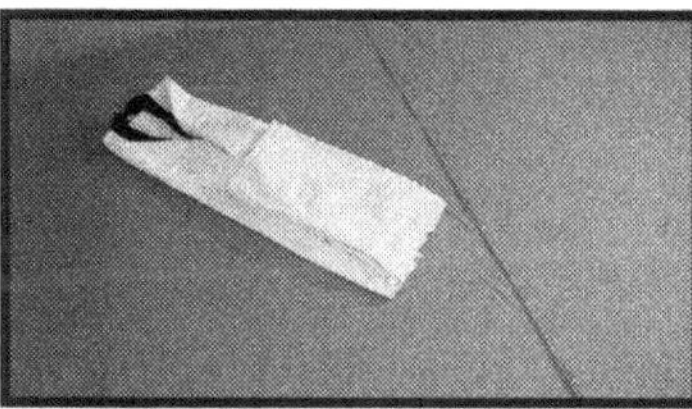

Schritt 4

Der Anzug wird nun von unten nach oben (in Richtung des Revers) eingerollt.

Schritt 5

Zuletzt wird noch der Ty um den Dobok gebunden um ein Aufrollen des Anzuges zu verhindern.
Der Ty kann auch als Trageriemen verwendet werden.

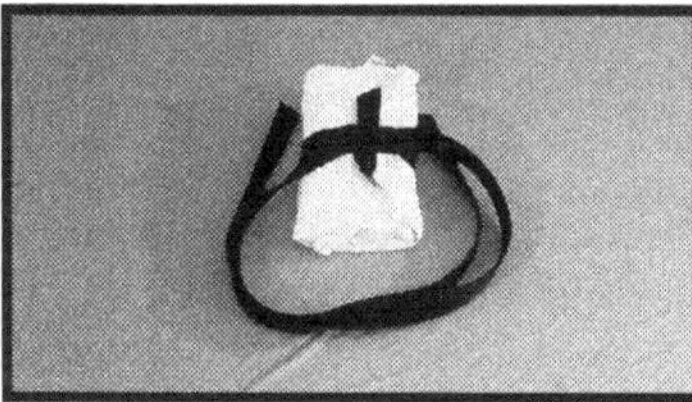

Anleitung für das Gürtelbinden

Beim Binden des Gürtels hat sich der Schüler strikt an die folgende Anleitung zu halten:

Schritt 1

Der Gürtel wird genau in der Mitte gegriffen, indem man zwei gleich lange Enden herabhängen lässt.
Die Mitte wird dann auf den Bauchnabel gelegt und dort mit einer Hand fixiert.

Schritt 2

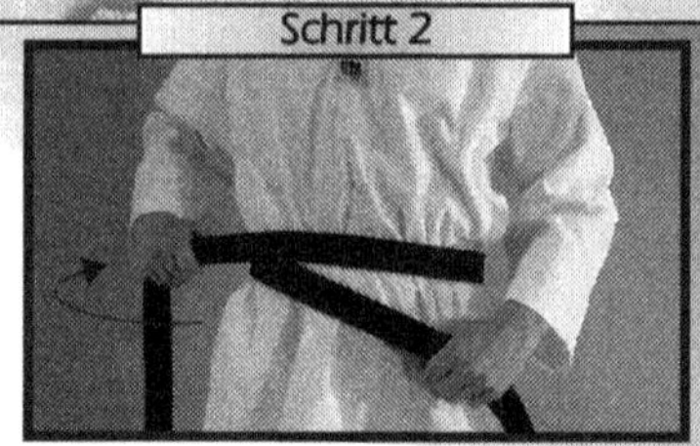

Mit der anderen Hand führt man nun ein Ende des Ty um die Taille. Wichtig ist dabei, dass dieses Ende, das von hinten kommt, unter das andere Gürtelende gelegt wird.

Schritt 3

Anschließend nimmt man das andere, oben liegende, Gürtelende und führt es ebenfalls um die Taille bis zum Bauchnabel. Dort erhält man so drei übereinander liegende Gürtelbahnen.

Schritt 4

Das oben liegende Gürtelende wird nun unter bzw. hinter den anderen beiden Gürtelbahnen nach oben geführt. Danach kann der Gürtel festgezogen werden.

Schritt 5

Das untere Gürtelende wird nun eingeklappt und das obere Gürtelende darüber gelegt.

Schritt 6

Abschließend wird das obere Ende von unten nach oben um das andere Ende geschlungen und festgezogen.
Der Gürtel ist richtig gebunden, wenn nun beide Enden gleich lang sind.

Die koreanische Sprache

Die Struktur der Fachbegriffe

Hat der Schüler zu Beginn seiner Ausbildung schon genügend Schwierigkeiten mit der Ausführung der einzelnen Techniken, so muss er gleichzeitig noch eine schier unendlich wirkende Zahl an koreanischen Fachausdrücken erlernen, um dem Training folgen zu können. Durch ständiges Wiederholen innerhalb des Trainings, meistert der Schüler diese Phase für gewöhnlich relativ schnell. Trotzdem kann dieser Prozess noch deutlich beschleunigt und vereinfacht werden, wenn sich der angehende Taekwondoin die Strukturierung der Begriffe einmal verdeutlicht.

Die koreanischen Bezeichnungen der einzelnen Techniken beschreiben deren Ablauf für gewöhnlich sehr präzise. Dabei finden sich im Namen der Technik Angaben über die Art der Technik, die Höhe und die Seite der Ausführung und die Bewegungsrichtung.
Ausgangspunkt ist immer der letzte Teil des Namens, der die Art der Technik bezeichnet. Würde man dieses System mit unserem europäischen Namenssystem vergleichen, würde die Art der Technik durch den Familiennamen beschrieben werden.

Folgende Technikarten gibt es im Taekwondo:

Wichtige Wortendungen
Stellungen
Sogi - Stellung
Abwehrtechniken
Makki - Blocktechnik
Angriffstechniken - Arm
Jirugi - Fauststoß Chirugi - Fingerstich Chigi - Schlag
Angriffstechniken - Bein
Chagi - Fußtritt, Kick

So wird also zum Beispiel mit der Wortendung „-makki" verdeutlicht, dass es sich um eine Abwehrtechnik handelt.

Da allerdings eine ganze Reihe von Abwehrtechniken existieren, müssen diese noch weiter unterschieden werden. Dies geschieht dadurch, dass jeder dieser Techniken eine jeweils andere Vorsilbe zugeordnet ist. Diese stellt sozusagen den Vornamen der Technik dar. Auch diese Vorsilben wurden jedoch nicht willkürlich gewählt. So bezeichnen diese Vorsilben häufig die Bewegungsrichtung der Technik und tauchen demzufolge bei den verschiedenen Technikarten immer wieder auf. Folgende gängige Vorsilben sollte der Schüler kennen:

Wichtige Vorsilben	
Richtungen	
an	- von außen
bakkat	- von innen
yop	- seitlich, zur Seite
nullo	- nach unten
dollyo	- im Halbkreis
naeryo	- von oben
ollyo	- nach oben
ap	- nach vorne
dwit	- nach hinten

Ein Ap-chagi meint demzufolge also zum Beispiel einen Vorwärtskick.

Diese Bezeichnung ist allerdings immer noch nicht allzu präzise, da dieser Fußtritt in ganz unterschiedlichen Höhen ausgeführt werden kann.
Daher enthält der koreanische Fachausdruck üblicherweise auch eine Höhenangabe, die noch vor die Vorsilbe gestellt wird. Diese ist lediglich bei Techniken entbehrlich, die ihrer Art nach nur in einer bestimmten Höhe ausgeführt werden können.

Im Taekwondo ist der menschliche Körper in drei Zonen aufgeteilt: Arae, Momtong und Olgul. In jeder Höhe wir auf eine besonders verwundbare Stelle des Gegners gezielt.

Die Höhen im Taekwondo
olgul
Zone von den Schultern aufwärts **Ziel:** Nasenrille
momtong
Zone von den Schultern bis zur Gürtellinie. **Ziel:** Solarplexus
arae
Zone von der Gürtellinie abwärts **Ziel:** Zwerchfell (etwas unterhalb des Nabels)

Wollten wir also einen Vorwärtskick zum Kopf schlagen, so wäre die genau Bezeichnung dafür „Olgul-ap-chagi".

Es gibt noch eine Reihe von weiteren Wortteilen, die bestimmte Besonderheiten von Techniken deutlich machen. Üblicherweise werden diese genau zwischen die oben genannten Wortteile gestellt.

Einige von ihnen sind in der folgenden Übersicht aufgeführt.

Sonstige Vorsilben

Ausschnitt der wichtigsten

sonnal	-	Doppelhandkante
hansonnal	-	Einzelhandkante
pyonsonkut	-	Fingerstich
baro	-	gegenseitig
bandae	-	gleichseitig
orun	-	rechts
oen	-	links
twio	-	gesprungen
otgoro	-	überkreuzt
goduro	-	unterstützt
sewo	-	vertikal
opo	-	horizontal

Ein „Twio-ap-chagi" macht uns also zum Beispiel deutlich, dass der Vorwärtskick im Sprung ausgeführt wird. Ein „Olgul-sonnal-an-chigi" verdeutlicht uns dagegen, dass es sich hierbei um einen Handkantenschlag handelt, der von außen nach innen in Kopfhöhe ausgeführt wird.

So lässt sich also in den meisten Fällen vom koreanischen Fachausdruck, die präzise Art der Ausführung ableiten.

Sonstige koreanische Begriffe

Neben den Bezeichnungen für die einzelnen Techniken gibt es allerdings noch eine Reihe von weiteren koreanischen Fachausdrücken, die der Schüler ebenfalls beherrschen sollte.

Ein Teil hiervon ist das koreanische Zahlensystem:

Das Zahlensystem

	Dezimalzahlen	Ordnungszahlen
1	hanah	il
2	dul	i
3	set	sam
4	net	sa
5	dasot	oh
6	yosot	yuk
7	ilgob	chil
8	yodul	pal
9	ahob	gu
10	yol	ship
11	yol hanah	ship il
...		
20	seumool	ie sip
30	soreun	sam sip
40	maheun	sa sip
50	sheen	oh sip

Ein Übersicht über alle wichtigen koreanischen Fachausdrücke ist auf den nächsten Seiten noch einmal zusammengestellt. Zum schnelleren Nachschlagen befindet sich eine Kopie dieses Fachwörterverzeichnisses als Anhang am Ende des Buches.

Koreanisches Fachwörterverzeichnis

A

agwison	Handspanne
ahob	neun (9)
an	von außen nach innen
an-chagi	Tritt von außen
an-chigi	Schlag nach innen
an-makki	Block von außen
an-palmok	Innenunterarm
an-palmok-bituro-makki	gedrehter Block mit dem Innenunterarm
ap	nach vorne
apchagi	Vorwärtskick
apchigi	Schlag nach vorne
apchuk	Fußballen
apkoa-sogi	seitliche Überkreuzstellung
ap-gubi	Vorwärtsstellung (tief)
apkyorumse	Frontalstellung (Kampf)
ap-sogi	kleine Vorwärtsstellung
arae	Unterleib
arae-bo-jumok	Startstellung (linke Hand um rechte Faust)
arae-makki	Tiefblock

B

baesim	Jury
bakkat	nach außen
bakkat-makki	Block nach außen
bakkat-palmok-gawi-makki	Scherenblock mit dem Außenunterarmen
bakkat-palmok-goduro-makki	Unterarmblock nach außen mit Unterstützung
bal	Fuß
balbadak	Fußsohle
baldung	Fußrücken
baljit	Stepp
baljitki	Stepptechnik
balnal	Fußkante (außen)
bamjumok	spitze Faust
bandae	gegenseitig
bandae-jirugi	gegenseitiger Fauststoß
bangoki	Blocktechnik
baro	gleichseitig
baro-jirugi	gleichseitiger Fauststoß
batangson	Handballen
batguo	"Wechsel" (Kommando)
bato-chagi	Kontertechnik mit dem Fuß
bituro-makki	gedrehter Block nach außen mit dem Innenunterarm
bo-jumok	Startstellung (linke Hand umfasst in Kinnhöhe die rechte Faust)

(zweite Spalte)

bom-sogi	Tigerstellung (Rückwärtsstellung)
bon	Muster, Vorbild
busim	Punktrichter

C

chagi	Kick
charyot	"Achtung!"
charyot-sogi	Achtungsstellung
chigi	Schlag
chil	7.
chi-jirugi	Aufwärtsstoß
chirugi	Stich mit Fingerspitzen
chong song	Sieg für blau
chukyo	heben
chukyo-makki	Hebeblock

D

dan	Meistergrad
danggyo-jirugi	ziehender Stoß
danjon	Zwerchfell
dari	Bein
dasot	fünf
datchimse	geschlossene Stellung (Kampf)
digut-cha	u-förmig
digut-cha-makki	u-förmiger Block m. Handspann
dobok	Trainingsanzug
dojang	Trainingsraum
dolchogwi	Drehangel, Scharnier
dolia	umdrehen
dollyo-chagi	Drehtritt
dollyo-jirugi	Drehstoß
du	zwei(fach)
du-batangson-chukyo-makki	Hebeblock m. beiden Handballen
dubon	doppelt, zweimal
du-jumok	beide Fäuste
du-jumok-sewo-jirugi	gleichzeitiger Stoß mit zwei senkrechten Fäusten
dungjumok	Faustrücken
dungjumok-ape-chigi	Faustrückenschlag nach vorne
dwi	hinten, rückwärts
dwitchagi	Rückwärtskick
dwitkoa-sogi	Überkreuzstellung vorwärts
dwit-gubi	Rückwärtsstellung
dwitkumchi	Achillesferse
dwit-palkup-chigi	Ellenbogenschlag nach hinten
dwitpal-sogi	Rückbeinstellung

34

Koreanisches Fachwörterverzeichnis

G

gawi	Schere
gawi-makki	Scherenblock
gawisonkut	Fingerspitzen in Scherenform
gesok	"Weitermachen!"
gibon	Basis, Grund
gibon-junbi	Grund-Startstellung
gihap	Kampfschrei
godub-chagi	Doppelfußtritt
goduro-makki	Block mit Unterstützung
gu	9.
gubi	gebeugt, beugen
guman	"Ende!"
gyopson	linke Hand über die rechte Hand gelegt
gyopson-junbi	Startstellung - Hände wie oben beschrieben

H

hakdari-sogi	Kranichbeinstellung
han	ein-, einzel
hana	1 (eins)
hanbon-kyorugi	Einschrittkampf
hanson	eine Hand
hansonnal-makki	Einzelhandkantenblock
hechyo	Keil, auseinander
hechyo-makki	Keilblock
hoejon (il,ie,sam)	Runde (1.,2.,3.)
hogu	Kampfweste
hong	rot
hong song	Sieg für rot
hosinsul	Selbstverteidigung
huryo	Peitsche
huryo-chagi	Peitschenkick
hyong	Übungsfigur

I

I	2. (Ordnungszahl)
II	1. (Ordnungszahl)
ilgob	sieben
injung	Nasenrille

J

jabi	Griff
jang	Abschnitt

J (Fortsetzung)

jayu-kyorugi	Freikampf
jebipum	Schwalbenflugförmig
jebipum-sonnal-mokchigi	eine Handkante schlägt zum Hals, die andere führt Gesichtsblock aus
jechyo	umgedreht
jechyo-chirugi	Stoß mit umgedrehter Faust
jirugi	Fauststoß
juchum-sogi	Sitzstellung
jumok	Faust
junbi	"Achtung!"
junbi-sogi	Vorbereitungsstellung
jusim	Kampfleiter

K

kal	Messer
kaljabi	Schlag mit der Handspanne
kallyo	"Auseinander!"
kamjom	Minuspunkt
kima-sogi	Reitsitzstellung
koa-sogi	Überkreuzstellung
kolchyo-makki	Einhakblock
konggyokki	Angriffstechnik
kumgang	Diamant
kumgang-makki	Diamantblock
kun-dolchogwi	hakenförmig geführter Fauststoß
kup	Schülergrad
kuryong	Kommando
kuryong opschi	ohne Kommando
kuryonge matschuo	mit Kommando
kyesok	"Weiterkämpfen!"
kyokpa	Bruchtest
kyonggi	Wettkampf
kyonggo	Verwarnung
kyongie	Gruß, Respektsbezeugung
kyorugi	Kampf
kyorumse	Grundkampfstellung

M

makki	Block, Abwehrtechnik
mejumok	Faustaußenseite
miro	schieben, stoßen
miro-chagi	Stoßtritt
mituro	abwärts
mo	Ecke
mok	Hals
mok-chigi	Schlag zum Hals
moa-sogi	geschlossene Stellung
mojuchum-sogi	Sitzstellung mit gedrehten Füßen

Koreanisches Fachwörterverzeichnis

mom	Körper
momdollyo-chagi	Tritt mit rückwärtiger Körperdrehung
momtong	Rumpf (vom Nabel bis zum Schlüsselbein)
myongchi	Solarplexus

N

naeryo	abwärts
naranhi-sogi	offene Parallelstellung
natchumse	Tiefe Kampfstellung
net	vier
nullo	herunterdrücken
nullo-makki	Druckblock nach unten

O

oen	links
oesantul-makki	arae-makki, olgul-bakkat-makki gleichzeitig
oh	5.
olgul	Gesicht
olgul-makki	Gesichtsblock
ollyo	aufwärts
ollyo-chigi	Aufwärtsschlag
opo	waagerecht
oposonkut	Fingerspitzen waagerecht
orun	rechts
otgoro	überkreuzt

P

paegi	Befreiung
pal	Arm
pal-chagi-junbi	Grundstellung
palgub	Ellenbogen
palgup-pyojok-chigi	Ellenbogenzielschlag (gegen die Handfläche)
palmok	Unterarm
an-palmok	Innenseite (Speiche)
bakkat-palmok	Außenseite (Elle)
poom	Form oder Meistergrad
poomsae	Bewegungsform
pyojok	Ziel
pyon	flach
pyonson	flache Hand
pyonjumok	halb geöffnete Faust
pyonsonkut	Fingerspitzen senkrecht
pyonsonkut-jechyo-chirugi	Fingerspitzenstich mit nach oben gedrehter Handfläche

S

sa	4. (Ordnungszahl)
sabom(-nim)	Meister, Großmeister
sam	3. (Ordnungszahl)
santul	Bergform, bergförmig
santul-makki	beidarmiger Gesichtsblock
sebon	dreimal
sebon-kyorugi	Dreischrittkampf
set	drei
sewo	senkrecht
sewo-an-chagi	Tritt mit der Fußinnenkante
sewo-chirugi	Vertikalschlag/stich
sib	10. (Ordnungszahl)
sijak	"Beginnen!"
simpan	Kampfrichter
sogi	Stellung
son	Hand
sonkut	Fingerspitzen
sonmok	Handgelenk
sonnal	Handkante (Außenseite)
sonnaldung	Handkante (Innenseite)
sonnal-mokchigi	Handkantenschlag zum Hals
sung	gewonnen

T

Taekwondoin	(sing./pl.) jmd. der TKD betreibt
tok	Kinn
twio	im Sprung, gesprungen
ty	Gürtel

W

win	links
wiro	aufwärts

Y

yodul	acht
yol	zehn
yollimse	offene Kampfstellung
yop	seitlich, Seite
yop-chagi	Seitwärtskick
yop-jirugi	Seitwärtsstoß
yop-kyorumse	seitliche Kampfstellung
yop-makki	Seitblock
yosot	sechs
yuk	6. (Ordnungszahl)

Kapitel 2

Das Aufstellen eines Trainingsplans

Allgemeine Hinweise zu den Trainingsarten

Das Aufstellen eines Trainingsplans

Die Folgenden allgemeinen Hinweise zum Training sollte jeder Schüler besonders aufmerksam studieren.

Zum einen lässt sich durch das Einhalten bestimmter Grundsätze die Verletzungsgefahr minimieren, zum anderen kann durch das Verstehen einiger Prinzipien die Effizienz des Trainings wesentlich gesteigert werden.

Trainingsinhalt

Ein häufiger Irrglaube ist, dass das regelmäßige Training lediglich zur Erweiterung der Fähigkeiten und Kenntnisse des Taekwondoin dient. Dementsprechend enttäuscht gehen manche Schüler deshalb nach hause, wenn sie in einer Trainingseinheit „wieder nichts neues gelernt haben". Ein Wiederholen von Techniken ist aus Sicht mancher Anfänger nutzlos aufgewendete Zeit, da man die Techniken ja bereits "kennt".

Dabei besteht schon alleine zwischen dem Kennen und Können einer Technik ein gewaltiger Unterschied. Bis man eine Technik gut genug beherrscht, dass man sie im Ernstfall einsetzen kann, ist es ein langer Weg. Außerdem übersehen diese Schüler, dass das Training neben der Erlernung neuer Techniken noch eine zweite, mindestens genauso wichtige Zielrichtung hat: die

Festigung und Vertiefung des bereits erlernten Wissens. Diese Komponente nimmt im Laufe der Ausbildung einen immer wichtigeren Stellenwert ein, da der Schüler seinen Kenntnisstand ja fortwährend erweitert und somit immer mehr „gegen das Vergessen" gearbeitet werden muss.

Trainingshäufigkeit und Art

Damit stellt sich aber vor allem eine Frage: wie oft sollte man demnach trainieren, damit man auch noch genug Zeit für die Erarbeitung neuer Techniken hat?

Eine pauschale Antwort kann hier nicht gegeben werden. Einmaliges Training pro Woche ist sicher nicht ausreichend. Irgendwann wird der Schüler an einen Punkt stoßen, an dem er sieht, dass es kaum mehr voran geht, da die allermeiste Zeit für die Festigung und Wiederholung bereits erlernter Techniken dringend benötigt wird.

Besser ist es da schon, wenn man zumindest zweimal, oder noch besser dreimal die Woche trainiert. Dadurch, dass hier die Zeit zwischen den einzelnen Trainingseinheiten stark verkürzt wird, festigt sich neues Wissen meist sehr viel schneller. Außerdem erlaubt die Aufteilung in mehrere Trainingseinheiten einen besser strukturierten Trainingsaufbau.

Für den Leistungssportler wird jedoch auch dies nicht ausreichen. Gerade der wettkampfambitionierte Taekwondoin sollte je nach Möglichkeit mindestens fünf bis sieben Trainingseinheiten pro Woche einlegen, da auch Zeit für den Kraft-, Schnelligkeits- und Konditionsaufbau benötigt wird.

Der Trainingsplan

Wenn man mehrere Trainingseinheiten pro Woche absolviert, empfiehlt es sich, in den einzelnen Einheiten unterschiedliche Trainingsschwerpunkte zu setzen. Für den wettkampforientierten Sportler sind folgende Bereiche besonders wichtig: Technik, (Schnell-)Kraft, Ausdauer, Beweglichkeit, Taktik (siehe Grafik gegenüber).

Um sein persönliches Potential bestmöglich auszuschöpfen, ist das Aufstellen eines Trainingsplanes unerlässlich (siehe Beispiel auf Seite 41).

Hierzu legt man zunächst fest, an welchen Tagen man Zeit zum Trainieren hat. Wichtig ist dabei vor allem, dass man sich möglichst einen Tag in der Woche ganz frei hält, um dem Körper die Möglichkeit zu geben, sich wieder zu regenerieren.

Hat man erst einmal einen Überblick über seine Trainingsmöglichkeiten, geht es an den schwierigeren Teil festzulegen, was an welchem Tag trainiert werden soll. Eine Übersicht, welche Bestandteile das Training enthalten sollte, ist im folgenden abgedruckt.

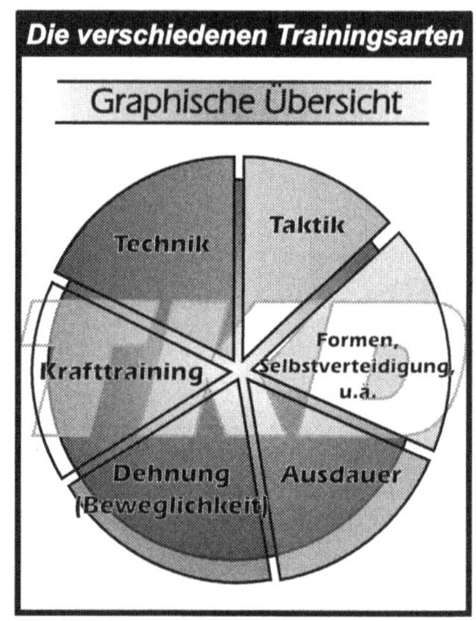

Zunächst sollte man die Trainingseinheiten mit Partner bzw. Trainer eintragen, da man hier in seiner Planung nicht frei ist. Dann sollte man den Rest der Trainingsarten so verteilen, dass man genügend Pause zwischen der jeweils selben Trainingsart hat. Trainiert man an einem Tag mehrmals, dann sollten die koordinativ weniger anspruchsvollen Trainingsarten wie Ausdauertraining oder Krafttraining erst an das Trainingsende gelegt werden.

Dehnübungen sollten möglichst

Wochentrainingsplan für den Zeitraum August bis September 2003

Allgemeine Informationen zum Trainierenden

Name:	Ted Trainingseifer
Alter:	19
Ziele für den Zeitraum:	Drehungen mit Dollyo-chagi und Yop-chagi sollen verbessert werden
	Die Schnellkraft der Arme soll gesteigert werden
Besonderheiten:	Keine Turniere im Zeitraum, keine sonstigen Belastungen
Trainingspensum:	8 Stunden pro Woche

Montag	Dienstag	Mittwoch	Donnerstag	Freitag	Samstag	Sonntag
Techniktraining 18:00-19:00 mit Trainer	**Ausdauertraining** 17:45-18:45 Joggen oder bei schlechtem Wetter Heimtrainerfahren	**Techniktraining** 16:30-17:30 mit Trainer letzte halbe Stunde mit Kraftmanschetten	Ruhetag	**Techniktraining** 15:00-15:45 Alleine am Sandsack, Kombinationen wiederholen!	**Sparring (Taktik)** 10:00-11:30 mit Trainer und Partnern	Ruhetag
Krafttraining (Fitnessraum) 19:00-20:00 Allround-Programm	**Beweglichkeit** 18:45-19:15 Intensives Dehnprogramm für die Beine			**Krafttraining (Fitnessraum)** 15:45-16:30 Allround-Programm	**Ausdauertraining** 11:30-12:00 Intensives Sandsacktraining mit Intervallen	

Muster für einen fertig aufgestellten Trainingsplan

zum Abschluss jedes Trainingstages durchgeführt werden, da so Muskelverkürzungen vermieden werden können. Außerdem lässt nach zu starker Dehnung die Koordinationsfähigkeit etwas nach, was sich insbesondere beim Techniktraining bemerkbar machen würde.

Bezüglich der Gewichtung der einzelnen Trainingsarten lässt sich keine feste Regel aufstellen. Wichtig ist, dass man das am intensivsten trainiert, was am meisten "weh tut".

Das heißt also, die größten Schwächen sollten am intensivsten trainiert werden. Außerdem - gerade wenn man weniger Zeit hat - ist es normalerweise sinnvoll, kampfsportbezogenes Training dem (zum Beispiel) reinen Ausdauertraining vorzuziehen.

Neben der Beachtung dieser Hinweise sollte man sich vor dem Aufstellen des individuellen Trainingsplanes auch noch die unten stehenden Hinweise zu den einzelnen Trainingsarten durchlesen, da diese für den ein oder anderen wertvolle Erkenntnisse, gerade im Bereich des Krafttrainings, bringen können.

Um zu verdeutlichen, wie ein ausgearbeiteter Trainingsplan aussehen kann, findet sich oben auf dieser Seite eine Abbildung.

Allgemeine Hinweise zum Training

Das Techniktraining

Während des Techniktrainings steht vor allem die Präzision der einzelnen Techniken und der Kombinationen im Vordergrund. Gerade auf die Deckung und das Gleichgewicht sollten hier große Aufmerksamkeit gelegt werden. Eine Hauptaufgabe dieses Trainings ist es, dem Schüler Gewohnheiten abzutrainieren, die sein Handeln dem Gegenüber schon vor der eigentlichen Ausführung verraten. Da hier jeder an seinen persönlichen Schwächen arbeiten muss, können für dieses Training keine allgemein gültigen Tipps gegeben werden.

Das Kraftraining

Das (Schnell-)Krafttraining ist eine weitere wichtige Ergänzung zum regulären Training. Einerseits soll hierdurch eine gewisse Grundkonstitution geschaffen werden, die zu mehr Stabilität und mehr Härte in den einzelnen Techniken führt. Andererseits kann hierdurch vor allem die Spritzigkeit und die Explosivität des Kämpfers gesteigert werden, was zu einer Erhöhung des Überraschungseffektes führt, der ja bei der Anwendung jeder Technik ein ganz wesentlicher Erfolgsfaktor ist.

Für die Durchführung des Krafttrai-nings gibt es zwei Möglichkeiten, die beide genutzt werden sollten: einerseits das klassische Hanteltraining im Fitnessraum, andererseits das Technikbezogene Training mit Gewichtsmanschetten.

Das technikbezogene Training mit Gewichtsmanschetten

Beim Training mit Gewichtsmanschetten muss ganz besonders darauf geachtet werden, dass man seine Gelenke nicht vollständig durchstreckt (insbesondere das Knie- und Ellbogengelenk) da sonst ein sehr hohes Verletzungsrisiko besteht. Die einzelnen Übungen sollten also gerade zu Beginn nicht zu schnell ausgeführt werden. Während des Trainings führt man mit Gewichtsmanschetten an den Hand- und Fußgelenken Fußtritte und Schläge aus. Man kann entweder in die Luft oder gegen einen Sandsack schlagen.

Wegen der größeren Masse und der damit verbundenen größeren Wucht in den Schlägen, erfordert aber gerade letzteres etwas Erfahrung.

Hat man so eine Weile trainiert, kann man die Gewichtsmanschetten abnehmen und versuchen, durch die zurückgewonnene Leichtigkeit seine Schlaggeschwindigkeit zu erhöhen. Diese Art des Trainings dient also vor allem auch der Steigerung der

Schnellkraft und ist daher ein ganz wichtiger Bestandteil des Trainingsplans.

Das Hanteltraining

Beim Training mit Hanteln gibt es verschiedene Trainingsmöglichkeiten mit unterschiedlichen Zielsetzungen. Da man hier durch den Einsatz von Gewicht seinem Körper auch großen Schaden zufügen kann, sollte man sich vor Benutzung eines Kraftraumes unbedingt von einem erfahrenen Trainer einweisen lassen! Im folgenden sollen nur einige grundsätzlichen Hinweise zum besseren Verständnis der Wirkungsweise des Krafttrainings gegeben werden.

Spricht man nur von "Kraft" ist das sehr unpräzise. Es müssen zunächst zwei verschiedene Kraftarten unterschieden werden: **Kraftausdauer** und **Maximalkraft**.
Durch viele Wiederholungen (mind. 10-20 Stück) mit relativ niedrigem Gewicht verbessert man vor allem die Kraftausdauer, während man mit wenigen Wiederholungen (1-6 Stück) bei hohem Gewicht die Maximalkraft steigert (auch Kraftkoordination genannt). Während bei der Schulung der **Kraftausdauer** insbesondere neue Blutgefäße ausgebildet werden (was wiederum zu einem **Aufbau von Muskelmasse** und Volumen führt = „Bodybuil-

ding"), werden bei Schulung der **Kraftkoordination** hauptsächlich die **bereits bestehenden Muskelstränge verstärkt**.
Da das Krafttraining hier nur der Ergänzung dienen soll, ist ein zu intensives Training in die ein oder andere Richtung nicht empfehlenswert. Ein möglichst ausgewogenes Training ist dagegen sinnvoll. In jedem Fall sollte man aber darauf achten, nicht zu viel Muskelaufbau betreiben!
Muskeln haben schon sehr bald mehr Nachteile als Vorteile, da sie sehr schwer sind und sehr viel Sauerstoff benötigen. Weil man mehr Masse bekanntlich auch langsamer beschleunigt wird der Kämpfer in der Ausführung seiner Techniken meist langsamer werden. Zudem kommt er durch den erhöhten Sauerstoffbedarf sehr viel schneller in einen anaeroben Erschöpfungszustand.
Auch die Schlaghärte wird durch größere Muskeln nicht unbedingt positiv beeinflusst, wie sich an späterer Stelle noch zeigen wird (vgl. S. 52).

Eine weitere wichtige Regel ist, dass man, um eine einseitige Entwicklung des Körpers zu verhindern, gegenüberliegende Muskelpartien immer am selben Tag trainieren sollte. Sinnvoll ist es also an einem Tag zum Beispiel Brust und Rücken oder Bizeps und Trizeps zu trainieren.

Um möglichst schnell Fortschritte zu machen, ist es vor allem wichtig ausreichende Pausen zwischen den Krafttrainingseinheiten einzuhalten. Um dies zu verstehen muss man wissen, was durch das Krafttraining im Körper eigentlich bewirkt wird (vgl. hierzu auch die obige Grafik).

Das Krafttraining selbst führt zu einer Zerstörung von bereits ausgebildeten Muskelsträngen, so dass man unmittelbar nach dem Krafttraining eigentlich weniger Muskelstränge besitzt als zuvor.

Der Trainingseffekt, der dann zum Muskelaufbau führt, setzt erst nach Beendigung des Trainings ein. Dann nämlich beginnt der Körper mit der sogenannten **Überkompensation**, das heißt, er baut die zerstörten Muskelstränge wieder auf und fügt zur Stärkung weitere Muskelstränge hinzu. Dieser Effekt **dauert ca. 24 Stunden** an. Daraus ergibt sich, dass man zwischen dem Training identischer Muskelpartien idealer Weise zwei Tage pausieren sollte.

Erst mit diesen Kenntnissen wird also klar, wie wenig effektiv tägliches Training aller Muskelpartien ist. Was man allerdings bedenkenlos machen kann ist, in kürzeren Abständen, verschiedene Muskelgruppen zu trainieren, da dann die obengenannten Probleme nicht entgegenstehen.

Der Anfänger sollte die ersten Wochen erst einmal damit zubringen, ein Gefühl für das Gewicht zu bekommen und seine persönlichen Leistungsgrenzen auszutarieren.

Erst danach kann damit begonnen werden, sich langsam an diese Grenzen heranzutasten.

Für eine bessere Dokumentation des Trainingsfortschrittes, sollte der Schüler sein Trainingsprogramm bei jeder Einheit dokumentieren. Hierzu kann der auf Seite 45 abgedruckte Trainingsplan dienen.

Krafttraining

TRAININGSPLAN

vom ___________________

Name: ___________________

Bemerkungen:

Brustmuskulatur

Bank-drücken		BD m. Kurzhanteln		Schrägbank		Dips		Pull-over m. Kurzhantel	
Wdh.	Kg	Wdh.	Kg	Wdh.	Kg	Wdh.	Kg	Wdh.	Kg

Rückenmuskulatur

Lat-ziehen in den Nacken		Lat-ziehen mit einer KH		Lat-ziehen tiefer Block		Senkr. LH hochheben		Senkr. LH enger Griff		Klimmzüge		Klimmzüge Bizeps	
Wdh.	Kg	Wdh.	Kg	Wdh.	Kg	Wdh.	Kg	Wdh.	Kg	Wdh.	Kg	Wdh.	Kg

Schultermuskulatur (seitlich, vorne, hinten)

Langhantel vorne		Langhantel vorwärts		Abwechseln d KH vorne		eine KH vorne		Pull-over m. Kurzhantel		Kurzhanteln stemmen		KH seitlich heben	
Wdh.	Kg	Wdh.	Kg	Wdh.	Kg	Wdh.	Kg	Wdh.	Kg	Wdh.	Kg	Wdh.	Kg

Trizeps

Langhantel im Nacken		Kurzhantel im Nacken		LH liegend hinter Kopf		Trizeps am hohen Block		Armstreck. m. 2 Bänken	
Wdh.	Kg	Wdh.	Kg	Wdh.	Kg	Wdh.	Kg	Wdh.	Kg

Handgelenke

Handgelenk m. LH		Strecken m. LH	
Wdh.	Kg	Wdh.	Kg

Sonst.

Liegestütz.	
Wdh.	-

Bauch- und Rückenmuskeln

Sit-ups		Sit-ups schräg		Nacken		Rücken		Radfahren/ untere Bauchmusk	
Wdh.	Kg	Wdh.	Kg	Wdh.	Kg	Wdh.	Kg	Wdh.	Kg

Bizeps

Bizeps mit der LH		KH stehend "Hammer"		Armbeugen m. Drehung		Armbeugen abgestützt	
Wdh.	Kg	Wdh.	Kg	Wdh.	Kg	Wdh.	Kg

Schnellkrafttraining

Kicks mit Gewichts-manschette		Armtechnik mit Gewicht		Techniken unter Wasser		Sprungkraft	
Wdh.	Kg	Wdh.	Kg	Wdh.	-	Wdh.	Kg
Techniken:		Techniken:		Techniken:			

Das Ausdauertraining

Die Ausdauer ist eine weitere wichtige Komponente, die wie in vielen anderen Sportarten auch letztlich über Sieg und Niederlage entscheiden kann. Wer eine schlechte Kondition hat, wird schon nach kurzer körperlicher Anstrengung in einen anaeroben Zustand gelangen. In diesem steht dem Körper nicht mehr genug Sauerstoff zur Verfügung, was sich insbesondere in einem Nachlassen der Konzentration und langsameren Bewegungen niederschlägt. Deshalb ist es für jeden Leistungssportler wichtig, durch regelmäßiges Ausdauertraining für eine gute Kondition zu sorgen. Um beim Ausdauertraining auch gleich verschiedene Muskulaturen zu schulen, empfiehlt es sich unterschiedliche Arten wie Joggen, Schwimmen und Radfahren gleichermaßen im Training zu integrieren.

Das Beweglichkeitstraining

Insbesondere für den erfolgreichen Einsatz von Fußtechniken ist die Beweglichkeit eine grundlegende Voraussetzung. Wer nicht allzu beweglich ist, wird Fußkicks nur in Bauchhöhe ausführen können und beschneidet sich im Kampf so wesentlicher taktischer Elemente. Will man in Kombinationen auch Fußtechniken zum Kopf des Gegners einsetzen,

muss hierfür durch regelmäßiges Dehnen zunächst die anatomische Voraussetzung geschaffen werden.

Mit zunehmender Beweglichkeit wird man feststellen, dass auch die einzelnen Techniken flüssiger und geschmeidiger werden. Zudem dient ein gemäßigtes Dehnprogramm dazu, Verletzungen während des Trainings zu vermeiden. Es ist also sinnvoll, sich bei jeder Trainingseinheit sehr viel Zeit für ein ausführliches, jedoch gemäßigtes Dehnprogramm nehmen.

Ein extremes Dehnprogramm dagegen hat einen eher gegenteiligen Effekt. Da es durch die starke Belastung bis in den Schmerzbereich, zu einer Reizung der gedehnten Muskelpartien kommt, sollte man zumindest alle zwei bis drei Tage einen Ruhetag einlegen um dem Körper die Möglichkeit der Rekonvaleszenz zu geben. Andernfalls setzt man sich über kurz oder lang einem nicht unerheblichen Verletzungsrisiko aus.

Da Dehnübungen relativ zeitintensiv sind, man jedoch keine besonderen Geräte dafür benötigt, empfiehlt es sich zudem, das Dehnen zu hause mit anderen Beschäftigungen (wie z.B. Fernsehen) zu verbinden.

Das Taktiktraining

Die Stärke eines Kämpfers hängt ganz wesentlich auch von seinen taktischen Fähigkeiten ab.

Taktisch gut sein heißt, die Schwächen des Gegners zu erkennen und auszunutzen. Nur ein guter Taktiker weiß seine Stärken in den Kampf einzubringen, während er seine Schwächen geschickt verbirgt. Ein erfahrener Kämpfer ist so zum Beispiel in der Lage ein Konditionsdefizit auszugleichen, oder einen technisch weit überlegenen Gegner durch geschicktes Verhalten zu bezwingen. Da der Taekwondoin viele dieser Fähigkeiten nur im Kampf selbst erlernen kann, ist für ihn ein Sparringstraining mit möglichst vielen und unterschiedlichen Gegnern unentbehrlich. Nur durch eine genau Analyse der unterschiedlichen Kampfstile und durch die Entwicklung einer entsprechenden Gegenstrategie kann der Kämpfer sein Potential auch im Wettkampf bestmöglich umsetzen.

Im folgenden seien einige grundlegenden Merkregeln für den Wettkampf gegeben, die gerade von Anfängern häufig falsch gemacht werden und zum absoluten Grundwissen eines Kämpfers gehören sollten:

Wettkampfregel 1

Stets wirtschaftlich kämpfen und die Kraft einteilen

---

ein häufiger Fehler besteht darin, dass man gerade zu Beginn eines Kampfes zu viel unternimmt. Häufige Schläge auf die Deckung des Gegners führen aber nur zu einem schnellen Ermüden und bringen keinerlei Punkte ein. Man sollte möglichst nur dann schlagen, wenn man eine Lücke in der Deckung des Gegners sieht! Ein Kampf ist immer eine exzessive Belastung, sowohl in psychischer, als auch in physischer Hinsicht. Daher ist es äußerst wichtig, sich seine Kraftreserven über die gesamte Kampfzeit einzuteilen. Ist man zu Beginn des Kampfes überaktiv, wird man sehr schnell müde werden und insbesondere die Reaktionsschnelligkeit wird stark nachlassen. Das hat zur Folge, dass man den gegnerischen Angriffen nicht mehr schnell genug ausweichen kann und man so ein leichtes Ziel für seinen Gegenüber wird.

Wettkampfregel 2

Die Reichweite optimal ausnutzen

Wer dies nicht gelernt hat, verschenkt wertvolle Vorteile gegen kleinere Gegner! Ein guter Kämpfer muss in der Lage sein, sich bei jedem Schlag „lang zu machen". So ist es möglich, den Gegner auf Distanz zu halten, so dass dieser keine Treffermöglichkeiten hat. Da kleinere Gegner jedoch versuchen werden, die

Distanz zu verkürzen, ist für diese Art des Kampfes eine gute Beinarbeit sowie Kondition Grundvoraussetzung.

Wettkampfregel 3

Einzeltechniken führen nicht zu Treffern

Es genügt nicht nur hier mal einen Kick zu machen und dort mal einen Fauststoß zu probieren. Einem einzelnen Schlag auszuweichen ist meist nicht weiter schwer. Mit einem Kick „legt man sich seinen Gegner nur zurecht". Durch zwei oder drei gut platzierte Kicks kann man seinen Gegner dazu bringen, dass dieser den Überblick verliert. Das selbst bringt zwar noch keine Punkte, ist aber die Voraussetzung dafür. Dann nämlich kann man seine Kombination ohne große Mühe mit einem Fauststoß abschließen und den Wirkungstreffer landen.

Wettkampfregel 4

Ein bewegliches Ziel ist am schwersten zu treffen

Deswegen ist es äußerst wichtig, dass man seinen Körper ständig in Bewegung hält. Ein weiterer Vorteil liegt darin, dass man so sehr viel schneller aus der Defensive in die Of-

fensive wechseln kann (und umgekehrt).

Wettkampfregel 5

Technik und Bewegung so viel wie möglich variieren

Greift man im Wettkampf immer mit derselben Kombination an, kann sich ein Gegner sehr leicht darauf einstellen. Dadurch verliert man nicht nur den äußerst wichtigen **Überraschungseffekt**, sondern der Gegner kann zusätzlich noch mit entsprechenden Kontertechniken reagieren. Daher ist es wichtig dass man sein Vorgehen möglichst abwechslungsreich gestaltet. So hat man bei einer Vielzahl von Kombinationen immer wieder den Überraschungseffekt auf seiner Seite und dem Gegner wird es schwer fallen, schnell genug mit einer Kontertechnik zu reagieren.

Wettkampfregel 6

Nach außen immer ruhig und entschlossen wirken

Man sollte immer durch die Nase atmen und dabei ruhig und entschlossen wirken. Es gibt nichts motivierenderes, als wenn man sieht, dass dem Gegner die Kondition ausgeht, oder dass er sich über irgendetwas ärgert! Auch wenn man sich von den Kampfrichtern noch so unfair behandelt fühlt sollte man es nie dem Gegner zeigen! Die eigenen Schwächen sind seine Stärken!

Wettkampfregel 7

Ausweichen ist meistens besser als Blocken

Die Kampfrichter sind auch nur Menschen. Manche Schlagabfolgen passieren wahnsinnig schnell und häufig ist es schwierig zu entscheiden, ob ein Schlag noch auf der Deckung, oder schon in der Trefferzone gelandet ist.

So kann es leicht zu Fehlentscheidungen kommen. Weicht man den gegnerischen Schlägen dagegen aus, ist die Gefahr einer Falschentscheidung viel geringer.

Wettkampfregel 8

Den gegnerischen Angriffen immer zur Seite ausweichen

Wenn man in einer geraden Linie nach hinten ausweicht, ist es für den Gegner ein Leichtes zu folgen. Viel effektiver ist es daher, wenn man seinem Gegner seitlich ausweicht. Durch das kreisförmige Bewegen ist

zudem die Gefahr geringer, die Kampffläche aus Versehen zu verlassen, was mit Verwarnungen und Minuspunkten bis hin zur Disqualifikation geahndet werden kann.

Wettkampfregel 9

Techniken nach Effizienz, nicht Ästhetik auswählen

Viele Kämpfer die über eine ausgezeichnete Beweglichkeit verfügen, sieht man ständig zum Kopf kicken. Dabei ist der Kopf das mit Abstand am schwersten zu treffende Körperteil, da er äußerst beweglich ist. Viel sinnvoller ist es daher, nur ab und an zum Kopf zu kicken und den Großteil der Punkte am Oberkörper zu machen. Sicher macht es mehr Spaß einen Kopftreffer zu landen, aber am meisten Spaß macht es schließlich immer noch zu gewinnen!

Wettkampfregel 10

Stets Kontakt zum Trainer halten

Im Wettkampf ist es immens wichtig, ständig Kontakt zu seinem Trainer zu halten. Da der Trainer außerhalb der Kampffläche steht, kann er einen viel besseren Überblick über das Kampfgeschehen bewahren und dem

Kämpfer so wichtige taktische Hinweise geben.

Wettkampfregel 11

In der Anfangsphase zu große Passivität meiden

Gerade gegen einen unbekannten Gegner, den man schwer einschätzen kann, sind die ersten Sekunden des Kampfes immens wichtig. Hier kann man sich durch entschlossenes und geschicktes Auftreten Respekt erarbeiten, der einen großen psychologischen Vorteil im Kampf darstellt.

Wettkampfregel 12

Alle potentiellen Gegner so bald wie möglich studieren

Zu Beginn eines Turniers solltest man ermitteln, auf welche Gegner man möglicherweise im Verlaufe des Wettkampfes triffst. Dann sollte man möglichst viele davon bei ihren Vorkämpfen auf Technik und Taktik hin analysieren. So kann man sich bereits vor dem Kampf eine gute Taktik zurecht legen.

Die physikalischen Grundlagen des Taekwondo
Vorbemerkungen zur Darstellung der Techniken
Die Stellungen (Sogi)
Hinweise zur Formung der Angriffs- und Blockteile
Die Blocktechniken (Makki)
Die Angriffstechniken (Konggyokki) mit dem Arm
Die Beintechniken

Die physikalischen Grundlagen des Taekwondo

Für jeden Taekwondoin ist es hilfreich, wenn er einige physikalische Grundsätze seiner Kampfkunst kennt und versteht. Dies hat im Wesentlichen zwei Gründe: einerseits kann der Schüler so die Effektivität seiner Handlungen besser beurteilen, was zu einer Erhöhung der Lernbereitschaft führt.

Andererseits bietet dieses Hintergrundwissen im Fortgeschrittenenstadium die Grundlage für die Entwicklung neuer Techniken. Erst durch die Erlangung eines grundlegenden Verständnisses für die Naturgesetze, wird der Schüler in die Lage versetzt, neu erlernte Techniken kritisch zu hinterfragen.

Für den Erfolg oder Misserfolg einer Angriffs- beziehungsweise einer Verteidigungstechnik sind im Wesentlichen zwei physikalische Gesetzmäßigkeiten ausschlaggebend: die der **Gleichgewichtsbedingungen** und die der **Kraftübertragung**. Diese zwei für das Taekwondo sehr bedeutsamen Grundsätze sollen im folgenden näher erläutert werden.

Das Gleichgewicht

Die Standsicherheit eines Körpers ist von drei Faktoren abhängig:

dem Gewicht,

der Größe der Bodenfläche,

und der Entfernung des Schwerpunkts von der Bodenfläche.

$$F = \frac{G \cdot x}{h}$$

Den Schwerpunkt eines Körpers kann man sich vorstellen als einen physikalisch ermittelbaren Punkt, um den der Betrag der Masse des Körpers symmetrisch angeordnet ist.

Wird ein Körper aus dem stabilen Gleichgewichtszustand gebracht, dann ist die Kraft F, die dieses bewirkt, größer als das Produkt aus dem Körpergewicht (G) und dem waagerechten Abstand (x) des Körperschwerpunkts von der Kippkante,

53

dividiert durch die Höhe (h) zwischen Schwerpunkt und Bodenfläche. Dieser Zusammenhang wird auch in der Abbildung auf der vorangegangenen Seite veranschaulicht.

Aus dieser Abhängigkeit lässt sich folgender Schluss ziehen: will eine Person ihre Stabilität erhöhen, hat sie zwei Möglichkeiten. Entweder muss sie die Bodenfläche vergrößern, oder den Körperschwerpunkt absenken. Beides erreicht man durch einer tieferen Stellung. Eine solche Haltung hat aber eine Verschlechterung der Beweglichkeit zur Folge. Ein Angriff, der explosionsartig erfolgen soll, lässt sich nur aus einer relativ hohen Stellung mit geringem Stabilitätsgrad verwirklichen. Somit ist eine tiefe Stellung kennzeichnend für eine Verteidigungshaltung des Kämpfers.

Prinzip der Kraftübertragung

Für ein besseres Verständnis der Kraftübertragung ist es zunächst erforderlich, die drei Newton`schen Gesetze kurz zu erläutern:

> den **Trägheitssatz**,
> das **Grundgesetz der Mechanik**,
> und die Regel
> **„Actio = Reactio"**.

Der erste Grundsatz bezieht sich auf die Trägheit von Körpern gegenüber einer Änderung ihres Bewegungszustandes. Jeder Körper verharrt im Zustand der Ruhe oder einer geradlinigen Bewegung, solange keine äußere Kraft auf ihn einwirkt. Um also die Bewegungsrichtung eines Körpers zu ändern, ist ein gewisser Kraftaufwand erforderlich. Gleiches gilt, um einen Körper aus dem Ruhezustand in Bewegung zu versetzen.

Das Grundgesetz der Mechanik gibt des weiteren Auskunft über die Größe und Richtung einer Kraft. Danach bestimmt sich die Größe einer Kraft F, nach dem Produkt aus der Masse des Körpers (m) und seiner Beschleunigung (a). Wichtig zu wissen ist, dass Beschleunigung eine Geschwindigkeitsänderung meint, und somit auch ein Bremsen oder plötzliches Abstoppen des Körpers eine „negative" Beschleunigung darstellt. Die sehr bekannte Formelschreibweise für diesen Grundsatz lautet:

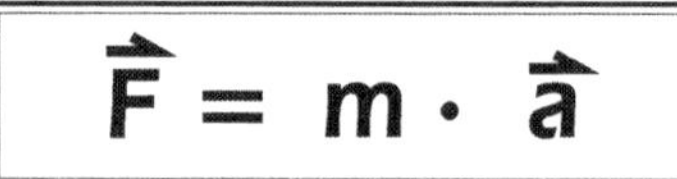

$$\vec{F} = m \cdot \vec{a}$$

Hieraus ergibt sich, dass der Bewegungszustand eines Körpers rechnerisch durch das Produkt aus seiner Masse und seiner Geschwindigkeit dargestellt werden kann. Dieser Bewegungszustand wird auch Impuls genannt. Verändert sich die Geschwindigkeit, wird auch der Wert des Impulses mit verändert.

Wie im ersten Grundsatz gezeigt, wird eine Geschwindigkeitsänderung stets durch eine Kraft hervorgerufen. Je größer diese Kraft ist, desto größer ist auch der Geschwindigkeitsunterschied und damit die Impulsänderung.

Übertragen auf das Taekwondo heißt dies folgendes: die hier mit m bezeichnete Masse, ist die Körpermasse des Angreifers oder Verteidigers. Die Beschleunigung ist die Geschwindigkeitsänderung dieser Masse während der Kontaktzeit der beiden Körper bei einem Treffer. Wird eine Angriffstechnik also mit großer Geschwindigkeit ausgeführt, und wird diese beim Auftreffen auf das Ziel ruckartig abgestoppt, so wird dabei eine bestimmte Kraft frei. Je schneller die Technik ausgeführt wird, desto größer ist der Geschwindigkeitsunterschied zum abgestoppten Zustand und desto größer ist auch die freiwerdende Kraft F, die gleichbedeutend mit der Effektivität des Angriffs ist.

Der dritte Grundsatz besagt, dass jeder Kraft, die von einem Körper A auf einen anderen Körper B wirkt, eine gleich große, entgegengesetzt gerichtete Kraft vom Körper B auf den Körper A entgegensteht. Bekannt ist dieser Zusammenhang unter dem Kurzbegriff „Actio = Reactio".

Überträgt man auch diesen Grundsatz wieder ins Taekwondo, so stehen die beiden Körper A und B für den Angreifer und den Verteidiger in einem Kampf. Übt der Angreifer durch einen Schlag oder Tritt eine Kraft auf den Körper des Verteidigers aus, so tritt gleichzeitig eine Kraft auf Seiten des Verteidigers auf, die auf gleicher Wirkungslinie in Richtung des Angreifers wirkt.

Folgerungen

Wie gestaltet man also auf Grundlage dieser Ergebnisse sowohl Angriff als auch Verteidigung am effektivsten?

Ein Angriff ist dann am wirksamsten, wenn nicht nur die Hände oder Füße, sondern der gesamte Körper mit großer Geschwindigkeit in Richtung des Zieles bewegt wird. Durch die erhöhte Masse, wird der Angriff dann mit großer Kraft ausgeführt, wie aus dem Gesetz der Mechanik deutlich wird.

Masse allein kann jedoch keine Kraft entfalten. Hierfür ist zusätzlich erforderlich, dass die Masse eine gewisse Geschwindigkeit hat. Ein „harter" Kick unterscheidet sich daher - wie häufig fälschlicherweise angenommen - von einem „weichen" Kick nicht dadurch, dass die Muskulatur besonders stark angespannt wird. Vielmehr wird durch die Bezeichnung mit „hart" oder „weich" die

Ausführungsgeschwindigkeit der Technik näher beschrieben. Der „harte", also wirkungsvolle, Kick wird mit hoher Geschwindigkeit ausgeführt, der „weiche" Kick dagegen relativ langsam. Eine Geschwindigkeitssteigerung ist auf zwei Wegen möglich: zum einen durch eine Verlagerung des Körperschwerpunktes nach vorne. Zum anderen durch eine Vergrößerung des Abstandes zum Gegner, was gleichbedeutend mit einer Verlängerung der Beschleunigungsstrecke ist. Da der Gegner durch den vergrößerten Abstand jedoch mehr Reaktionszeit hat und er den Techniken des Angreifers somit leichter ausweichen kann, ist es häufig schwierig, den idealen Abstand im Kampf zu finden.

Auf Seiten des Verteidigers stehen dagegen ganz andere Erwägungen im Vordergrund. Er muss für eine Erhöhung seines Stabilitätsgrades sorgen, um durch den Angriff nicht aus dem Gleichgewicht zu geraten. Wichtig dabei ist, die Bodenfläche, die in Richtung der einwirkenden Kraft wirksam ist, zu vergrößern. Dies wird man in der Praxis vor allem durch breitere und tiefere Stellungen realisieren können, die durch die damit verbundene Absenkung des Schwerpunktes noch zu einer zusätzlichen Steigerung der Stabilität führen.

Die Atmung und der Gihap

Auch die Atmung hat ganz wesentlichen Einfluss auf das Gelingen einer Technik. Im Taekwondo wird normalerweise ausgeatmet, wenn man zu einem Schlag oder Kick ansetzt.

Durch das Ausatmen wird der Körper flexibel gemacht indem der innere Widerstand verringert wird. Im Moment des Treffpunktes wird der Atem dann angehalten. Hierdurch wird dem Angriff erst die maximale Wirksamkeit verliehen.

Um die geistige Konzentration im Moment des Treffpunktes noch zu steigern, ist es möglich und sinnvoll, dabei einen **Kampfschrei** (Gihap) zu machen. Hierbei wird die Luft in kürzester Zeit aus dem Brustkorb gepresst. Allerdings ist das Wort Kampf-"schrei" etwas irreführend. Damit soll nämlich nicht zum Ausdruck gebracht werden, dass beim Gihap etwas bestimmtes geschrieen werden soll. Falsch wäre es deshalb, beim Kampfschrei irgendein Wort zu rufen. Vielmehr entsteht der Laut von selbst, durch das Herausstoßen der Luft aus dem Brustkorb.

Damit der Gihap maximale Wirkung entfalten kann, ist es wichtig, ihn im richtigen Zeitpunkt auszuführen. Der ideale Moment dafür ist während des Auftreffens, da so die Konzentration wesentlich gesteigert werden kann.

Vorbemerkungen zur Darstellung der Techniken

In diesem Kapitel werden die einzelnen Grundtechniken des Taekwondo näher erläutert. Dieser Abschnitt soll in erster Linie dem Schüler beim Erlernen seiner neuen Techniken dienen. Aber auch der Fortgeschrittene kann aus diesem Kapitel nutzen ziehen, indem er sein Wissen anhand der hier aufgeführten Hinweise überprüft und ergänzt. Die Grundtechniken des Taekwondo sind in folgende Bereiche untergliedert: in Stellungen (Sogi), in Blocktechniken (Makki) und in Angriffstechniken (Konggyokki).

Aus Gründen der Übersichtlichkeit werden in diesem Buch die Angriffstechniken weiter untergliedert: in einen Abschnitt über Armtechniken und einen Abschnitt über Beintechniken. Dieses Kapitel stellt keine umfassende Darstellung aller im Taekwondo beinhalteten Techniken dar. Vielmehr sollen in ihm nur die grundlegenden Techniken näher erläutert werden, von denen die meisten auch in den Kunstbewegungsformen am Ende des Buches Anwendung finden. Schwierigere Techniken und Kombinationen die innerhalb der ersten neun Formen vereinzelt auftreten, werden teilweise erst im letzten Abschnitt bei der entsprechenden Form behandelt. Zudem kann eine Technik meist auf die unterschiedlichsten Arten ausgeführt werden. So kann ein Bakkat-makki zum Beispiel in den drei unterschiedlichen Höhen Arae, Momtong und Olgul ausgeführt werden, als Handkantenblock geschlagen werden, oder ganz normal mit geballter Faust ausgeführt werden. Da in diesen Fällen jedoch das Bewegungsmuster für alle Varianten einer Technik meist gleich aussieht, beschränkt sich die Darstellung in diesem Buch auf die exemplarische Erläuterung der Grundform dieser Technik. Den entsprechende Ablauf einer Abwandlung dieser Technik kann sich der Schüler im Fortgeschrittenenstadium dann selbst erschließen.

Die Stellungen (Sogi)

Die einzelnen Stellungen bilden die Basis für fast alle Techniken des Taekwondo. Daher ist es sinnvoll, gleich zu Beginn genauer auf die einzelnen Stellungen einzugehen. Werden sie richtig ausgeführt, dienen sie in erster Linie zur Erlang-ung eines festen Standes und eines erhöhten Gleichgewichts.

Da eine Neigung des Oberkörpers zu einer instabilen Gleichgewichtslage führen kann, ist bei der Einnahme jeder Stellung, auf eine aufrechte Oberkörperhaltung zu achten.

Moa-sogi

Wörtlich übersetzt bedeutet Moa-sogi "geschlossene Stellung", was sich von der Position der Füße ableitet. Obwohl diese Stellung hauptsächlich zum Grüßen eingenommen wird, werden auch innerhalb der Formensysteme vereinzelt Techniken in ihr ausgeführt.

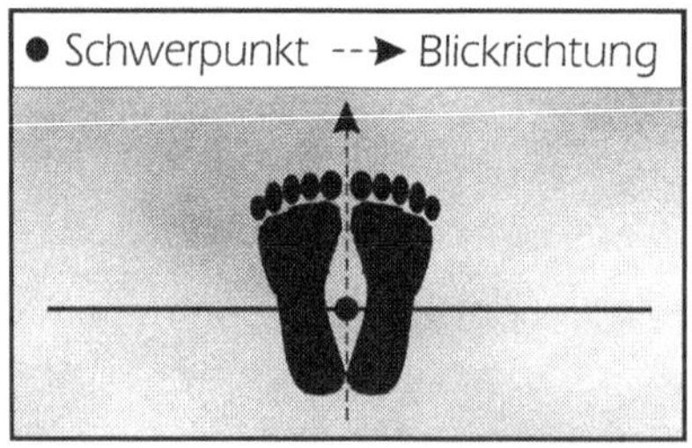

Die Ausführung

Moa-Sogi ist unter allen Stellungen die instabilste, da das gesamte Kör-

pergewicht nahezu auf einem einzigen Punkt konzentriert wird. Beide Füße stehen unmittelbar nebeneinander, wobei sich die Fersen und Zehen leicht berühren.

Die Beine sind locker durchgestreckt, der Oberkörper ist aufrecht. Das Gewicht ruht gleichmäßig auf beiden Füßen.

Charyot-sogi

Charyot-sogi ist der vorangegangenen Stellung (Moa-sogi) sowohl von ihrem Anwendungsbereich, als auch von ihrer Ausführung sehr ähnlich. Übersetzt heißt diese Stellung auch "Achtungsstellung" oder Zehenoffene Stellung. Sie wird überwiegend zur Vorbereitung, Konzentration und zum Grüßen eingenommen.

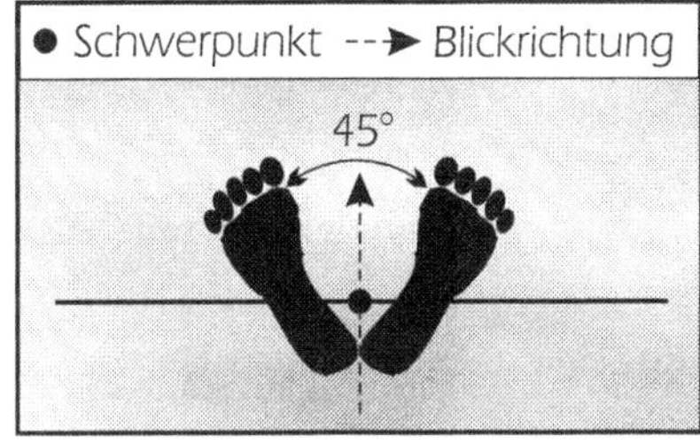

Die Ausführung

Ähnlich wie bei der Moa-sogi konzentriert sich auch bei der Charyot-sogi das gesamte Körpergewicht nahezu auf einen Punkt. Die Füße stehen unmittelbar nebeneinander. Die Zehen zeigen 22,5° nach außen, so dass sich nur die Fersen berühren.
Der gesamte Körper ist aufrecht, die Beine locker durchgedrückt. Das Gewicht ist gleichmäßig auf beiden Beinen verteilt.

Pyonhi-sogi

Pyonhi-sogi wird auch "zehenoffene Paralellstellung" oder "Ausgangsstellung" genannt. Sehr viele Partnerübungen werden in dieser Ausgangsstellung begonnen und auch beendet. Durch die schulterbreite Stellung der Füße, vermittelt sie dem Betrachter einen selbstsicheren Eindruck. Zudem hat man in ihr einen bequemen und sicheren Stand.

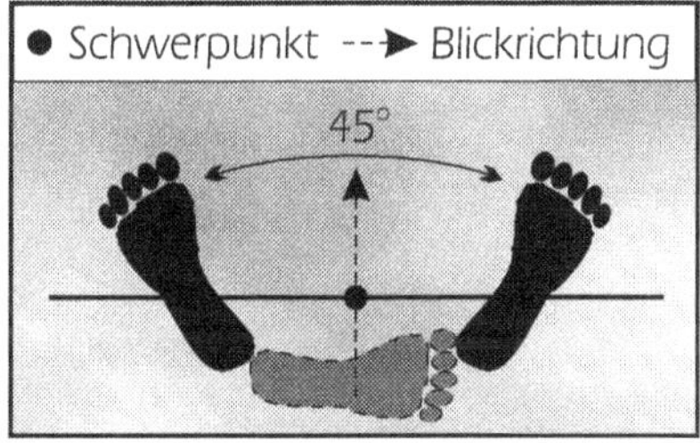

Die Ausführung

Die Füße stehen etwa in Schulterbreite voneinander entfernt. Die Zehen zeigen leicht nach außen, so dass sich zwischen den Füßen ein 45° Winkel ergibt. Durch diese natürliche Fußstellung, ist in Pyonhi-sogi kein Körperteil verdreht. Es wird somit eine völlig entspannte Körperhaltung ermöglicht. Durch die schräge Stellung der Füße haben die Fersen einen Abstand von ungefähr einer Fußlänge.
Der gesamte Oberkörper ist aufrecht, die Beine sind locker durchgedrückt.
Das Körpergewicht wird auch bei dieser Stellung gleichmäßig auf beiden Beinen verteilt.

Naranhi-sogi

Naranhi-sogi wird auch offene Parallelstellung genannt. Sie ist in ihrer Ausführung und Funktion Pyonhi-sogi sehr ähnlich. So dient auch sie hauptsächlich der Konzentration und Vorbereitung.

Eine weitere, sehr geläufige, Bezeichnung für diese Stellung ist Junbi-sogi.

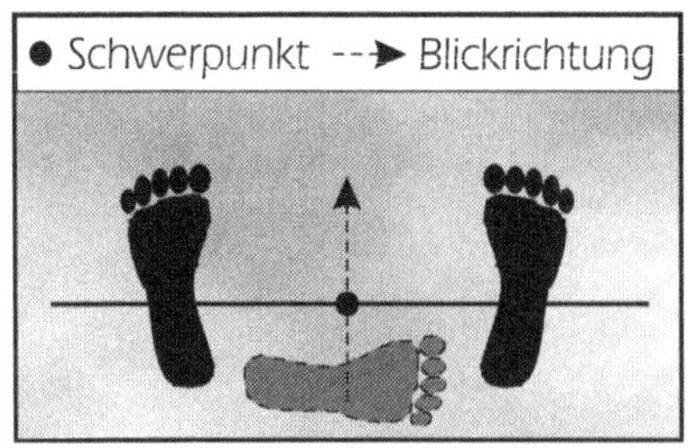

Die Ausführung

Die Füße stehen in Schulterbreite nebeneinander. Sie sind paralell ausgerichtet und zeigen gerade nach vorne. Durch diese unnatürliche Fußstellung wird die Körperspannung und damit die Stabilität im Vergleich zu Pyonhi-sogi etwas erhöht.

Der Oberkörper ist aufrecht, die Beine leicht durchgedrückt.

Das Gewicht ist gleichmäßig auf beiden Beinen verteilt. Der Schwerpunkt liegt in der Mitte.

Juchum-sogi

Juchum-sogi ist eine breite Sitzstellung. Als seitliche Stellung eingesetzt, bietet sie eine Reihe von Vorteilen: zum einen wird dem Gegner nur eine geringe Trefferfläche geboten, zum anderen lassen sich Drehungen aus ihr sehr schnell ausführen. Die extreme Seitwärtsstellung zum Gegner ermöglicht außerdem einen sehr festen Stand. Auch erlaubt sie - bei nicht zu tiefer Ausführung - sehr schnelle seitwärts Bewegungen und wird deshalb von vielen Athleten im Kampf bevorzugt eingesetzt.

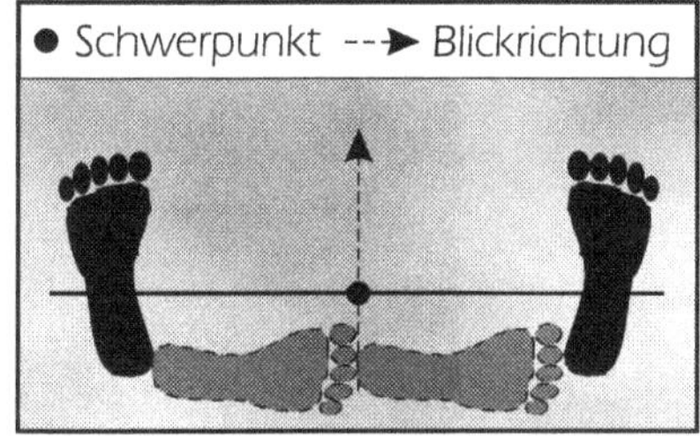

Die Ausführung

Die Füße stehen in einem Abstand von ungefähr zwei Fußlängen nebeneinander am Boden. Sie stehen parallel zueinander und sind nach vorne ausgerichtet.

Die Beine sind leicht gebeugt, so dass der Winkel zwischen Ober- und Unterschenkel circa 135° beträgt. Die Knie sind soweit wie möglich nach außen gedrückt.

Der Oberkörper ist aufrecht und das Gewicht gleichmäßig auf beiden Beinen verteilt. Je nachdem wie diese Stellung eingesetzt wird, variiert auch die Blickrichtung. Nutzt man Juchum-sogi als seitliche Stellung, ist der Blick über die Schulter gerichtet. Bei einem Einsatz als frontale Stellung dagegen, ist der Blick nach vorne gerichtet.

Kima-sogi

Kima-sogi ist eine besonders tiefe Ausführung der Juchum-sogi und bedeutet übersetzt "Reitersitzstellung". Bezüglich des Anwendungsbereiches und der Vorteile dieser Stellung, gilt das zuvor schon zur Juchum-sogi Gesagte.

Durch das noch tiefere Herabsetzen des Körperschwerpunktes wird eine weitere Verbesserung des Gleichgewichts erreicht.

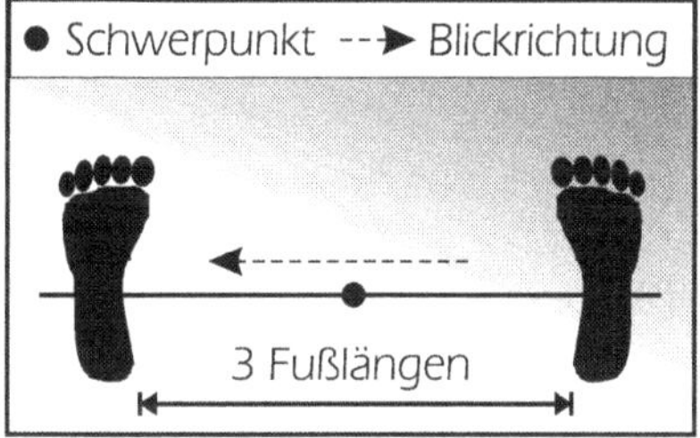

Die Ausführung

Auch in Hinblick auf die Ausführung kann im Wesentlichen auf das eben gesagte Verwiesen werden. Die Füsse stehen in einem Abstand von 3 Fußlängen parallel zueinander am Boden.

Die Beine sind etwas stärker gebeugt als bei Juchum-sogi, und die Knie so weit wie möglich nach außen gedrückt.

Der Oberkörper ist aufrecht und das Gewicht gleichmäßig auf beiden Beinen verteilt. Der Blick ist je nach Einsatz der Stellung entweder frontal oder seitlich gerichtet.

Ap-sogi

Ap-sogi wird auch "kleine Vorwärtsstellung" oder "Schrittstellung" genannt. Sie ist neben Ap-gubi eine der wichtigsten Stellungen im Taekwondo. Sowohl während des Formenlaufens, als auch während des Wettkampfes werden sehr viele Schlag- und Blocktechniken aus dieser Stellung ausgeführt. Dies liegt zum einen daran, dass sie dem gewöhnlichen Vorwärtsgehen sehr ähnlich ist, und damit eine sehr natürliche Bewegung darstellt. Zum anderen bietet sie eine gute Stabilität nach vorne und hinten, ermöglicht jedoch gleichzeitig einen schnellen Antritt, was gerade für blitzartige Angriffe im Wettkampf essentiell wichtig ist. Ap-sogi stellt also einen guten Kompromiss zwischen Gleichgewicht und Beweglichkeit dar.

Die Ausführung

Aus Charyot-sogi kommend, wird ein Fuß in Schrittweite nach vorne gesetzt. Der hintere Fuß zeigt leicht zur Seite (22,5°), der andere Fuß gerade nach vorne. Beide Füße stehen fast auf einer Linie.

Das Becken wird minimal nach vorne geschoben, das vordere Knie dabei leicht angewinkelt. Dabei verlagert sich der Körperschwerpunkt leicht nach vorne. Das hintere Bein ist locker durchgestreckt. Das Körpergewicht wird gleichmäßig auf beiden Beinen verteilt.

Der Oberkörper bleibt aufrecht und der Blick ist nach vorne gerichtet.

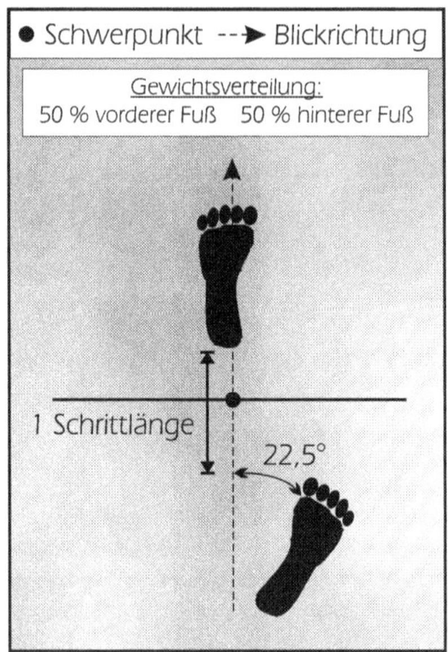

Ap-gubi

Ap-gubi bedeutet "vorne gebeugt". Damit wird schon im Namen das wesentliche Merkmal dieser Stellung zum Ausdruck gebracht: das vordere Knie muss stark angewinkelt werden.

Ap-gubi ist die stabilste aller Stellungen im Taekwondo. Durch den großen und breiten Schritt bietet sie Stabilität in alle Richtungen. Die tiefe Lage des Schwerpunkts erhöht diese Stabilität noch zusätzlich. Dieses hohe Maß an Standsicherheit geht natürlich etwas auf Kosten der Beweglichkeit. So lassen sich schnelle Bewegungen aus Ap-gubi weniger leicht realisieren, als zum Beispiel aus Ap-sogi. Damit wird klar, dass diese Stellung vorwiegend in der Verteidigung zum Einsatz kommt.

Die Ausführung

Aus Pyonhi-sogi kommend wird ein Bein mit einem großen Schritt (ungefähr 1,5 normale Schrittlängen) gerade nach vorne gesetzt. Die Füße haben seitlich einen Abstand von ungefähr einer Fußlänge und dürfen damit nicht, wie bei Ap-sogi, auf einer geraden Linie nach vorne abgesetzt werden. Der hintere Fuß zeigt leicht (22,5°) zur Seite, der andere Fuß gerade nach vorne. Wichtig ist, dass beide Fußsohlen fest auf dem Boden stehen.

Das hintere Bein ist durchgestreckt, das vordere Knie ist stark gebeugt (bei einem Blick über das gebeugte Knie dürfen die Zehenspitzen nicht mehr zu sehen sein).

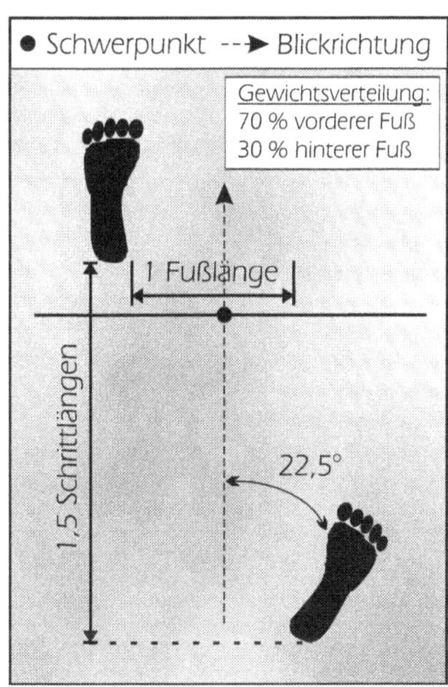

Außerdem muss darauf geachtet werden, dass das vordere Knie so weit wie möglich nach außen gedrückt wird.

Das Becken wird etwas nach vorne geschoben. Dadurch verschiebt sich auch der Körperschwerpunkt etwas nach vorne, was zu einer weiteren Erhöhung der Stabilität gegenüber frontalen Angriffen führt.

Das Körpergewicht wird verstärkt auf den vorderen Fuß verlagert (zu etwa 70%) Der Oberkörper ist aufrecht. Insbesondere darf kein Hohlkreuz gebildet werden. Wie bei allen frontalen Stellungen ist darauf zu achten, beide Schultern gleichmäßig nach vorne blicken zu lassen. Eine verdrehte Haltung des Oberkörpers muss also vermieden werden.

Der Blick ist gerade nach vorne gerichtet.

Dwit-gubi ist das Gegenstück zu Ab-gubi und heißt wörtlich "hinten gebeugt". Auch hierbei handelt es sich wieder um eine Beschreibung der Stellung, wobei diesmal das hintere Bein gemeint ist.

Als Rückwärtsstellung ist Dwit-gubi vorwiegend nach hinten ausgerichtet.

Durch die seitliche Haltung las-sen sich auch aus Dwit-gubi Drehungen sehr schnell ausführen. Zudem wird durch die Gewichtsverlagerung auf das hintere Bein ein sehr schnelles Kicken mit dem vorderen Bein ermöglicht. Die Stellung bietet also einen hohen Grad an Flexibilität.

Stabilität wird dagegen nur nach vorne und hinten gewährt. Durch den seitlich sehr engen Fußabstand, ist die Stabilität nach links und rechts mit der von Moa-sogi vergleichbar.

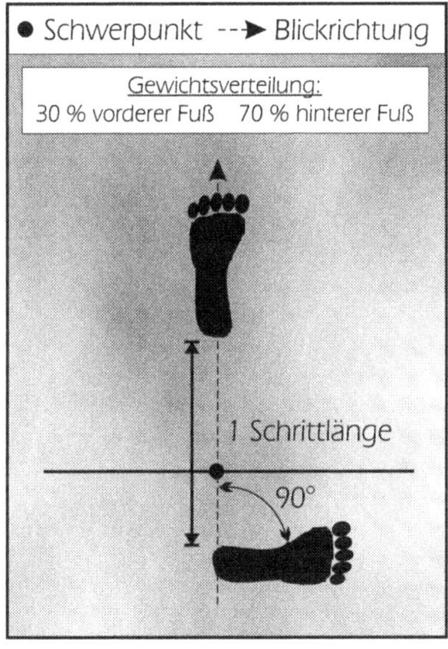

Die Ausführung

Beide Füße werden im Abstand von ungefähr einer Schrittlänge fest auf den Boden gestellt. Der vordere Fuß zeigt gerade nach vorne, während der hintere Fuß um 90° zur Seite gedreht ist.

Das hintere Knie ist so stark gebeugt, dass es sich direkt über den Zehen des Fußes befindet. Auch hier dürfen bei einem Blick über das gebeugte Knie die Zehenspitzen nicht mehr zu sehen sein. Das vordere Bein ist nur leicht angewinkelt.

Durch das starke Anwinkeln des hinteren Beines wird der Schwerpunkt weit nach hinten verlagert. Ein Groß-

teil des Körpergewichtes ruht damit auf dem hinteren Bein (zu etwa 70 %). Das vordere Bein ist nahezu vollständig entlastet.

Der Oberkörper muss aufrecht gehalten werden. Gerade durch die Gewichtsverlagerung auf das hintere Bein besteht jedoch die Gefahr, dass der Oberkörper nach hinten gebeugt wird und man so in eine Rückenlage kommt. Bei selbständigem Training sollte man die Haltung des Oberkörpers deswegen unbedingt mit einem Spiegel überprüfen! Des weiteren muss der Oberkörper seitlich gehalten werden, so dass nur eine Schulter nach vorne zeigt.

Der Kopf ist gedreht und der Blick gerade nach vorne gerichtet.

Hinweis: Wird diese Stellung weniger tief ausgeführt, bezeichnet man sie auch als "Dwit-sogi".

Dwitpal-sogi

Dwitpal-sogi lässt sich grob mit "Rückbeinstellung" übersetzen. Ihre Haltung und ihre Eigenschaften sind der von Dwit-gubi sehr ähnlich.

Durch die stärkere Gewichtsverlagerung nach hinten, ist das vordere Bein jedoch noch mehr entlastet als bei Dwit-gubi. Kicktechniken mit dem vorderen Fuß lassen sich mit ihr also noch schneller verwirklichen. Durch die etwas engere Fußstellung und die stark rückwärtige Schwerpunktlage, ist die Stabililtät dieser Stellung jedoch um einiges geringer als bei Dwit-gubi. Diese Stellung eignet sich daher nur bedingt zur Verteidigung. Verfügt man jedoch über ein gutes Reaktionsvermögen, lassen sich Kontertechniken aus dieser Stellung sehr effektiv anbringen.

Die Ausführung

Aus Dwit-gubi kommend, wird der vordere Fuß auf etwa anderthalb Fuß Entfernung an den hinteren herangezogen. Die Ferse des vorderen Fußes wird angezogen, so dass nur der Ballen in Kontakt mit dem Boden steht. Das hintere Bein steht quer zur Kampfrichtung, die Zehen des anderen Fußes sind nach vorne gerichtet.

Das hintere Bein ist auch in Dwitpal-sogi stark gebeugt. Das vordere Knie ist etwas weniger stark angewinkelt.

Das Körpergewicht ruht nahezu vollständig (zu etwa 90%) auf dem hinteren Bein.

Der Oberkörper ist aufrecht und wird seitlich gedreht, so dass nur eine Schulter in Kampfrichtung zeigt.

Der Blick ist über diese Schulter nach vorne gerichtet.

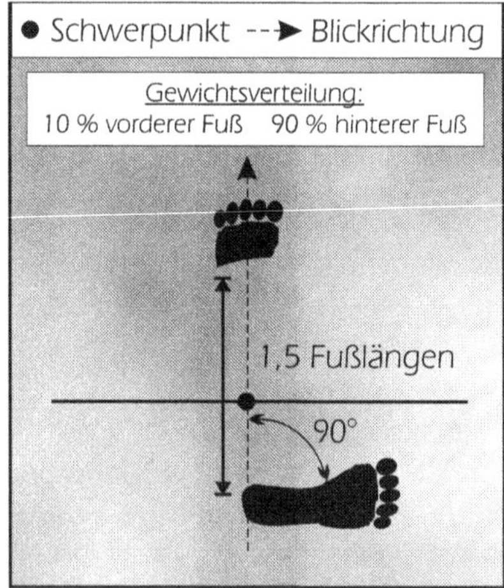

Bom-sogi

Bom-sogi bedeutet "Tigerstellung". Vereinzelt wird auch der Begriff "kleine Rückwärtsstellung" verwendet.

Dieser ist jedoch leicht irreführend, da Bom-sogi mit den anderen Rückwärtsstellungen Dwit-gubi und Dwitpal-sogi nur wenig Ähnlichkeit hat. Zum einen ist sie sehr viel stärker nach vorne ausgerichtet, zum anderen ist sie auch um einiges stabiler und spannungsgeladener.

Auch der Genitalbereich wird in dieser Stellung sehr viel besser geschützt. Durch die starke Gewichtsverlagerung nach hinten ist auch in Bom-sogi eine hohe Flexibilität des vorderen Beines gewährleistet. Kurz gesagt: die Stellung ist nahezu universell einsetzbar.

Die Ausführung

Die Beine stehen in einer Entfernung von etwa einer Fußlänge. Der vordere Fuß wird aufgestellt, so dass nur die Fußspitze mit dem Ballen den Boden berührt. Der hintere Fuß wird leicht (etwa 22,5°) zur Seite gedreht.

Das Knie des hinteren Beines wird stark gebeugt, so dass der Körper abgesenkt wird. Das vordere Knie wird auch (allerdings etwas weniger stark) angewinkelt und hat nur leichte Stützfunktion.

Das Körpergewicht ruht nahezu vollständig auf dem hinteren Bein (zu etwa 90%).

Der Oberkörper wird aufrecht gehalten und zeigt gerade nach vorne.

Der Kopf zeigt ebenfalls nach vorne, der Blick ist in Kampfrichtung ausgerichtet.

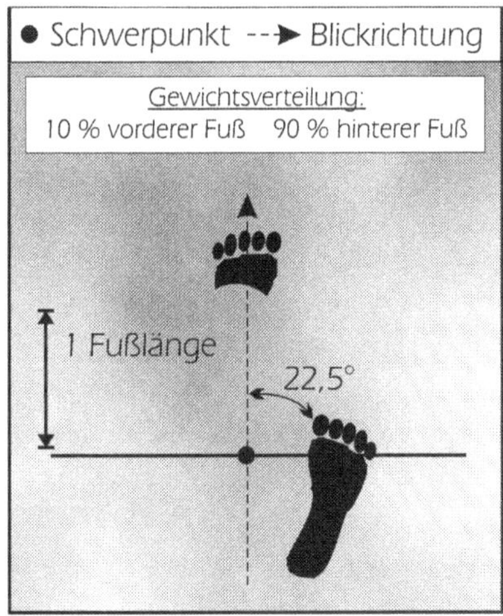

Koa-sogi

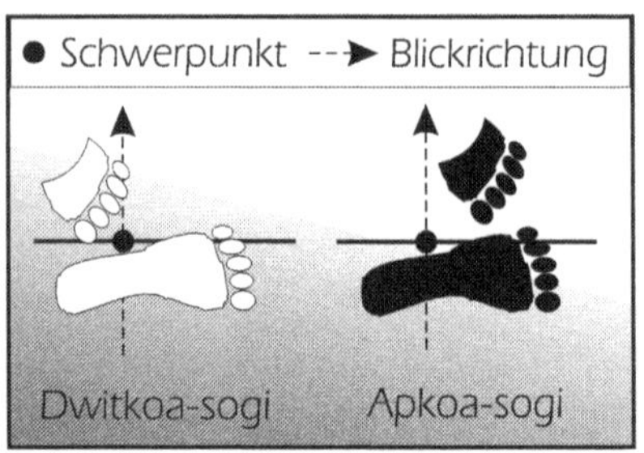

Koa-sogi ist die koreanische Bezeichnung für eine Überkreuzstellung.

Diese wird häufig eingenommen, um schnelle Seitwärtsbewegungen zu ermöglichen. Meist verweilt man auch nur sehr kurz in dieser Stellung, da sie zum Übergang von einer seitlichen Stellung in eine andere seitliche Stellung dient. Die Stabilität ist in dieser Stellung wegen des kleinen Beinabstandes sehr gering. Dafür ermöglicht diese Stellung ein hohes Maß an Flexibilität.

Koa-sogi existiert in zwei Ausprägungen: **Apkoa-sogi** und **Dwit-koa-sogi**.

Die Ausführung

Diese beiden Ausprägungen unterscheiden sich hauptsächlich durch die Stellung der Füße.

Während bei Apkoa-sogi das Hauptstandbein vorne überkreuzt wird, wird bei Dwit-koa-sogi das Bein hinten übergesetzt.

Das Hauptstandbein steht bei beiden Stellungen fest am Boden und ist nach vorne ausgerichtet. Das überkreuzte Bein berührt nur mit dem Fußballen den Boden.

Beide Knie sind leicht angewinkelt.

Der Oberkörper ist aufrecht und wird seitlich gehalten. Der Kopf ist gedreht und der Blick zeigt nach vorne.

Hakdari-sogi

Übersetzt bedeutet Hakdari-sogi "Kranichbeinstellung". Diese Stellung hat im Taekwondo nur eine sehr geringe Bedeutung und wird hauptsächlich zur Vorbereitung von Fußtechniken eingesetzt. Durch die vollständige Entlastung des vorderen Beines werden schnelle Kicktechniken ermöglicht. Zusätzlich wird durch das Anheben des Fußes die Wegstrecke zum Gegner verkürzt und damit ein weiterer Geschwindigkeitsvorteil erzielt. Allerdings ist die Stabilität dieser Stellung äußerst gering. Daher kann sie auch nur für sehr kurze Zeit eingenommen werden, da man sonst dem Risiko eines vollständigen Gleichgewichtsverlustes durch einen Angriff des Gegners ausgesetzt wäre.

Die Ausführung

Das Standbein steht fest am Boden und zeigt quer zur Kampfrichtung. Der andere Fuß ist bis zum Knie des Standbeines nach oben gezogen. Dabei touchiert die Innenkante des Fußes leicht das Knie des Standbeines.

Das Knie des Standbeines ist leicht angewinkelt. Das andere Bein ist sehr viel stärker gebeugt und zeigt zur Seite.

Das Körpergewicht ruht vollständig auf dem Standbein.

Der Oberkörper ist aufrecht und wird seitlich gehalten, so dass nur eine Schulter in Kampfrichtung nach vorne zeigt.

Durch eine Drehung des Kopfes wird der Blick nach vorne über diese Schulter gerichtet.

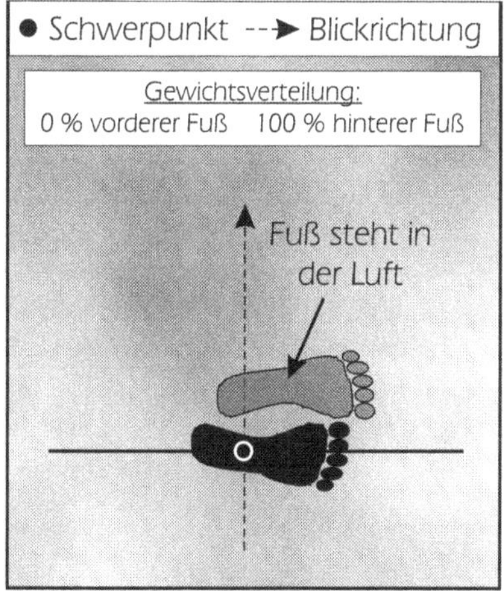

Hinweise zu Formung der Angriffs- und Blockteile

Jumok - die Faust

Wird mit der normalen Faust getroffen, so schlagen nur die zwei großen Knöchel des Zeige- und des Mittelfingers auf das Ziel.

Zur Bildung einer Faust, werden die Finger fest eingerollt und nach unten geklappt. Dann wird der Daumen wie ein Riegel vor den Zeige- und Mittelfinger gelegt.

Das Handgelenk muss in allen Richtungen gerade gehalten werden, da sonst eine hohe Verletzungsgefahr besteht.

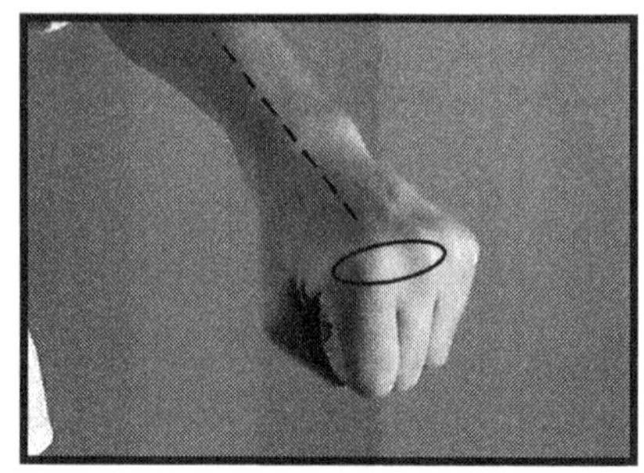

Auch das Einklappen des Daumens ist besonders wichtig, da er sonst leicht nach hinten gebogen werden kann.

Dungjumok - der Faustrücken

Die Finger der Hand werden wie oben beschrieben zur Faust geballt. Getroffen wird dann mit der Oberseite des Zeige- und Mittelfingerknöchels.

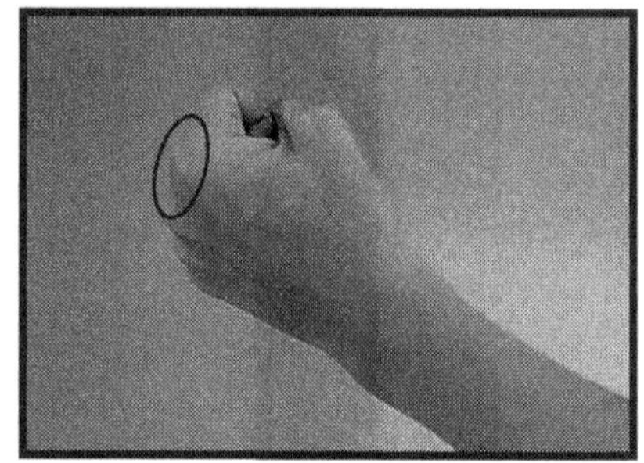

Mejumok - die Kleinfingerfaust

Die Finger der Hand werden wie oben beschrieben zur Faust geballt. Getroffen wird mit dem Ballen der Kleinfingerfaust.
(= Faustaußenseite)

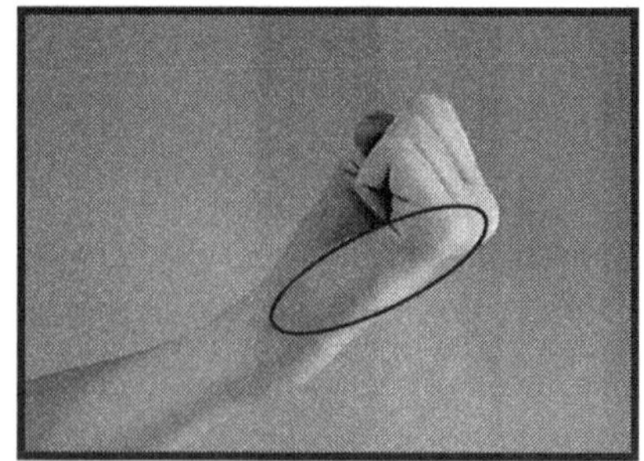

Sonnal - die Handkante

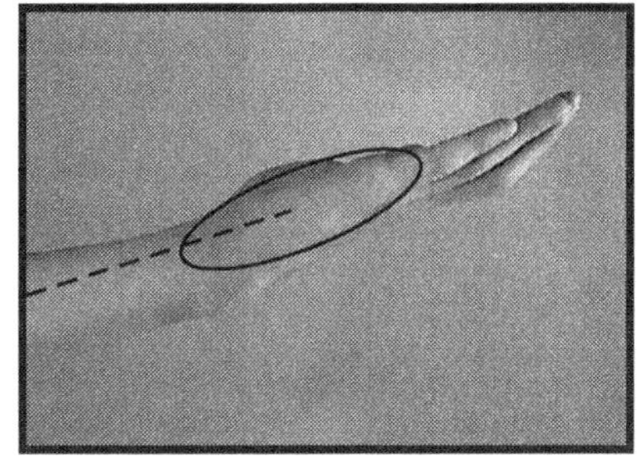

Die Handkante bildet die Verlängerung des Unterarmes. Die Finger werden leicht gekrümmt und zusammengepresst um die Handkante zu spannen. Der Daumen wird stark angewinkelt und liegt eng an.
Bevor mit der Handkante geschlagen werden kann, sollte sie erst eine Zeit lang abgehärtet werden. Hierzu kann man zum Beispiel in einen mit Mais gefüllten Eimer schlagen.

Sonnal-dung

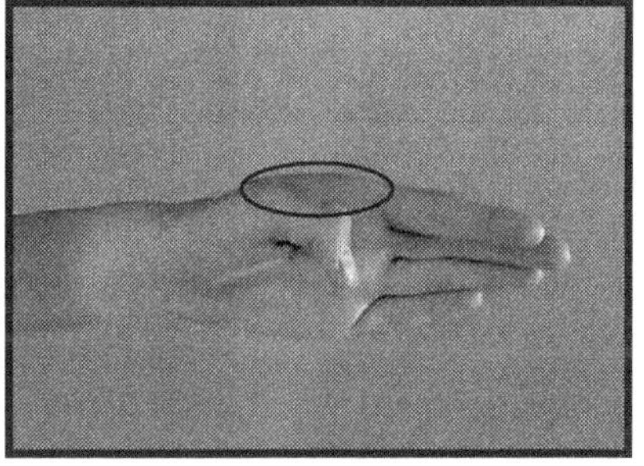

Sonnaldung bedeutet Handkantenrückseite. Die Innenhandkante und der Unterarm bilden eine gerade Linie. Die Finger werden wie oben beschrieben angespannt. Die Trefferfläche reicht vom Zeigefinger bis zur Handwurzel.

Batang-son - Handballen

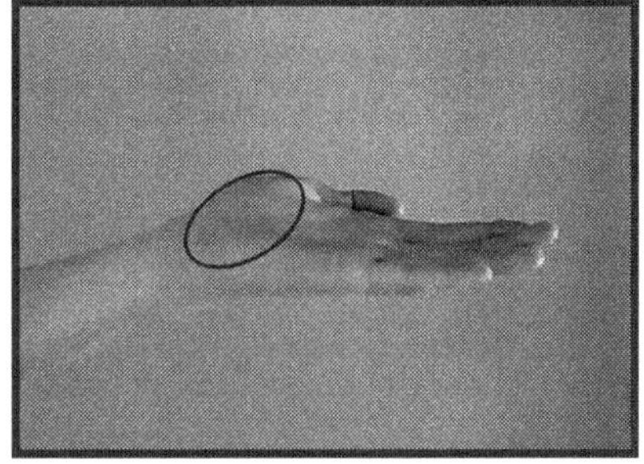

Die Finger der Hand werden ähnlich wie bei der Handkante gestreckt und eng aneinander gepresst. Der Daumen wird allerdings weniger weit nach innen abgewinkelt.
Gechlagen wird mit dem Handballen. Bei Blocktechniken werden zusätzlich noch Teile der Handfläche mitverwendet.

Son-kut - die Fingerspitzen

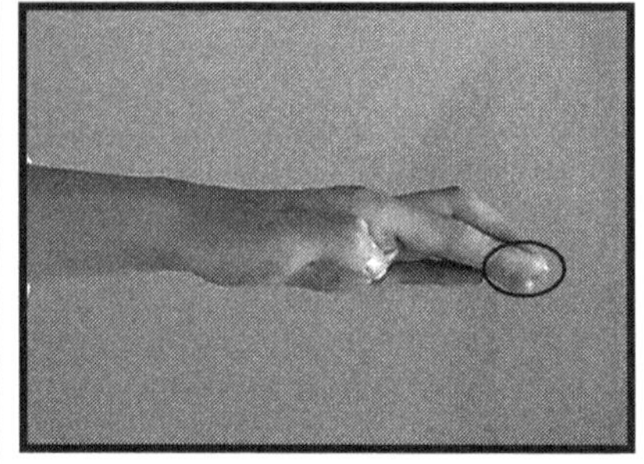

Mit den Fingerspitzen wird vorwiegend beim Pyonsonkut-chirugi (senkrechte Fingerspitzen) getroffen. Die Haltung der Finger ist nicht ganz einfach. Der Zeige-, Ring- und der kleine Finger werden gestreckt und so gehalten, dass Zeige- und Ringfinger direkt aneinander stoßen. Der Mittelfinger wird leicht gekrümmt und in die Mitte zwischen Zeige- und Ringfinger gedrückt. Die Fingerspitzen dieser drei Finger befinden sich dabei auf einer Höhe.

Der Daumen wird stark angewinkelt. Getroffen wird mit den Spitzen des Zeige-, Mittel- und Ringfingers.

Bakkat-palmok

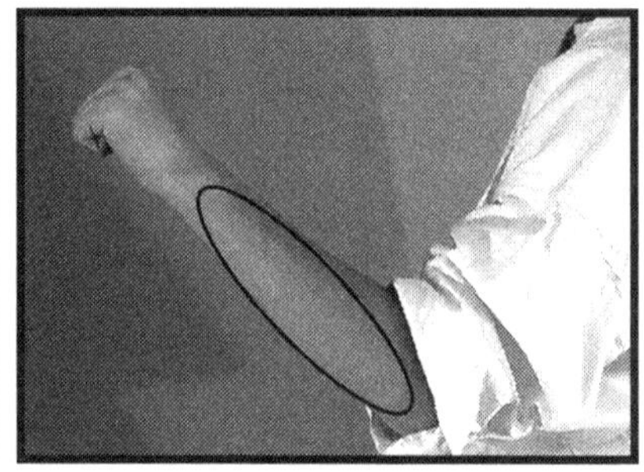

Wird mit dem Außenunterarm getroffen, so werden vorher die Finger der Hand zur Faust geballt.
Die Trefferfläche reicht auf der Seite der Elle vom Handgelenk bis zum Ellenbogen.

An-palmok

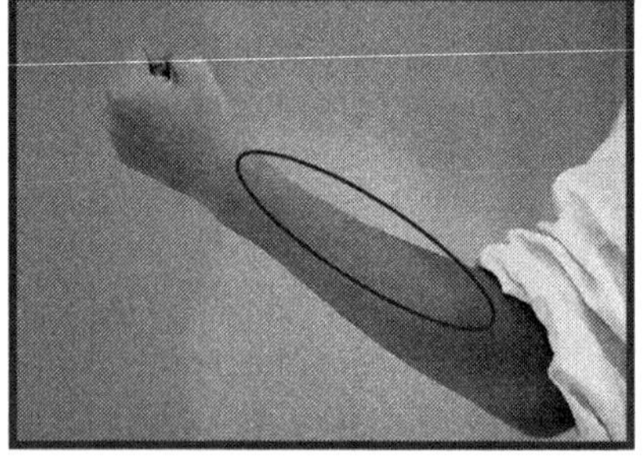

Auch beim Blocken mit dem Innenunterarm werden zunächst die Finger der Hand zur Faust geballt.
Getroffen wird dann im Bereich zwischen der Innenseite des Ellenbogens und dem Handgelenk auf der Seite der Speiche.

72

Palkup - Ellenbogen

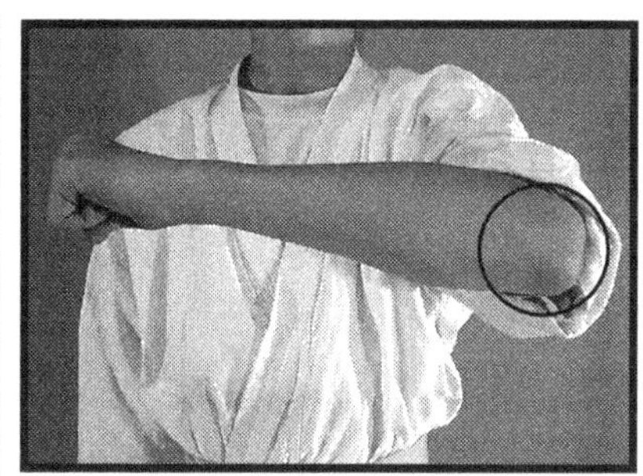

Wird mit dem Ellenbogen getroffen, so wird zunächst die Faust des schlagenden Armes mit dem Handrücken nach oben gedreht.

Getroffen werden kann nun je nach Bedarf entweder mit der Ellenbogenvorderseite oder mit der Spitze des Ellenbogens.

Apchuk - der Fußballen

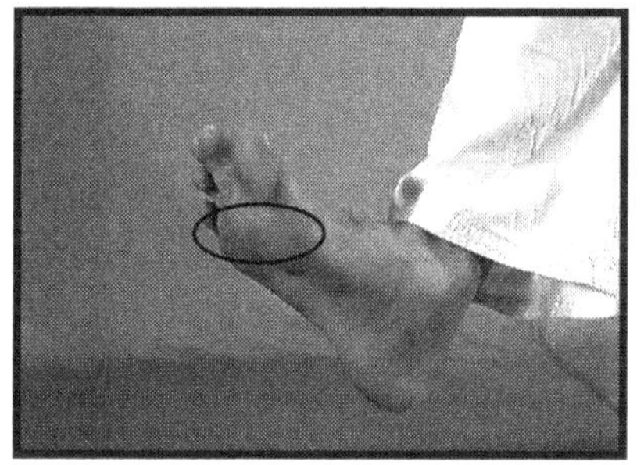

Wird bei einem Schlag mit dem Fußballen getroffen, so ist es wichtig, dass die Zehen stark in Richtung des Schienbeines angezogen werden.

Bei linearen Fußtechniken wird der Fuß selbst aber im Knöchelgelenk nach vorne gestreckt, damit die eigene Reichweite bestmöglich ausgeschöpft wird.

Baldung - der Fußspann

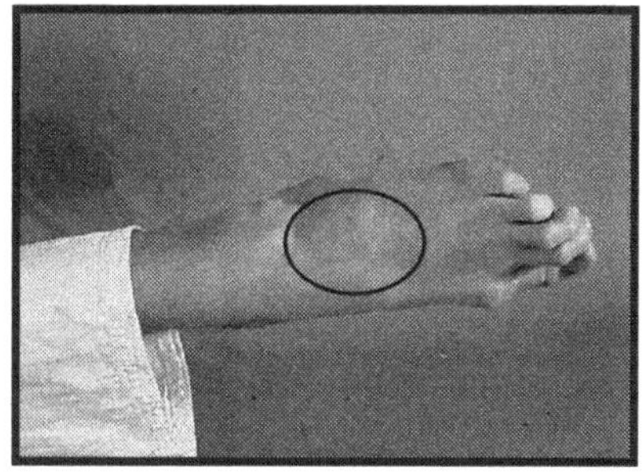

Um mit dem Fußspann sauber treffen zu können, müssen zunächst die Zehen und der ganze Fuß nach vorne gestreckt werden. Der Fußspann bildet so die Verlängerung des Schienbeins.

Die Trefferfläche reicht von der Zehenwurzel (nicht den Zehen selbst!) bis zum Fußknöchel.

Balnal - die Fußkante

Die Fußkante befindet sich an der Außenseite des Fußes.
Zur Formung der Fußkante wird der kleine Zeh nach unten gedrückt und der große Zeh angezogen. Der Fuß selbst wird möglichst stark in Richtung des Schienbeines angewinkelt.

Balnal-dung

Statt von Fußkantenrückseite kann bei Balnal-dung auch von der Innenfußkante gesprochen werden.
Der Fuß selbst ist dabei gestreckt. Die Zehen sind zum Schienbein hin angewinkelt.
Getroffen wird mit der Fußinnenkante auf der Seite des großen Zehs.

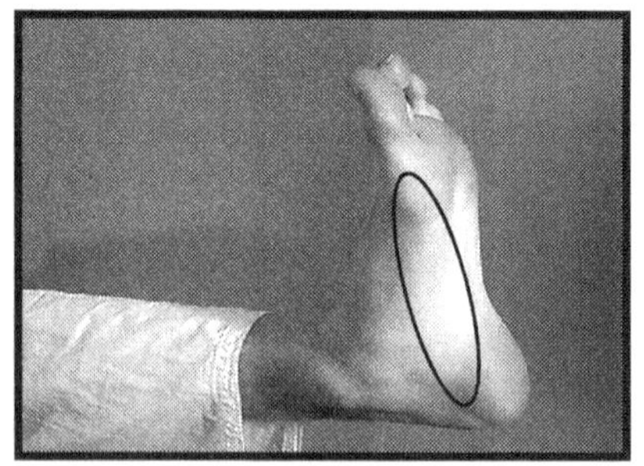

Dwitkumchi - hintere Ferse

Bei einem Schlag mit der hinteren Ferse (= Achillesferse), wird der Fuß so stark wie möglich in Richtung des Schienbeines angewinkelt.
Wichtig ist, dass beim Schlagen nicht mit der Achillessehne, sondern mit der unterhalb davon liegenden Achillesferse getroffen wird.

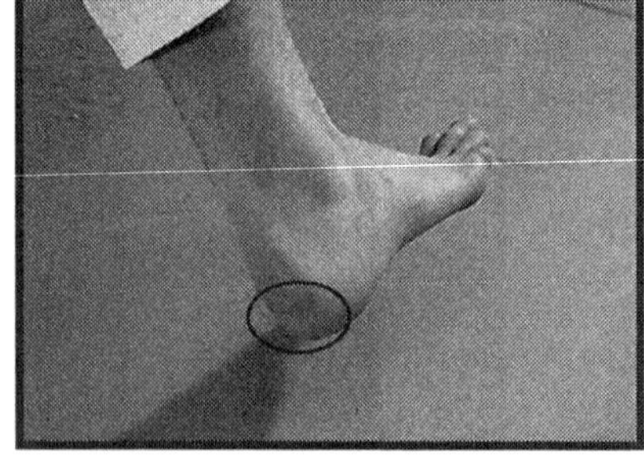

Dwitchuk - untere Ferse

Der untere Teil der Ferse liegt in der Nähe der Achillesferse, jedoch etwas weiter in Richtung der Fußsohle.
Zum Treffen wird der Fuß stark zum Schienbein hin angewinkelt und die Zehenspitzen angezogen.

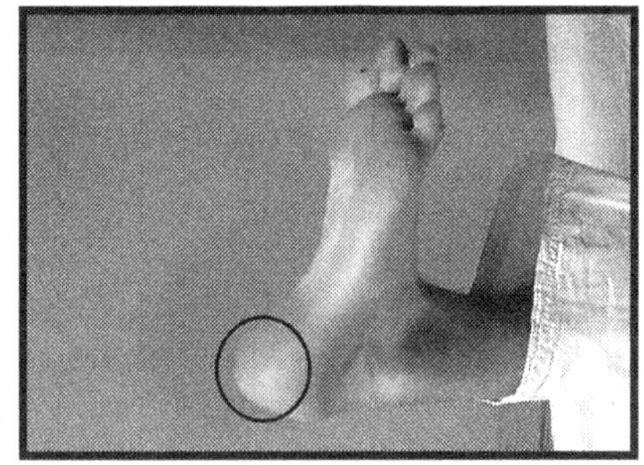

Balbadak - Fußsohle

Bei nicht allzu vielen Schlägen wird mit der gesamten Fußsohle getroffen, da durch die große Trefferfläche die Schläge nicht allzu hart sind.
Zur Haltung gibt es keinerlei Besonderheiten. Der Fuß selbst ist im Moment des Auftreffens entweder angewinkelt oder gestreckt.

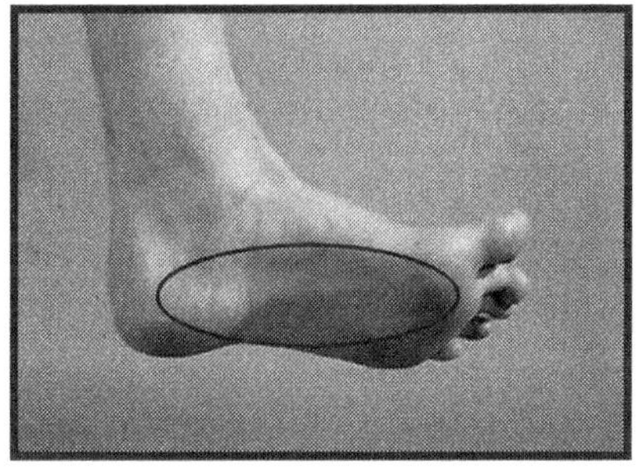

Murup - Knie

Das Knie ist die wohl massivste und härteste Trefferfläche des menschlichen Körpers.
Zum Schlagen wird das Knie möglichst stark angewinkelt. Getroffen wird mit der oberen Seite des gebeugten Knies.

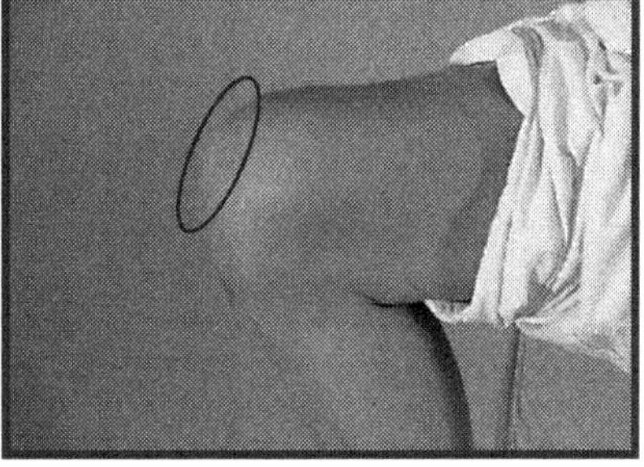

Die Blocktechniken (Makki)

Blocktechniken dienen dazu den Kämpfer vor Treffern zu schützen und einen möglichen Gegenangriff vorzubereiten. Allerdings sollte man sich von Beginn an bewusst sein, dass eine Abwehrtechnik immer nur das aller letzte Mittel darstellt, einen Angriff des Gegners abzuwehren. Soweit es irgendwie möglich ist, wird ein guter Kämpfer das Ausweichen dem Blocken immer vorziehen. Das liegt zum einen daran, dass die Gefahr getroffen zu werden beim Ausweichen deutlich geringer ist. Zum anderen blockiert man sich durch die Blocktechnik häufig selbst, und ein Gegenangriff ist dann nur sehr schwer oder zeitverzögert durchführbar. Da es aber sehr viele Situationen gibt, in denen ein Ausweichen nicht mehr möglich ist, haben die Abwehrtechniken im Taekwondo trotz dieser Tatsache einen sehr hohen Stellenwert und müssen dementsprechend intensiv trainiert werden.

Beim Training müssen zwei unterschiedliche Arten von Blocktechniken unterschieden werden: die Grundschule (**schulmäßige Abwehr**) und die realistische Abwehr im Kampf (**kampfmäßige Abwehr**).

Bei der schulmäßigen Abwehr wird der ideale Bewegungsablauf der Technik gelehrt, die zu einer maximalen Effizienz des Blockes führt.

Bei der kampfmäßigen Abwehr steht in erster Linie der Zeitfaktor im Vordergrund, so dass die einzelnen Blocktechniken in ihrem Bewegungsablauf stark verkürzt sind. Da Ausholbewegungen aus Zeitgründen meist nicht mehr möglich sind, geht es hier hauptsächlich darum, bei minimaler Bewegung maximale (oder zumindest ausreichende) Wirkung zu entfalten. Auch die Ausgangs- und Endposition ist hier anders, da aus der Kampfdeckung heraus geblockt wird und nach Ausführung der Technik diese Deckung so schnell wie möglich wieder geschlossen werden muss.

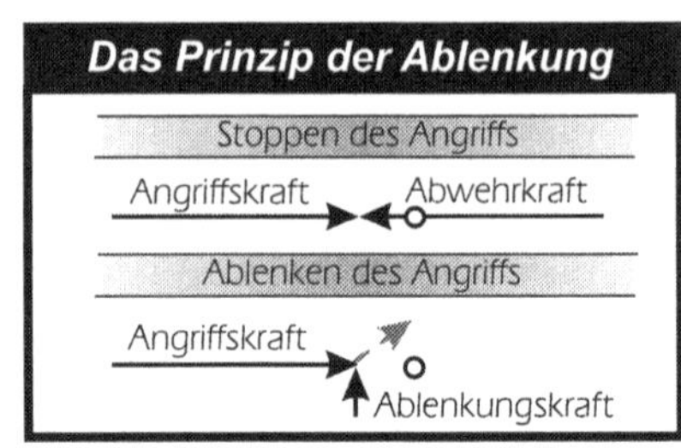

Nahezu alle Blocktechniken folgen dem **Prinzip der Ablenkung**. Das heißt, dass der Angriff des Gegners durch den Block so gut wie nie aufgehalten wird, sondern nur um den Körper herum gelenkt wird. Ein Fauststoß zum Beispiel wird also nicht direkt gestoppt (was einen sehr großen Energieaufwand erfordern würde), sondern es wird durch den Block nur die Richtung dieses Schlages verändert.

Übersicht über die wichtigsten Blocktechniken

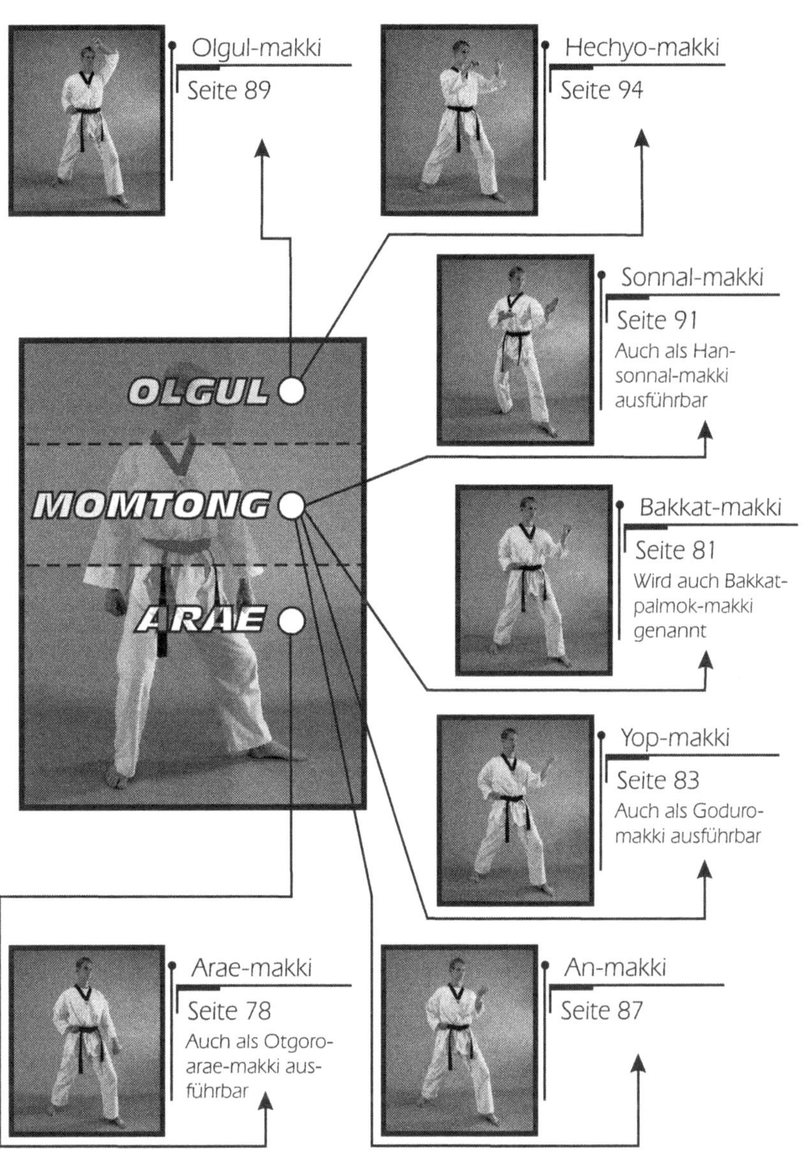

Arae-makki

Alle in diesem Abschnitt dargestellten Blocktechniken, werden in ihrer grundschulartigen Ausführung dargestellt.

Der Arae-makki ist ein Tiefblock, der dazu verwendet wird, Angriffe gegen den Unterleib abzuwehren. Er kann sowohl gegen Armtechniken als auch gegen Beintechniken des Gegners eingesetzt werden.

Die Ausführung

Bild 1:
Der **blockende Arm** beginnt seine Bewegung an der gegenüberliegenden Schulter. Der Faustrücken dieses Armes ist nach außen gedreht. Der andere Arm (**Rückzugsarm**) ist schräg nach vorne unten durchgestreckt.

Bild 2:
Beide Arme bewegen sich nun gleichzeitig in Richtung ihrer Endposition. Der **Blockarm** wird dabei in einer uhrzeigerförmigen Bewegung nach unten geführt, während der gestreckte **Rückzugsarm** in einer Drehbewegung zur Hüfte zurückgezogen wird. Sobald der Ellenbogen des Blockarmes die Körpergrenze erreicht hat, beginnt die Streckbewegung des Unterarmes.

Bild 3:
Während dieser Streckung wird der Unterarm des **Blockarmes mit dem Faustrücken nach oben gedreht,** wodurch die Kraftentfaltung enorm gesteigert werden kann. Die Endposition ist erreicht, wenn man auch mit dem Unterarm die eigene Körpergrenze erreicht hat. Keinesfalls sollte man also über seine eigene Körpergrenze hinausblocken, da dies keinen weiteren Schutz mit sich bringt und die längere Bewegung unnötig Zeit kostet. Der Blockarm ist in der Endposition durchgestreckt und die Faust ruht in etwa eine Handlänge vom Körper entfernt. Insbesondere auf letzteres ist ein Hauptaugenmerk zu legen, da durch zu nahes Abblocken gegnerischer Schläge, die Gefahr eines Treffers immens groß wird.

Ferner muss darauf geachtet werden, dass der Blockarm und der Rückzugsarm ihre Endposition gleichzeitig erreichen. Nur so kann die Wirkung des Blockes durch die Rückzugsbewegung noch weiter verstärkt werden.

Allgemeine Hinweise

Um dem Block maximale Wirkung zu verleihen, muss der Blockarm so stark wie möglich beschleunigt werden (vgl. S. 53). Falsch wäre es, während der kompletten Abwehr-bewegung maximale Spannung auf-recht zu erhalten, da dies zu einer Verkrampfung des Körpers führen würde und die Bewegung dadurch nur langsam ausgeführt werden könnte. Während der Beschleunigungsphase des Blockes muss der Körper also entspannt und geschmeidig sein. Im Moment des Auftreffens dagegen, muss im Körper maximale Spannung aufgebaut werden, da sonst der Arm von seinem Ziel abprallen würde und damit die Wirksamkeit des Blockes völlig verpuffen würde. Es muss also kurz vor dem Auftreffen ein **Wechsel zwischen Entspannung und Spannung** erfolgen. Je kürzer die Zeit zwischen diesem Wechsel und dem Auftreffen ist, desto wirksamer wird der Arae-makki ausgeführt.

* nicht über die eigene Körpergrenze hinausblocken

* nicht zu eng am Körper blocken

* Wechsel zwischen Spannung und Entspannung beachten

* bei beiden Armen Unterarmdrehung

Otgoro-arae-makki

Der Otgoro-arae-makki ist eine Verstärkung des Arae-makki, und wird gegen besonders heftige Angriffe angewendet. Die beiden Arme werden bei der Ausführung knapp über den Handgelenken gekreuzt.

Damit lassen sich Folgetechniken aber weniger leicht ausführen als dies beim Arae-makki der Fall ist. Man sollte daher die Technik wirklich nur dann einsetzen, wenn der Arae-makki zur Abwehr des Angriffes nicht ausreicht.

Die Ausführung

Bild 1:
Beide Fäuste ruhen in der Rückzugsposition an der Hüfte. Die Handinnenseite zeigt bei beiden Armen nach oben.

Bild 2:
Von dort aus werden **beide Arme** explosionsartig nach vorne gestoßen. Kurz vor Erreichen der Endposition überkreuzen sich beide Arme dicht über den Handgelenken. Die Arme werden dabei so weit verdreht, dass die Faustrücken gegeneinander gerichtet sind.

Geblockt wird ungefähr eine Handlänge vom Körper entfernt. Hinsichtlich des Wechsels zwischen Spannung und Entspannung gilt das zum Arae-makki Gesagte entsprechend.

Der Oberkörper ist aufrecht zu halten und darf nicht nach vorne gebeugt werden.

(Momtong)-bakkat-makki

Der Momtong-bakkat-makki wird in erster Linie gegen frontale Angriffe eingesetzt. "Bakkat" heißt "von innen nach außen" und beschreibt die Bewegungsbahn des blockenden Armes. Noch genauer könnte man diesen Block auch als "Bakkat-palmok-makki" bezeichnen, da der gegnerische Schlag mit dem äußeren Unterarm abgewehrt wird.

Bei Angriffstechniken gegen den Kopf, kann dieser Block auch in der Höhe "Olgul" ausgeführt werden. Hauptsächlich dient er jedoch dem Schutz des Oberkörpers und wird somit vorwiegend in der Höhe "Momtong" angewandt.

In seinem Bewegungsablauf ist der Bakkat-makki dem Yop-makki sehr ähnlich. Der hauptsächliche Unterschied besteht darin, dass beim Yop-

makki nicht mit dem Außen-, sondern mit dem Innenunterarm geblockt wird. Dadurch ist der Yop-makki in seiner Ausführung zwar etwas schneller, jedoch durch die fehlende Unterarmdrehung weit weniger wirkungsvoll, als der Bakkat-makki.

Die Ausführung

Bild 1 und 2:
Der **Rückzugsarm** wird an den Oberkörper herangeführt und zeigt dabei in Blockrichtung. Um eine möglichst lange Rückzugsbewegung zu ermöglichen, sollte der Arm locker gestreckt werden.

Der **blockende Arm** macht eine halbkreisförmige Bewegung. Er wird (räumlich) vor dem Rückzugsarm, von seinem Ausgangspunkt an der Hüfte aus, entlang des anderen

81

Armes zur gegenüberliegenden Schulterlinie nach oben geführt.

Bild 3:

Hat der **Blockarm** die gegenüberliegende Schulter passiert, beginnt sich der Außenunterarm nach außen zu drehen. Gleichzeitig vollendet der Arm die halbkreisförmige Bewegung, indem er von innen nach aussen bis zur Körpergrenze geführt wird. Der Winkel zwischen Ober- und Unterarm beträgt etwa 90°. Außerdem sollte sich die Hand maximal in Schulterhöhe befinden, wenn der Block in der Höhe "Momtong" ausgeführt wird.

Gleichzeitig mit der Bewegung des Blockarmes, wird der **Rückzugsarm** an die Hüfte zurück gezogen. Rückzugsbewegung und Blockbewegung sollten dabei gleichzeitig enden, damit durch die Rückzugsbewegung die Wirksamkeit des Blockes weiter verstärkt wird.

Wie bei allen Blocktechniken ist auch hier die maximale Körperspannung erst unmittelbar vor dem Moment des tatsächlichen Abblockens aufzubauen. Nur so kann der Blockarm entsprechend beschleunigt werden und der Block somit entsprechend effektiv ausgeführt werden.

Der Oberkörper wird aufrecht gehalten. Beide Schultern sollten in der Endposition gleich weit nach vorne zeigen.

* nicht über die eigene Körpergrenze hinausblocken

* der Rückzugsarm ist der Körpernähere Arm (der Blockarm wird davor vorbeigeführt)

* der Außenunterarm des Blockarmes muss gedreht werden

* Wechsel zwischen Spannung und Entspannung beachten

* beide Schultern sollen in der Endposition gleich weit nach vorne zeigen

(Momtong)-yop-makki

Der Yop-makki ist dem Bakkat-makki in Funktion und Ausführung sehr ähnlich. Wie schon beim Bakkat-makki erläutert, ist der markanteste Unterschied zwischen beiden Blocktechniken die Trefferfläche, denn beim Yop-makki wird im Gegensatz zum Bakkat-makki mit dem Innenunterarm und nicht mit der Außenunterarm geblockt. Auch der Yop-makki wird hauptsächlich in der Höhe Momtong ausgeführt. Nichtsdestotrotz kann er auch zur Abwehr von Angriffen in den Höhen Olgul und Arae verwendet werden.

Zudem wird der Yop-makki bevorzugt aus seitlichen Stellungen heraus ausgeführt, was sich auch in seinem Namen niedergeschlagen hat (yop = seitlich).

Hinweise zur Nomenklatur

Allerdings sollte an dieser Stelle kurz auf die nicht ganz einheitliche Nomenklatur im Taekwondo hingewiesen werden. So wird dieser Block mit dem Innenunterarm als Trefferfläche vereinzelt auch als Bakkat-makki bezeichnet. Nur bei einer Ausführung aus seitlicher Stellung wird der Block von Anhängern dieser Nomenklatur dann Yop-makki genannt. Im Gegenzug dazu, wird der Block mit dem Außenunterarm dann nicht als Bakkat-makki, sondern als Bakkat-palmok-makki bezeichnet.

Bakkat-makki ⟷ Bakkat-palmok-makki

Yop-makki ⟷ Bakkat-makki
Yop-makki
(bei seitlicher Ausführung)

Die Ausführung

Bild 1:

Der **Blockarm** wird mit nach oben gedrehtem Faustrücken zur gegenüberliegenden Hüfte gezogen. So steht ihm für die Ausführung der Blockbewegung eine relativ lange Beschleunigungsstrecke zur Verfügung, die der Abwehrtechnik die nötige Wirkung verleiht.

Der **Rückzugsarm** wird in Höhe des Oberkörpers mit geballter Faust ist Blockrichtung gestreckt.

Bild 2:

Der **blockende Arm** wird nun (räumlich) vor dem anderen Arm in einer bogenförmigen Bewegung von innen nach außen hochgezogen, bis er die eigene Körpergrenze erreicht hat. Das Handgelenk befindet sich dabei etwa in Schulterhöhe.

Der **andere Arm** wird gleichzeitig zurück an die Hüfte gezogen. Dabei wird die Faust mit der Handinnenseite nach oben gedreht.

Bild 3:

Kurz vor Erreichen der Endposition, wird der Unterarm des **Blockarmes** mit dem Faustrücken nach vorne gedreht. Der Winkel zwischen Ober- und Unterarm beträgt am Schluss etwa 90°.

Der **Rückzugsarm** beendet seine Bewegung gleichzeitig mit dem blockenden Arm an der gegenüberliegenden Hüfte.

Der Oberkörper ist aufrecht zu halten. Je nachdem ob der Block nach vorne oder zur Seite ausgeführt wird, sind die Schultern frontal oder seitlich auszurichten.

Bei frontaler Ausführung ist zusätzlich darauf zu achten, dass nicht über die eigene Körpergrenze hinausgeblockt wird.

Die Anspannung erfolgt auch bei diesem Block erst im letzten Moment, da sonst die Technik nicht mit der notwendigen Geschwindigkeit ausgeführt werden kann.

- nicht über die eigene Körpergrenze hinausblocken (bei frontaler Ausführung)

- der Rückzugsarm ist der Körpernähere Arm (der Blockarm wird davor vorbeigeführt)

- mit der Innenseite des Unterarmes blocken

- Wechsel zwischen Spannung und Entspannung beachten

Goduro-makki

"Goduro" steht im übertragenen Sinne für gestützt. Beim Goduro-makki wird also der blockende Arm, durch den anderen Arm, in seiner Bewegung unterstützt. Daher ergeben sich wesentliche Unterschiede zu den normalen Abwehrtechniken, bei welcher der nicht blockende Arm zur Hüfte gezogen wird, nur bei der Bewegung des Rückzugsarmes. Die Abwandlung des Goduro-makki gibt es für die unterschiedlichsten Blocktechniken wie zum Beispiel den Yop-makki (im folgenden ausführlich dargestellt) oder den Arae-makki.

Ähnlich wie der Otgoro-arae-makki wird auch der Goduro-makki nur zur Verteidigung gegen besonders heftige Angriffe angewandt.

Die Ausführung

Bild 1:

Im Hinblick auf die Bewegung des **Blockarmes** kann auf die Ausführungen zum jeweiligen Block (z.B. Arae-makki - Yop-makki . . .) verwiesen werden.

Unterschiede ergeben sich jedoch für die Bewegung des **Rückzugsarmes**: dieser wird zum Schwungholen zunächst nach hinten gestreckt, wobei die Faust sich etwa in Hüfthöhe befindet.

Bild 2:
Nun wird der hintere Arm in einer bogenförmigen Bewegung zum Ellenbogen des blockenden Armes nach vorne gebracht. Dabei wird der Faustrücken des **Rückzugsarmes** nach unten gedreht.

Bild 3:
In der Endposition wird die Faust des **Rückzugsarmes** knapp unterhalb des Ellenbogens gegen den Unterarm des blockenden Armes gedrückt.

Der Oberarm des Rückzugsarmes wird gleichzeitig gegen den Rumpf gepresst, um die Stabilität weiter zu erhöhen.

Man kann den unterstützenden Arm in dieser Position mit einem Winkel oder einem Keil vergleichen, der verhindern soll, dass der blockende Arm zur Seite einknickt.

Arae-goduro-makki

Auch hier gilt wieder, dass die Anspannung des Körpers nicht zu früh erfolgen darf, damit die Bewegung schnell ausgeführt werden kann.

- mit dem blockenden Arm die normale Bewegung ausführen

- der unterstützende Arm wird gegen den Unterarm des blockenden Armes gedrückt

- der Oberarm des unterstützenden Armes liegt am Körper an

Olgul-goduro-makki

(Momtong)-an-makki

Die Silbe "An" bedeutet "innen", womit angezeigt wird, dass die Bewegungsrichtung dieses Blockes von außen nach innen gerichtet ist. Ähnlich wie beim Bakkat-makki oder Yop-makki, kann auch dieser Block in fast allen Höhen ausgeführt werden.

Vorwiegend dient er jedoch dazu, den Bereich zwischen Schulter und Nabel zu schützen und wird damit hauptsächlich in der Höhe Momtong ausgeführt.

Die Ausführung

Bild 1:

Der **blockende Arm** wird in einer Ausholbewegung nach hinten geführt. Der Oberkörper wird dabei mit nach hinten aufgedreht um durch die Rumpfdrehung die Wirkung des Blockes zu unterstützen. Der Oberarm wird waagerecht gehalten und bildet damit mit den Schultern eine gerade Linie. Der Unterarm wird senkrecht nach oben gestreckt, so dass der Winkel zwischen Ober- und Unterarm etwa 90° beträgt.

Der Faustrücken des Blockarmes ist nach innen gedreht.

Der **Rückzugsarm** wird mit geballter Faust vor dem Körper eingeklappt.

Bild 2:

Der **blockende Arm** wird mit unveränderter Armhaltung (der Winkel beträgt also weiterhin etwa 90°) in

einer bogenförmigen Bewegung nach vorne geführt. Dabei wird der Rumpf kraftvoll mit nach vorne gedreht.

Der **Rückzugsarm** wird gleichzeitig in einer Drehbewegung gerade zur Hüfte zurückgeführt.

Bild 3:

Kurz vor dem Auftreffen wird der Handrücken des **blockenden Armes** nach vorne gedreht. Sobald der Ellenbogen die Körpermitte erreicht hat, verharrt dieser dort und nur der Unterarm wird weiter in Bewegungsrichtung geführt. In der Endposition befindet sich das Handgelenk etwa in Schulterhöhe, der Faustrücken des blockenden Armes zeigt nach vorne, der Ellenbogen befindet sich etwa in der Körpermitte und der Unterarm ist leicht schräg nach vorne gerichtet.

Der **Rückzugsarm** beendet seine Be-wegung gleichzeitig mit dem Blockarm.

Die Spannung darf erst kurz vor dem Moment des Auftreffens aufgebaut werden, da sonst die Bewegung nicht schnell ausgeführt werden kann.

- den Rumpf zur Verstärkung des Blockes mit nach hinten führen

- den Faustrücken des blockenden Armes erst kurz vor dem Auftreffen nach vorne drehen

- den Wechsel zwischen Spannung und Entspannung beachten

- nicht zu nahe am Körper blocken

- geblockt wird mit dem äußeren Unterarm (Bakkat-palmok)

Olgul-makki

Olgul-makki heißt "Gesichtsblock" und wird zur Abwehr von Angriffen gegen den Hals- und Kopfbereich verwendet. Unter Olgul-makki versteht man, neben speziellen Blocktechniken in Kopfhöhe, allgemein den hebenden Block mit dem Aussenunterarm. Gerade bei der Abwehr von Stockangriffen oder Ähn-

lichem, ist es wichtig, dass man bei der Ausführung dieser Technik in den gegnerischen Schlag nach vorne hineingeht. Denn je weiter man von seinem Gegner entfernt steht, desto größer ist die Wucht, mit welcher der Stock auf sein Ziel auftrifft.

Die Ausführung

Bild 1:

Der **blockende Arm** beginnt seine Bewegung an der Hüfte (nicht abgebildet). Von dort aus wird er in einer bogenförmigen Bewegung zur gegenüberliegenden Körpergrenze geführt. Der Faustrücken zeigt während der gesamten Bewegung nach vorne.

Der **Rückzugsarm** wird aus seiner ursprünglichen Position mit nach oben zeigender Faust etwas an den Körper herangenommen. Der Faustrücken zeigt dabei nach vorne.

Bild 2:

Der **blockende Arm** wird nun (räumlich) vor dem körpernäheren

Rückzugsarm nach oben geführt. Sobald er etwa Schulterhöhe erreicht hat, wird der Unterarm mit der Aussenseite nach oben gedreht, wobei die Aufwärtsbewegung jedoch nicht verlangsamt wird.

Der **Rückzugsarm** wird gleichzeitig in einer gegenläufigen Bewegung nach unten geführt.

Bild 3:

In der Endposition zeigt der Unterarm des **blockenden Armes** leicht schräg nach oben. Dies erklärt sich aus dem eingangs schon beschriebenen, und nahezu allen Blocktechniken zugrunde liegenden, Prinzip der Ablenkung. Ziel bei dieser Abwehr ist es nicht, den gegnerischen Schlag vollständig abzufangen. Das würde sehr viel Kraft erfordern, und ein sehr hohes Verletzungsrisiko in sich bergen. Statt dessen soll der gegnerische Schlag nur schräg zur Seite abgelenkt werden, und die Wucht des Angriffs damit um den eigenen Körper herum kanalisiert werden. Der Unterarm des Blockarmes sollte also auf gar keinen Fall waagerecht gehalten werden. Die Faust befindet sich vertikal auf einer Linie mit der gegenüberliegenden Schulter und etwa eine Handbreit vor dem Körper.

Der Rückzugsarm beendet seine Bewegung gleichzeitig mit dem Blockarm und ruht in der Endposition mit nach unten zeigendem Faustrücken

an der Hüfte. Die Körperspannung wird erst kurz vor dem Moment des Auftreffens aufgebaut um eine schnelle Ausführung zu ermöglichen.

- die Außenseite des Unterarmes erst sehr spät nach oben drehen

- den Unterarm in der Endposition schräg halten (Prinzip der Ablenkung)

- nach vorne in den Angriff hinein gehen

- Wechsel zwischen Spannung und Entspannung beachten

Sonnal-makki

Der Sonnal-makki ist ein Block der mit der Handkante (vgl. hierzu S. 71) als Trefferfläche ausgeführt wird.

Ähnlich der Bewegung beim Goduro-makki, wird auch bei diesem Block, der Rückzugsarm mit nach vorne geführt. Der Sonnal-makki ist ein sehr wirkungsvoller Block, da der gesamte Oberkörper in die Abwehr-bewegung mit eingebracht wird. Er wird vorwiegend als Momtong-sonnal-makki angewandt, kann jedoch auch in den Höhen Arae und Olgul ausgeführt werden.

Die Ausführung

Bild 1:

Der **blockende Arm** befindet sich zu Beginn der Bewegung in Halshöhe an der gegenüberliegenden Schulter. Die Handfläche ist dabei dem Körper zugewandt.

Der **Rückzugsarm** ist leicht angewinkelt, und holt in Höhe des Solarplexus mit nach unten gedrehter Handfläche nach hinten aus.

(Anm.: die Bewegung des Rückzugsarmes entspricht im Wesentlichen der bei Goduro-makki)

Bild 2:

Der blockende Arm wird nun in einer bogenförmigen Bewegung nach vorne geführt. Dabei ist die Handfläche zunächst dem Körper zugewandt und wird mit fortschreitender

Bewegung nach außen gedreht. Die Handfläche befindet sich während der gesamten Bewegung etwa in Halshöhe.

Der **andere Arm** wird angewinkelt und nach vorne gebracht. Das Handgelenk dieses Armes befindet sich während der gesamten Bewegung in Höhe des Solarplexus.

Bild 3:

In der Endposition befindet sich das Handgelenk des **blockenden Armes** etwa in Schulterhöhe. Der Winkel zwischen Ober- und Unterarm beträgt circa 90° und die Handfläche der Handkante ist nach vorne gedreht.

Der **Rückzugsarm** kommt etwa drei Zentimeter vor dem Solarplexus zum stehen. Dabei endet seine Vorwärtsbewegung gleichzeitig mit der des Blockarmes.

Der Oberkörper ist in der Endposition seitlich gerichtet. Die Körperspannung wird erst kurz vor dem Auftreffen auf das Ziel aufgebaut, da nur so die Bewegung sehr schnell und damit sehr hart ausgeführt werden kann.

Anmerkung: dieser Block wird fast immer aus seitlichen Stellungen heraus (z.B. Dwit-gubi) ausgeführt.

- beide Handgelenke behalten während der Ausführung ihre Höhe etwa bei

- die Bewegung des Rückzugsarmes endet am Solarplexus

- Wechsel zwischen Spannung und Entspannung beachten

Hansonnal-makki

Wird die Blockbewegung beim Sonnal-makki nur mit einer Handkante ausgeführt, so bezeichnet man die Abwehrtechnik als Han-sonnal-makki ("Han" = Eins). Da der hintere Arm nicht mit nach vorne geführt werden braucht, ergibt sich für diese Technik ein etwas anderer Bewegungsablauf.

Die Ausführung

Bild 1:
Der **Rückzugsarm** ist der körpernähere Arm und holt mit geballter Faust nach vorne aus.
Der **blockende Arm** zeigt mit der Innenhandfläche zum Körper und ist nach hinten gerichtet.

Bild 2:
Der **blockende Arm** wird nun in einer bogenförmigen Bewegung nach vorne geführt. Dabei wird die, zunächst dem Körper zugewandte, Handfläche mit fortschreitender Bewegung nach vorne gedreht. Unterarm und Hand bilden dabei eine gerade Linie.
Der **Rückzugsarm** wird gleichzeitig zur hinteren Hüfte gezogen.

Bild 3:
Die Endposition des **blockenden Armes** ist derjenigen beim Sonnal-makki gleich (vgl. S. 91).
Der **Rückzugsarm** befindet sich an der hinteren Hüfte.

Hechyo-makki

Der Hechyo-makki dient vorwiegend der Abwehr von Würgeangriffen. Er entspricht in seiner Ausführung einem beidarmigen Bakkat-makki. Durch das Fehlen der Rückzugsbewegung ist der Hechyo-makki nicht ganz so wirksam wie der Bakkat-makki, schützt dafür jedoch auf beiden Seiten gleichermaßen.

Die Ausführung

Bild 1:
Beide Fäuste liegen in ihrer Grundposition an der Hüfte.
Von dort aus beschreiben nun **beide Arme** eine zwar spiegelbildliche aber ansonsten völlig identische Bewegung. Die Fäuste werden zunächst zur jeweils gegenüberliegenden Schulter geführt, so dass die Arme sich vor der Brust überkreuzen und die Handinnenseiten zum Körper zeigen.

Bild 2:
Ohne Unterbrechung werden die Arme dann in einer bogenförmigen Bewegung wieder auseinander und dabei gleichzeitig nach vorne geführt.

Bild 3:
Erst im letzten Teil der Bewegung werden die Handinnenseiten dann nach außen gedreht. Die Ellenbogen zeigen leicht nach außen um

eine maximale Keilwirkung zu erzielen. (In diesem Punkt unterscheidet sich die Armhaltung vom Bakkatmakki!)

Die Handgelenke befinden sich in der Endposition in Schulterhöhe und sind dabei etwa eine Kopfbreite von einander entfernt.

Der Winkel zwischen Unterarm und Oberarm beträgt etwa 90-100°.

Maximale Anspannung darf erst kurz vor dem tatsächlichen Abblocken des gegnerischen Schlages aufgebaut werden, da sonst die Bewegung nicht schnell und damit hart ausgeführt werden kann.

Die Angriffstechniken (Konggyokki) mit dem Arm

Die Angriffstechniken im Taekwondo lassen sich grob in Arm- und Beintechniken unterteilen. Die Armtechniken können als Stoßtechnik, Schlagtechnik oder auch als Stichtechnik ausgeführt werden.

Während der Vorteil der Armtechnik hauptsächlich in ihrer schnellen Ausführung liegt, ist sie im Vergleich zur Fußtechnik wegen der geringeren Masse des Armes meist weniger wirksam. Auch hat man bei Beintechniken eine größere Reichweite, so dass sich mit ihnen, gerade zu Beginn einer Kombination, auch eine größere Distanz zum Gegner überbrücken lässt. Gerade bei Fußtritten zum Kopf ist es allerdings Grundvoraussetzung, dass man über eine entsprechend gute Beweglichkeit verfügt. Daher muss die Abwägung zwischen der Anwendung einer Bein- oder Armtechnik stets nach den individuellen Fähigkeiten des Kämpfers erfolgen.

Genau wie bei den Blocktechniken gilt auch hier das Prinzip, dass eine Technik nicht durch Kraft, sondern nur durch **Schnelligkeit** hart und damit wirksam ausgeführt wird.
Daher muss man während der Beschleunigung des Armes oder des Beines möglichst locker bleiben, und erst kurz vor dem Auftreffen auf das Ziel maximale Körperspannung aufbauen. Der Aufbau der Körperspannung ist in der Endposition dann allerdings sehr wichtig, da eine nur teilweise aufgebaute Körperspannung nach dem Gesetz des Rückstoßes bewirken würde, dass die schnell ausgeführte Technik, sich in die nicht angespannten Körperteile verteilen würde und die Wirksamkeit der Technik damit erheblich abgeschwächt werden würde.

Eine zweites wichtiges Prinzip sollte man sich bei Angriffstechniken auch immer vor Augen halten: je **kleiner** die **Trefferfläche** ist, desto größer wird der Druck und damit die Härte der Technik. Trifft man seinen Gegner dagegen mit einer großen Trefferfläche, so führt dies in den meisten Fällen bestenfalls zum Gleichgewichtsverlust des Gegners.

Für die **Atmung** gilt bei den Angriffstechniken: Einatmen in der Ruhephase, kurzes Ausstoßen der Luft unter Druck in der Stoßphase. Im Moment des Auftreffens wird die Luft kurz angehalten um maximale Stabilität im Körper aufzubauen.
Gerade bei der Ausführung von Angriffstechniken wird häufig ein Kampfschrei ausgestoßen um die Wirksamkeit und Präzision der Technik weiter zu erhöhen.

Übersicht über die Hand- und Armtechniken

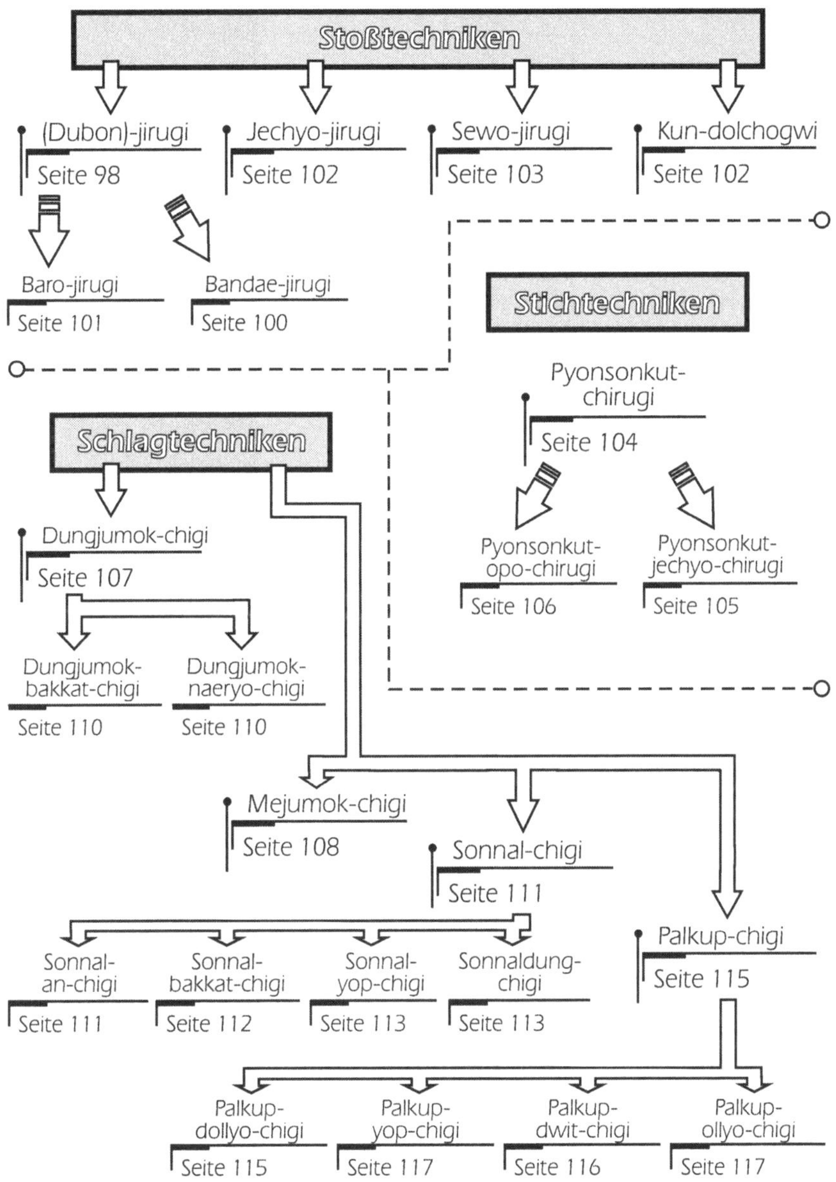

Jirugi (Rumpfstoß)

Jirugis, also Fauststöße, sind die wohl am häufigsten im Taekwondo eingesetzten Armtechniken. Dies nicht zuletzt deshalb, weil im Wettkampf aus Verletzungsgründen überhaupt keine anderen Angriffstechniken mit der Hand erlaubt sind. Zudem können die Fauststöße sehr schnell (weil eine Ausholbewegung nicht erforderlich ist) und sehr flexibel eingesetzt werden.

Der Jirugi zählt zu den **Stoßtechniken** und basiert wie alle Angriffstechniken dieser Gruppe auf einigen grundsätzlichen Prinzipien, die im folgenden kurz erläutert werden sollen:

① Je kleiner die Trefferfläche ist, desto größer ist der Druck. Daher trifft man nicht mit der ganzen Hand, sondern nur mit den zwei großen Knöcheln des Zeige- und Mittelfingers (siehe S. 70)

② Härte entsteht durch Geschwindigkeit. Dieses Prinzip wurde schon mehrfach innerhalb dieses Buches erläutert (vgl. hierzu S. 53)

③ Der Schlag muss im Ziel arretiert werden. Selbstredend genügt es nicht, das Ziel beim Schlagen nur zu berühren. Allerdings muss und darf man (gerade bei unnachgiebigen Zielen) auch nicht durch das Ziel hindurchschlagen. Bei hoher Ausführungsgeschwindigkeit ist es ausreichend, dass etwa fünf bis zehn Zentimeter in das Ziel hineingeschlagen wird und die Technik dort arretiert wird. Dadurch wird die Energie auf die Trefferfläche weitergeleitet, ohne dass der Zielkörper dabei allzu sehr geschoben wird.

④ Den sog. **Bohreffekt** ausnutzen. Durch schnelles Drehen des Handgelenkes bis zum letzten Moment der Stoßbewegung, entsteht im Moment des Abstoppens der sogenannte Bohreffekt im getroffenen Körper, der die Energie in Form einer sich vergrößernden Spirale nach innen weiterleitet. Dadurch werden nicht nur die inneren Partien den Körpers getroffen, die in unmittelbarer Stoßrichtung liegen, sondern es ent-

steht ein Energiekegel, der sich nach innen vergrößert und somit auf eine viel größere Fläche einwirkt als dies ohne Drehbewegung der Fall wäre (siehe Zeichnung).

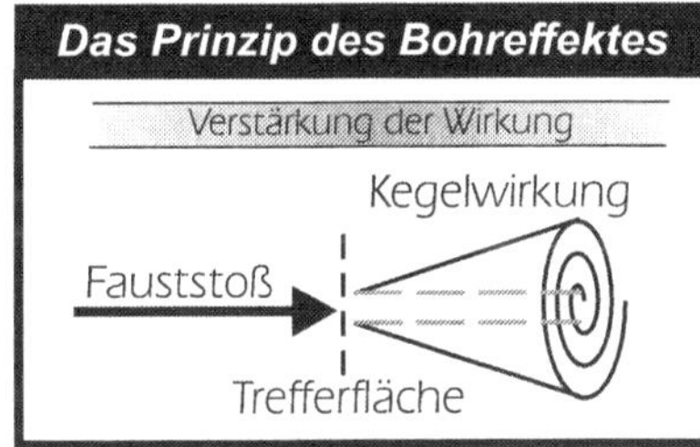

Die Ausführung

Bild 1:
Ein Arm liegt locker gestreckt in Brusthöhe vor dem Körper.
Der Handrücken zeigt nach oben.
Der Arm ist zur eigenen Körpermitte hin ausgerichtet.
Der andere Arm ruht in seiner Ausgangsposition an der Hüfte, wobei bei ihm die Handinnenseite nach oben zeigt.

Bild 2:
Der **stoßende Arm** wird in einer linearen Bewegung von der Hüfte nach vorne geführt. Wichtig ist dabei, dass der Ellenbogen nicht zur Seite auslenkt. Die Innenhandfläche wird dabei gleichmäßig nach unten gedreht.
Der **Rückzugsarm** wird ebenfalls in einer linearen Bewegung an die Hüfte zurückgeführt, wobei die Innenhandfläche nach oben gedreht wird.

Bild 3:
Die Arme befinden sich nun in einer spiegelbildlichen Position zu Bild 1.
Der **Stoßarm** ist locker vor dem Körper durchgestreckt. Die Faust liegt in der Verlängerung der eigenen Körpermitte.
Der **Rückzugsarm** liegt an der Hüfte.

Hinweis

Bei einer Ausführung im Gehen ist besonderes Augenmerk auf das Timing zu legen. Da die Arme sich sehr viel schneller bewegen als die Beine, startet die Armbewegung erst dann, wenn der hintere Fuß schon fast seine neue Position vor dem Körper erreicht hat. Das hat zur Folge, dass der Fauststoß gleichzeitig mit dem Aufsetzen des Fußes ausgeführt werden kann.

Ein häufiger, gerade bei Anfängern zu beobachtender, Fehler ist außerdem, dass die Schulter des stoßenden Armes mit nach vorne gerissen wird. Dies führt jedoch zu einer mangelhaften Arretierung in der Endposition und damit zu einer starken Beeinträchtigung der Wirkung, so dass dies auf jeden Fall verhindert werden muss. Einzige Ausnahme von diesem Grundsatz ist die Ausführung des Jirugi mit dem vorderen Arm in einer seitlichen Stellung wie zum Beispiel Dwit-gubi. Hier bleibt der Oberkörper seitlich, und der stoßende Arm bildet die Verlängerung der Schulterachse in Schlagrichtung (siehe Abbildung S. 101).

Einige Sonderformen des Jirugi

Bandae-jirugi in Ap-sogi

Bandae-jirugi heißt wörtlich übersetzt "Gegenstoß". Diese Bezeichnung führt allerdings leicht zu Verwirrungen, da sie mit unserer in Deutschland verstandenen Version von Gegenstoß nichts zu tun hat.

Ein Bandae-jirugi ist ein Fauststoß, der auf der **gleichen Seite** ausgeführt wird, auf welcher das **Bein vorne steht**. Das koreanische Verständnis von Gegenstoß leitet sich davon ab, dass es beim Gehen unnatürlich ist, wenn der Arm des voran gezogenen Beines mit nach vorne schwingt. Da hier also der Arm entgegen der natürlichen Ausgleichsbewegung nach vorne genommen wird, wurde die Bezeichnung Bandae (=gegen) für diese Technik gewählt. Nach unserem Verständnis meint Bandae also eigentlich das Gegenteil von seiner wörtlichen Übersetzung, nämlich eine gleichseitige Technik. Das Gegenteil von "Bandae" ist "Baro". Beide Bezeichnungen werden unabhängig von jeder Stellung zur Bezeichnung des vorderen oder des hinteren Armes als des Schlagarmes verwendet.

Bei der Ausführung eines Bandae-jirugis gibt es keine Besonderheiten zu dem eben beschriebenen Bewegungsablauf.

Lediglich bei einer Ausführung aus einer seitlichen Stellung müssen die Schultern nicht gleichmäßig nach vorne zeigen.

(siehe Abbildung rechts)

Bandae-jirugi in Dwit-sogi

Baro-jirugi

Der Baro-jirugi ist das Gegenteil zum Bandae-jirugi und damit ein Fauststoß **auf der Seite**, auf welcher das **Bein hinten** steht. Auch hier ist die Namensgebung aus den oben genannten Gründen etwas verwirrend, weshalb an dieser Stelle nicht noch einmal darauf eingegangen werden soll.

Hinsichtlich der Ausführung kann auf den oben bereits beschriebenen Bewegungsablauf verwiesen werden.

Der wichtigste Unterschied in der Ausführung zwischen Baro-jirugi und Bandae-jirugi zeigt sich bei einer Ausführung aus einer seitlichen Stellung heraus. Hier muss nämlich beim Baro-jirugi die hintere Schulter so weit nach vorne gezogen werden, dass die Schulterlinie im 90° Winkel zur Schlagrichtung steht. Beim Bandae-jirugi dagegen, steht - wie oben gezeigt - die Schulterlinie paralell zur Schlagrichtung.

Baro-jirugi in Dwit-sogi

Jechyo-jirugi

Der Jechyo-jirugi ist ein Stoß mit **umgedrehter Faust** (Jechyo = umgedreht). Dementsprechend zeigt die Handinnenseite des stoßenden Armes in der Endposition nach oben.

Die Handgelenkdrehung des schlagenden Armes verläuft also genau umgekehrt zur Drehbewegung des "normalen" Jirugi.

Der Jechyo-jirugi wird ausschließlich in der Nahdistanz eingesetzt und ähnelt dem Aufwärtshaken beim Boxen. Der Stoßarm wird nur soweit durchgestreckt, bis der Ellenbogen die Hüfte erreicht hat. Hinsichtlich des übrigen Bewegungsablaufes ergeben sich keinerlei Besonderheiten.

Du-jumok-jechyo-jirugi

Eine beliebte Abwandlung des Jechyo-jirugi ist der Du-jumok-jechyo-jirugi, bei dem mit beiden Fäusten gleichzeitig gestoßen wird.

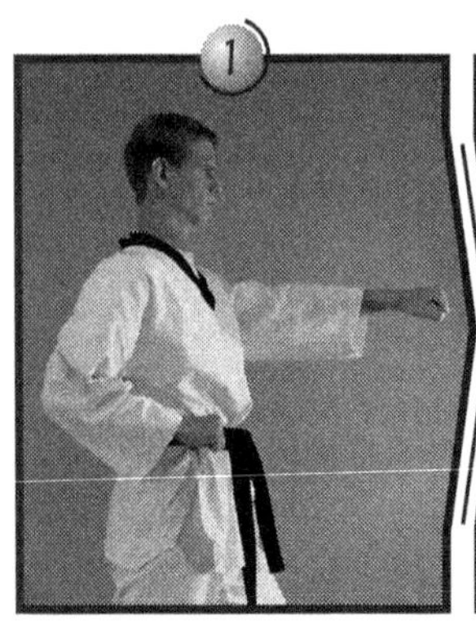

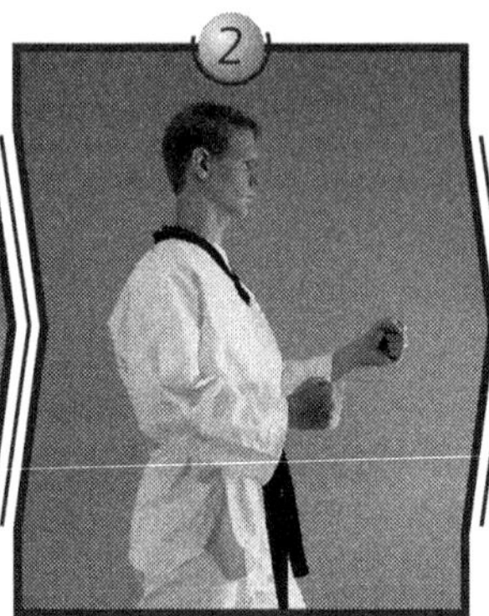

Kun-dolchogwi

Wörtlich übersetzt bedeutet Kun-dolchogwi etwa "große Drehangel". Diese Bezeichnung resultiert aus der Ähnlichkeit dieser Angriffstechnik mit der Bewegung eines Scharniers.

Kun-dolchogwi ist in seiner Ausführung sehr schwierig und wird gegen seitlich, sehr nahe stehende An-

greifer eingesetzt.

Die Ausführung

<u>Bild 1:</u>

Die **stoßende Hand** beginnt ihre Bewegung mit nach oben zeigender Handinnenseite an der Hüfte. Der **Rückzugsarm** ist angewinkelt, so dass beide Fäuste übereinander liegen.

<u>Bild 2:</u>

Der **stoßende Arm** wird nun in einer Halbkreisbewegung nach innen geführt, bis dessen Faust die gegen-überliegende Körperseite erreicht hat.

Gleichzeitig wird der **Rückzugsarm** an die andere Hüfte zurückgeführt.

<u>Bild 3:</u>

In der Endposition wird der stoßende Arm waagerecht gehalten. Die Faust befindet sich je nach Ziel etwa in Schulterhöhe. Der Winkel zwischen Ober- und Unterarm beträgt 90°.
Der Rückzugsarm beendet seine Bewegung gleichzeitig mit dem anderen Arm und ruht in der Endposition an der vorderen Hüfte.

Sewo-jirugi

Der Sewo-jirugi ist ein Fauststoß, bei dem die **Faust** in der Endposition **vertikal ausgerichtet** ist. Er wird angewendet, wenn die Entfernung zum Gegner für die Ausführung eines normalen Jirugis nicht groß genug ist. Im Übrigen ist die Ausführung mit der eines Jirugis identisch.

Pyonsonkut-chirugi

Pyonsonkut-chirugi bedeutet übersetzt **Fingerspitzenstich**. Die Stechtechniken zählen zu den gefährlichsten Angriffstechniken im Taekwondo, da durch die extrem kleine Trefferfläche ein äußerst hoher Druck auf das Ziel einwirkt. Allerdings bedarf es einiger Übung und Abhärtung, bevor die Stichtechniken gefahrlos eingesetzt werden können. Ohne gute Vorbereitung können bei der Ausführung sonst Fingerbrüche und ähnliches auftreten.

Deswegen sollten zunächst die Finger, zum Beispiel durch Stechen in einen mit Mais gefüllten Behälter, abgehärtet werden.

Die Ausführung

Bild 1:

Der **Rückzugsarm** wird gerade nach vorne gestreckt.

Der **stechende Arm** liegt zurückgezogen an der Hüfte. Die Hand wird zum Fingerstich geformt (siehe S. 72) und die Handinnenseite zeigt nach oben.

Bild 2:

Der **Rückzugsarm** wird nun in einer Drehbewegung zur Hüfte zurück geführt.

Gleichzeitig wird der **stechende Arm** in einer linearen Bewegung nach vorne gebracht. Das Hand-

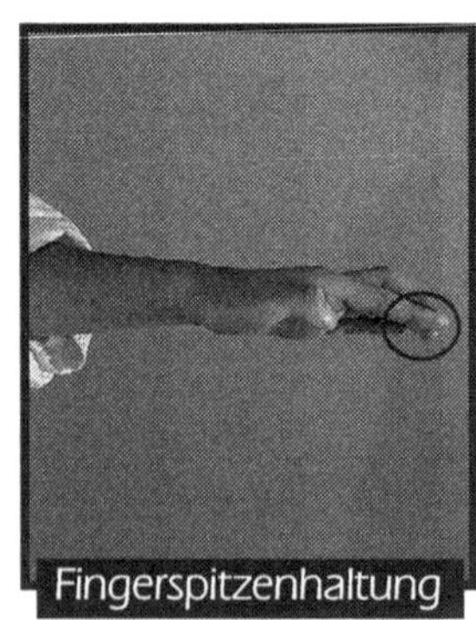

gelenk wird dabei so weit gedreht, dass in der Endposition die Handfläche senkrecht steht.

Maximale Körperspannung darf erst kurz vor erreichen des Zieles aufgebaut werden.

Hinweis

In den Kunstbewegungsformen wird der Rückzugsarm nicht an die Hüfte zurückgeführt, sondern macht zunächst mit flacher Hand eine kurze Abwehrbewegung nach unten (sog. Batangson-nullo-makki - etwa zur Abwehr eines Kniestoßes).

Der blockende Arm bleibt angewinkelt, während mit dem hinteren Fuß ein Schritt nach vorne gemacht wird und mit dem anderen Arm ein Pyonsonkut-chirugi ausgeführt wird.

In der Endposition liegt der immer noch angewinkelte, blockende Arm unter dem Oberarm des stechenden Armes. (siehe Bildfolge unten)

Sonderformen des Chirugi

Pyonsonkut-jechyo-chirugi

Genau wie beim Jechyo-jirugi wird auch beim Pyonsonkut-jechyo-chirugi die **Handgelenkshaltung** des stechenden Armes im Vergleich zu der vom "normalen" Pyonsonkut-chirugi bei der Ausführung einfach **umgedreht**. Aus diesem Umstand ergibt sich auch die Bezeichnung der Technik (Jechyo = umgedreht).

Die Ausführung

Bild 1-3:

Der stechende Arm beginnt seine Bewegung ebenfalls an der Hüfte, jedoch mit nach unten gedrehter Handfläche. Während der Stichbewegung, wird die Handinnenseite dann nach oben gedreht.

Bezüglich des übrigen Bewegungsablaufes kann auf die Ausführungen zum Pyonsonkut-chirugi verwiesen werden.

Der Pyonsonkut-jechyo-chirugi wird in den allermeisten Fällen für Angriffe gegen den Unterleib des Gegners verwendet.

Auch innerhalb der Kunstbewegungsformen tritt er häufig in dieser Art auf.

Pyonsonkut-opo-chirugi

Opo bedeutet soviel wie "waagerecht". Es handelt sich beim Pyonsonkut-opo-chirugi also um einen **waagerechten**, oder anders ausgedrückt, um einen flachen **Fingerspitzenstich**.

Die Ausführung gleicht der des Pyonsonkut-chirugi. Lediglich in der Endposition gibt es einen Unterschied, da die Hand des stechenden Armes beim Pyonsonkut-opo-chirugi waagerecht zu halten ist.

-

Pyonsonkut-opo-chirugi

Dungjumok-chigi

Schlagtechniken sind meist schon frühzeitig an ihrer Ausholbewegung zu erkennen. Deshalb müssen sie überraschend zum Beispiel aus Körperdrehungen oder als Kontertechnik angewandt werden.

Der Dungjumok-chigi ist eine der wichtigsten Schlagtechniken überhaupt. Er wird mit dem **Faustrücken** (kor. "Dungjumok") ausgeführt, und kann äußerst variabel eingesetzt werden.

An dieser Stelle soll zunächst der Bewegungsablauf der Grundtechnik beschrieben werden, bevor im Anschluss daran auf die verschieden Abwandlungen eingegangen wird.

Die Trefferfläche beim Dungjumok-chigi ist nicht der gesamte Faustrücken, sondern nur die Oberseite der Zeige- und Mittelfingerknöchel. (hierzu vertiefend S. 70)

Die Ausführung

<u>Bild 1:</u>

Im Gegensatz zu den anderen Taekwondotechniken, beginnt der Bewegungsablauf hier zunächst mit einer Ausholbewegung. Hierzu wird der **Schlagarm** oberhalb der gegenüberliegenden Schulter nach hinten gestreckt, wobei der Handrücken in Richtung des Gesichtes zeigt.

Der **Rückzugsarm** wird unterhalb des Schlagarmes nach vorne gestreckt.

<u>Bild 2:</u>

Beide Arme beginnen nun ihre Bewegung gleichzeitig.

Zunächst wird beim **Schlagarm** nur der Oberarm bewegt, so dass der Winkel im Ellenbogen konstant bleibt. Erst wenn der Ellenbogen wie eine Pfeilspitze genau in Richtung des Gegners zeigt, wird der Unterarm in einer halbkreisförmigen Bewegung nach vorne gebracht. Innerhalb dieses Bewegungsabschnittes, wird die Faust mit dem Handrücken in Richtung des Zieles gedreht.

Der **Rückzugsarm** wird zur hinteren Hüfte zurückgezogen, wobei das Handgelenk mit der Handinnenseite nach oben gedreht wird.

Bild 3:

In der Endposition ist der **vordere Arm** nur leicht gebeugt, damit die eigene Reichweite möglichst gut ausgenutzt wird. Bei zu großer Distanz ist sogar ein Strecken des Armes möglich. Das Handgelenk befindet sich je nach anvisiertem Ziel etwa in Schulterhöhe.

Der **Rückzugsarm** ist mit nach oben zeigender Handinnenseite zur Hüfte zurückgezogen.

Damit die Bewegung schnell ausgeführt werden kann, darf die maximale Körperspannung erst kurz vor dem Auftreffen auf das Ziel erreicht werden. Dieser Wechsel zwischen Spannung und Entspannung wird auch durch die richtige Atmung (Ausatmen während des Schlages, kurzes Luftanhalten während des Auftreffens) stark unterstützt.

Variationen und Abwandlungen des Dungjumok-chigi

Mejumok-chigi

Beim Mejumok-chigi wird mit der Außenseite der Faust getroffen (sog. **Kleinfingerfaust**). Die Bewegung gleicht dem Sonnal-bakkat-chigi (S. 112) bis ins Detail, so dass an späterer Stelle auf den hier dargestellten Bewegungsablauf verwiesen wird.

108

Die Ausführung

Beim Mejumok-chigi führt die Bewegung des schlagenden Armes von der Körpermitte nach außen.

Bild 1:
Der **Rückzugsarm** ist in der Grundposition gerade in Richtung des Zieles (hier: nach vorne) durchgestreckt, die Faust ist geballt.

Der **schlagende Arm** wird stark angewinkelt, so dass sich die Hand direkt über der gegenüberliegenden Schulter befindet. Die Handinnenseite der Faust zeigt dabei zum Gesicht.

Bild 2:
Der **ausführende Arm** wird nun in einer kreisförmigen Bewegung nach vorne geführt. Dabei wird die Faust gleichmäßig mit dem kleinen Finger nach außen gedreht.

Gleichzeitig beginnt der **andere Arm** mit seiner Gegenbewegung zur Hüfte.

Bild 3:
In der Endposition ist der **schlagende Arm** gerade in Richtung des Zieles gestreckt. Seine Bewegung endet an der Verlängerung der eigenen Körpergrenze. Die Faust ist so weit gedreht, dass der kleine Finger nach außen zeigt.

Der **Rückzugsarm** beendet seine Bewegung zeitgleich mit dem schlagenden Arm an der Hüfte.

Die maximale Körperspannung wird erst kurz vor dem Auftreffen auf das Ziel aufgebaut, damit der Schlag hart ausgeführt wird.

Hinweis:
Detaillierte Darstellungen zur Bildung und Trefferfläche einer Kleinfingerfaust finden sich auf Seite 70.

Dungjumok-bakkat-chigi

Der Dung-jumok-bakkat-chigi ist mit dem eben beschriebenen Mejumok-chigi fast bewegungsgleich. Lediglich in der Fauststellung des schlagenden Armes weicht er etwas von den oben stehenden Ausführungen ab.

So zeigt die Faust des schlagenden Armes in der Grundstellung nicht mit der Handinnenseite, sondern mit dem Faustrücken zum Gesicht.

Da beim Dung-jumok-bakkat-chigi nicht mit der Kleinfingerfaust, sondern mit dem Faustrücken getroffen wird, weist in der Endposition dann nicht der kleine Finger, sondern der Handrücken nach außen.

Dungjumok-naeryo-chigi

Naeryo bedeutet übersetzt abwärts. Daher wird bei der Ausführung des Dung-jumok-naeryo-chigi der normale Bewegungsablauf des Dung-jumok-chigi einfach nach unten abgewandelt.

Sonnal-an-chigi

Der koreanische Begriff "Sonnal" ist mit Handkante übersetzbar während "An" die Bewegungsrichtung des Schlages verdeutlicht: von außen nach innen.

Es handelt sich beim Sonnal-an-chigi also um einen **Handkantenschlag** der in einer Bewegung von außen nach innen ausgeführt wird.

Hinweis:

Genauere Darstellungen zur Formung einer Handkante finden sich auf Seite 71.

Die Ausführung

Bild 1:

Der Oberarm des **schlagenden Armes** bildet mit den Schultern eine gerade Linie. Der Unterarm wird senkrecht nach oben gehalten, so dass sich im Ellenbogen ein 90° Winkel ergibt. Die Finger sind zu einer Handkante geformt, die Handfläche zeigt dabei nach vorne.

Der **Rückzugsarm** ist mit geballter Faust in Zielrichtung gestreckt.

Bild 2:

Der **schlagende Arm** wird nun in einer kreisförmigen Bewegung nach vorne geführt. Dabei wird erst der Ellenbogen nach vorne geführt, und dann der Arm nach vorne gestreckt.

Im letzten Drittel der Bewegung beginnt die Handkante ihre Drehung in Richtung des Zieles.

Der **Rückzugsarm** wird gleichzeitig zur Hüfte zurückgeführt.

<u>Bild 3:</u>
In der Endposition ist der **Schlagarm** je nach Abstand zum Gegner nur noch leicht angewinkelt. Die Handkante befindet sich in der eigenen Körpermitte, wobei die Handfläche nach oben zeigt.
Der **Rückzugsarm** beendet seine Bewegung gleichzeitig mit dem anderen Arm und ruht in der Endposition mit nach oben zeigender Handinnenseite an der Hüfte.
Auch bei diesem Schlag darf die Körperspannung erst kurz vor dem Auftreffen auf das Ziel aufgebaut werden, damit die Technik schnell und wirkungsvoll ausgeführt werden kann.

Weitere Arten des Sonnal-chigi

Sonnal-mokchigi

Sonnal-mokchigi ist eigentlich keine Abwandlung, sondern nur eine andere Bezeichnung für den Sonnal-an-chigi.
So wird bei einer Ausführung dieser Technik in Halshöhe des Gegners (koreanisch "Mok") nicht vom Sonnal-an-chigi, sondern genauer, vom Sonnal-mokchigi gesprochen.

Hinsichtlich des Bewegungsablaufes ist der Sonnal-mokchigi jedoch absolut identisch mit dem Sonnal-an-chigi.

Sonnal-bakkat-chigi

Die Bewegung des Sonnal-bakkat-chigi gleicht bis ins Detail dem schon weiter vorne beschriebenen Mejumok-chigi (siehe S.109). Allerdings wird die Hand des schlagenden Armes hier zu einer Handkante (siehe S.71) geformt.

Sonnal-yop-chigi

Wird die Bewegung des **Sonnal-bakkat-chigi** nicht nach vorne, sondern **zur Seite ausgeführt**, ("yop" = koreanisch seitlich, zur Seite) spricht man vom Sonnal-yop-chigi.

Hinsichtlich des Bewegungsablaufes ergeben sich gegenüber dem Sonnal-bakkat-chigi keine Besonderheiten, so dass an dieser Stelle auf die Ausführungen auf Seite 112 verwiesen sei.

Sonnal-dung-chigi

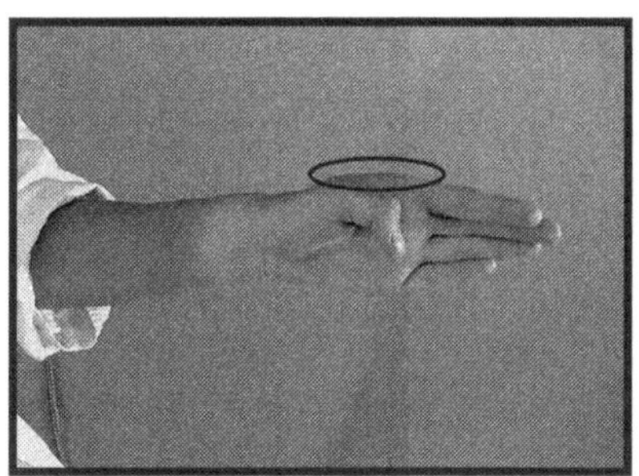

Beim Sonnal-dung-chigi wird mit der **Innenhandkante** (auf der Daumenseite) getroffen. Da diese Technik sehr gefährlich ist, ist ihr Einsatz im Wettkampf verboten.

Hinweis:
Genauere Darstellungen zur Formung einer Innenhandkante finden sich auf Seite 71.

Die Ausführung

Bild 1:
Die **Schlaghand** holt schräg nach hinten unten aus. Der Arm ist locker gestreckt und die Innenhandkante ist nach außen gedreht.
Der **Rückzugsarm** ist gerade nach vorne in Richtung des Zieles gestreckt, wobei die Faust geballt ist.

Bild 2:
In einer halbkreisförmigen Bewe-

gung wird nun der **Schlagarm** nach vorne geführt, wobei sich die Innenhandkante zur Körpermitte dreht.
Der **Rückzugsarm** wird gleichzeitig zur Hüfte zurück geführt.

Bild 3:
Die Bewegung des **schlagenden Armes** endet genau auf der Linie der eigenen Körpermitte.
Die Innenhandkante ist nun vollends nach innen gerichtet und der Arm ist locker durchgestreckt.
Der **Rückzugsarm** liegt mit nach oben zeigender Handinnenseite an der Hüfte.
Auch hier darf die maximale Körperspannung erst kurz vor Erreichen des Zieles aufgebaut werden.

Hinweis:
Bei genauer Betrachtung lassen sich die Taekwondotechniken grob in drei Abschnitte einteilen, die auch bei der eben beschriebenen Technik sehr schön zu erkennen sind:

Zunächst wird durch explosionsartiges Kontrahieren der Schnellkraft-Muskulatur der Schlagarm beschleunigt **(Beschleunigungsphase)**.

Anschließend befindet sich der Arm in einer Flugphase (ähnlich einem Ball, der weggeworfen wird) in der es wichtig ist, die Muskulatur locker zu lassen, um ein Abbremsen zu vermeiden **(Flugphase)**.

Zuletzt wird dann, kurz vor dem Auftreffen auf das Ziel, maximale Anspannung aufgebaut, damit die Bewegungsenergie der Technik bestmöglich auf das Ziel übertragen wird **(Anspannungsphase)**.

114

Palkup-dollyo-chigi

Ellenbogenstöße gehören im Taekwondo genauso wie Kniestöße zu den härtesten und damit wirkungsvollsten Techniken überhaupt. Für den Wettkampf sind sie wegen der hohen Verletzungsgefahr ungeeignet und verboten. Im Rahmen der Selbstverteidigung sind sie dagegen von großer Bedeutung.

Der Palkup-dollyo-chigi ist ein **gedrehter Ellenbogenschlag** nach vorne. (koreanisch "dollyo" = aus der Drehung)

Die Ausführung

Bild 1:

Die Faust des **schlagenden Armes** beginnt ihre Bewegung in der Ausgangsposition an der Hüfte.
Der **Rückzugsarm** ist mit geballter Faust gerade in Richtung des Zieles gestreckt.

Bild 2:

Der Ellenbogen des **schlagenden Armes** wird nun in einer kreisförmigen Bewegung nach vorne geführt, wobei der Arm gebeugt bleibt. Die Hand wird dabei mit ihrem Faustrücken nach oben gedreht.
Der **andere Arm** beginnt gleichzeitig seine Rückzugsbewegung an die Hüfte.

Bild 3 bzw. 4:

Für die Endposition des **schlagen-**

115

den Armes gibt es nun zwei Möglichkeiten, je nachdem, ob der Gegner frontal oder seitlich steht.

Steht der Gegner frontal, so zeigt der Oberarm in der Endposition gerade nach vorne. Der Winkel zwischen Ober- und Unterarm beträgt etwa 90° und der Faustrücken zeigt nach oben (Bild 3).

Steht der Gegner dagegen seitlich, wird die Hüfte gedreht und somit die Schulter des schlagenden Armes mit nach vorne genommen. Der Unterarm wird stark angewinkelt, so dass er in Richtung des Brustbeines zeigt und der Faustrücken zeigt ebenfalls nach oben (Bild 4).

Der **Rückzugsarm** beendet seine Bewegung in beiden Fällen gleichzeitig mit dem schlagenden Arm an der Hüfte.

Die maximale Körperspannung wird erst kurz vor dem Auftreffen auf das Ziel aufgebaut.

Weitere Arten des Palkup-chigi

Palkup-dwit-chigi

Beim Palkup-dwit-chigi wird der Ellenbogenstoß nicht aus der Drehung, sondern gerade **nach hinten** (koreanisch "dwit" = hinten) ausgeführt. Entweder wird diese Technik mit dem Rückzugsarm während einer anderen Technik ausgeführt, oder die andere Hand verstärkt durch Schieben des Ellenbogens nach hinten die Stoßkraft.

Im letzteren Fall werden beide Arme zu Beginn der Ausführung nach vorne gestreckt, wobei die flache Hand des unterstützenden Armes die geballte Faust des schlagenden Armes umschließt.

Dann werden beide Arme ruckartig nach hinten geführt. Der Schlagarm unterstützt dabei die Bewegung des anderen Armes.

Palkup-yop-chigi

Wird der Ellenbogenstoß nicht nach hinten sondern zur Seite ausgeführt, spricht man vom Palkup-yop-chigi.

Die Ausführung

Bild 1:

Ausgeholt wird mit beiden Armen zur gegenüberliegenden Seite, auf welcher der Schlag ausgeführt werden soll. Der **schlagende Arm** ist locker durchgestreckt und zeigt mit dem Faustrücken nach vorne. Die flache Hand des **anderen Armes** umfasst seine geballte Faust.

Bild 2:

Der **Ellenbogen** wird nun in einer geraden Bewegung in Richtung des Zieles geführt, wobei sich der Arm beugt, und die Faust mit dem Handrücken nach oben gedreht wird.

Der **Rückzugsarm** unterstützt die Stoßkraft des Ellenbogenschlages, indem er den Schlagarm nach vorne drückt.

Palkup-ollyo-chigi

"Ollyo" bedeutet **aufwärts**, so dass es sich beim Palkup-ollyo-chigi um einen geraden Ellenbogenstoß nach oben handelt. Dieser kann vorzugsweise gegen das Kinn oder die Nase des Gegners eingesetzt werden.
Der Ellenbogen wird bei dieser Technik einfach aus der Bereitschaftsstellung nach oben gezogen, die Faust dabei mit dem Handrücken nach außen gedreht.

Die Beintechniken

Gegenüber anderen Kampfkunstarten zeichnet sich Taekwondo vor allem durch seine große Vielzahl an Fußtechniken aus. Es erfordert ein langes und stetiges Training, bis ein Taekwondoin die Fußtechniken gut genug beherrscht, um sie im Kampf genauso effektiv und flexibel wie die Armtechniken einsetzen zu können. Vor allem in Bezug auf Koordination und Gleichgewichtssinn stellen sie sehr hohe Anforderungen an den Kämpfer. Dafür sind sie jedoch auch deutlich wirkungsvoller als Armtechniken. Eine Faustformel besagt, dass eine Fußtechnik etwa dreimal so stark ist, wie eine Armtechnik. Zudem ist es mit ihnen möglich, durch die größere Reichweite, weitere Distanzen zum Gegner zu überbrücken.

Im folgenden seien zwei allgemeine Hinweise gegeben, die für alle Fußtechniken gleichermaßen gelten und deren Beachtung maßgeblich über Erfolg und Misserfolg der Technik entscheidet.

① Fast aus jeder Stellung heraus, stellt sich die Frage, ob mit dem vorderen oder hinteren Bein gekickt werden soll. Die Frage lässt sich nicht ganz einheitlich beantworten.
Bei einem Kick mit dem hinteren Fuß bekommt man durch die längere Beschleunigungsstrecke und den stärk-eren Hüfteinsatz zwar deutlich mehr Wucht in den Schlag. Allerdings bedeuten gerade Faktoren, wie Hüfteinsatz und längerer Weg, eine deutlich langsamere Ausführungsgeschwindigkeit. Zu **Beginn einer Kombination** sollte daher eigentlich immer mit dem **vorderen Fuß** geschlagen werden, da nur so der Überraschungseffekt genutzt werden kann. Zudem dienen die ersten Kicks meist nur dazu, den Gegner in Bedrängnis zu bringen, so dass die Techniken noch keiner größtmöglichen Wucht bedürfen.
Ab dem zweiten Kick innerhalb einer Kombination kann und sollte dann jedoch variiert werden, damit sich der Gegner nicht zu schnell auf die eigenen Kampfgewohnheiten einstellen kann.

② Wichtig ist außerdem, sich stets vor Augen zu halten, dass alle Fußtechniken immer aus einer **hin- und rückführenden Bewegung** bestehen. Im Gegensatz zu den Fauststößen, verharrt der Fuß nicht in der Endposition, sondern wird schnellstmöglich wieder an den Körper herangeführt. So wird schnell wieder ein stabiler Gleichgewichtszustand erreicht, und in Kombinationen lässt sich die nächste Technik leichter anschließen.

Übersicht über die Beintechniken

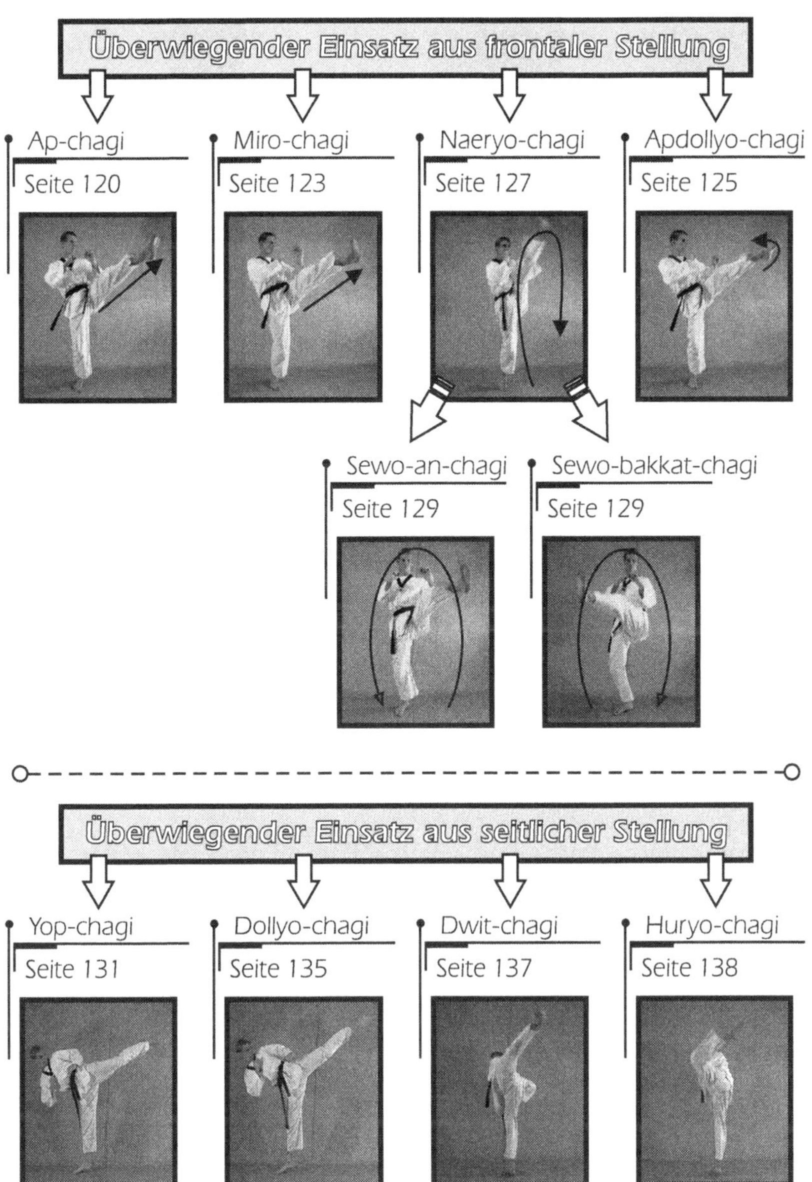

Ein Ap-chagi ist ein **gerade nach vorne** ausgeführter Tritt (koreanisch "Ap" = vorne), bei dem mit dem Fußballen getroffen wird. Zwar ist die Technik nicht allzu wirkungsvoll, dafür lässt sie sich aber äußerst schnell ausführen, da der Bewegungsfluss durch keinerlei Umwege oder Drehungen gestört wird. Im Wettkampf wird dieser Kick vorwiegend in Höhe der Magengegend des Gegners angewendet. Da die Trefferfläche des Fußballens relativ klein ist, lassen sich so auch kleine Lücken in der Deckung des Gegners ausnutzen.

Hinweis:
Detaillierte Darstellungen zur Trefferfläche finden sich auf S. 73.
Bei der Erläuterung des Bewegungs-

ablaufes wird im Folgenden davon ausgegangen, dass mit dem hinteren Fuß gekickt wird. Der Grund dafür ist, dass innerhalb der Übungsfiguren (vgl. Kapitel 4) die Fußtechniken fast immer mit dem hinteren Bein ausgeführt werden.
Für den Wettkampf dagegen, empfiehlt es sich, die Technik mit dem vorderen Bein auszuführen.

Die Ausführung

Bild 1:
Die Arme werden in lockerer Kampfstellung vor den Körper gehalten.
Dabei richtet sich die Auslage der Arme nach der Fußstellung. Ist wie hier der rechte Fuß vorne, muss auch der rechte Arm nach vorne genommen werden.

Bild 2:
Nun wird das gesamte Körpergewicht auf das vordere Bein (Standbein) verlagert. Das hintere Knie wird hochgerissen und in einer fließenden

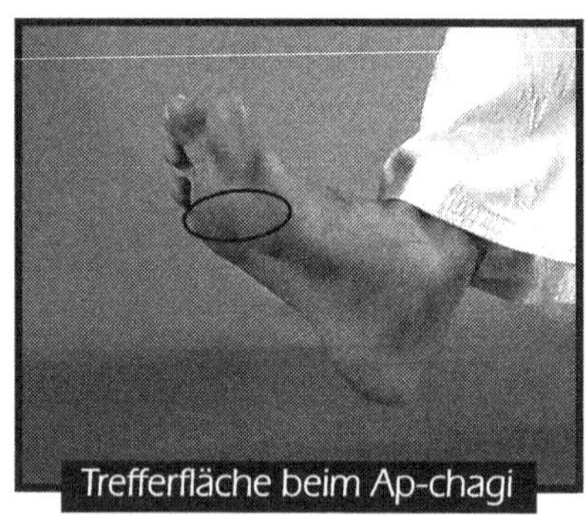

Trefferfläche beim Ap-chagi

Bewegung sofort nach vorne durchgestreckt.

Gleichzeitig dreht sich das **Standbein** auf dem Fußballen mit der Ferse etwas in Richtung des Gegners, da so die Stabilität der Technik stark erhöht wird.

Im **Wettkampf** empfiehlt es sich zusätzlich, das Becken etwas in Richtung des Gegners zu schieben. Dadurch kippt der Oberkörper leicht nach hinten ab und ist dadurch besser vor Kontertechniken des Gegners geschützt. Außerdem führt der Hüfteinsatz ebenfalls zu einer Verstärkung der Wirksamkeit, da ein Großteil des Körpergewichtes mit in den Schlag hineingelegt wird.

Bild 3:
Im Moment des Auftreffens (nicht in der Endposition!) ist das **schlagende Bein** fast ganz nach vorne durchgestreckt, der Fuß wird lang gemacht und die Zehen sind angezogen.
In dieser Stellung wird jedoch nicht innegehalten. Statt dessen wird das

Knie sofort wieder gebeugt und der Fuß so auf dem selben Weg wieder an den Körper herangezogen. Im Anschluss daran kann der Fuß an der gewünschten Stelle abgesetzt werden.
Der Oberkörper bleibt bei der Ausführung möglichst frontal und wird nicht mit nach vorne gerissen.

Achtung: Der Fuß wird in der Luft wieder zurückgeführt. Ein häufiger Anfängerfehler und sehr gefährlich ist es, wenn man das Bein nach dem Auftreffen auf das Ziel nach unten fallen lässt. So hat man einerseits ein sehr schlechtes Gleichgewicht nach dem Schlag und beraubt sich andererseits der Möglichkeit, eine Folgetechnik auszuführen!

Hinweis:
Bei den Fußtechniken gelten dieselben Prinzipien die schon bei den Armtechniken erläutert wurden. So darf die maximale Körperspannung auch bei den Fußtechniken erst kurz

121

vor dem Auftreffen auf das Ziel aufgebaut werden, da sonst die Bewegung nicht schnell und damit hart ausgeführt werden kann.

Die Ausführung mit dem vorderen Bein

Bei der Ausführung der Kicktechnik mit dem vorderen Bein ergeben sich vor allem zu Beginn der Technik einige Unterschiede.

Probleme macht hier in erster Linie die **Gewichtsverlagerung**. Um Zeit bei der Ausführung einzusparen muss die Technik möglichst ansatzlos ausgeführt werden. Das bedeutet vor allem, dass das hintere Bein nicht erst an das vordere Bein herangezogen werden darf.

Vielmehr muss zu Beginn der Ausführung das Gewicht vollständig nach hinten verlagert werden. Hat man das vordere Bein erst einmal entlastet, kann mit dem oben beschriebenen Bewegungsablauf begonnen werden.

Allerdings ergibt sich so ein Problem. Dadurch dass man das hintere Bein zum Standbein gemacht hat, steht man im Moment des Schlages sehr weit vom Gegner entfernt. Da die meisten Kämpfer Angriffen noch zusätzlich nach hinten ausweichen, wird so die Reichweite nicht ausreichen um den Gegner zu treffen. Dieses Distanzproblem löst man, indem man während der Ausführung des Kicks, sich mit dem Standbein vom Boden abdrückt, und in Richtung des Gegners gleitet. So verkürzt man einerseits die Schlagdistanz und erhöht andererseits die Wirkung des Kicks, da man noch einen Großteil des eigenen Körpergewichtes mit in den Schlag einbringt.

Miro-chagi

Wie der Ap-chagi wird auch der Miro-chagi aus einer frontalen Stellung heraus ausgeführt. Allerdings wird bei ihm das Bein nicht in einer typischen Kickbewegung nach vorne geworfen, sondern mit aller Kraft in Richtung des Gegners **geschoben** (kor. "Miro" = Schub).

Dadurch ergibt sich beim Miro-chagi eine ganz andere Wirkung als beim Ap-chagi: der Gegner wird durch die gewaltige Wucht des Trittes regelrecht umgeschleudert. Es geht also beim Miro-chagi nicht darum, dem Gegner innerlich Schmerzen oder Verletzungen zuzuführen (gleichwohl kann dies im Einzelfall auch auftreten). Vielmehr wird der Tritt dazu eingesetzt, um, zum Beispiel bei einer Verteidigung gegen mehrere Angreifer, einzelne Gegner auf Distanz zu halten oder zu Boden zu stoßen. So ist es möglich, etwas Zeit zu gewinnen.

Die Ausführung

Bild 1:

In seiner Ausführung ist der Miro-chagi dem Ap-chagi sehr ähnlich.
Die Arme werden auch hier zu Beginn in lockerer Kampfstellung vor den Körper gehalten. Dabei richtet sich die Auslage der Arme nach der Fußstellung. Ist das rechte Bein vorne, muss auch der rechte Arm nach vorne genommen werden.

Bild 2:

Nun wird das gesamte Körpergewicht auf das vordere Bein (Standbein) verlagert und das hintere Knie so weit wie möglich hochgerissen.

Achtung: das Anziehen des Knies ist für die Wirkung des Trittes von entscheidender Bedeutung. Nur wenn

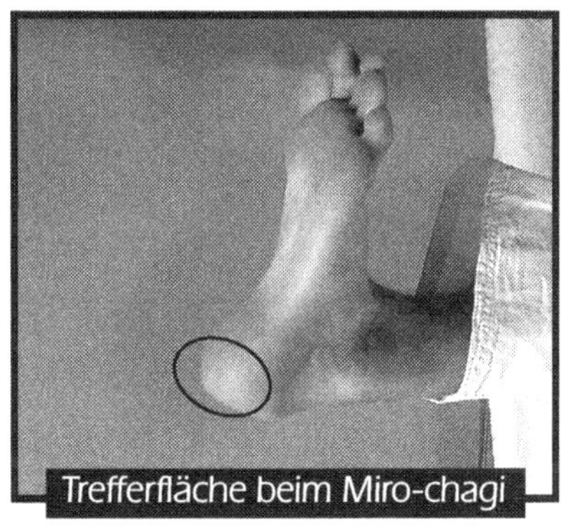

Trefferfläche beim Miro-chagi

der Fuß zu Beginn des Schlages eine ausreichend hohe Ausgangsposition hat, ist es möglich, den Gegner in einer linearen Bewegung zu treffen. Ist der Fuß dagegen zu niedrig, wird der Tritt nicht gerade nach vorne, sondern schräg nach oben ausgeführt, was zu starken Einbußen bei der Wirksamkeit führt!

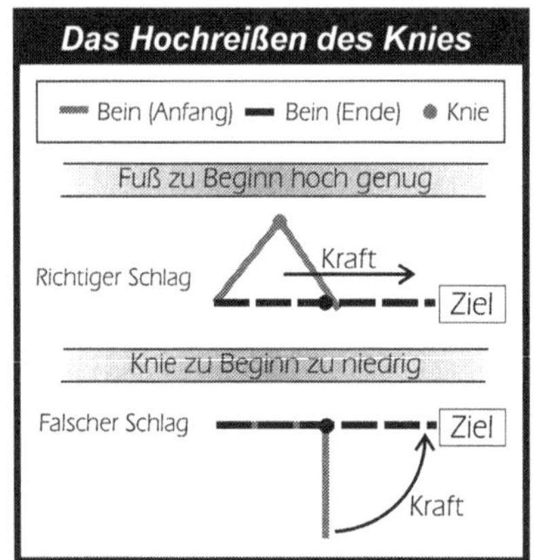

<u>Bild 3:</u>
Hat der Fuß die nötige Höhe erreicht, wird das Bein kraftvoll und schnell nach vorne durchgestreckt. Um einer Verletzung im Kniegelenk vorzubeugen muss jedoch darauf geachtet werden, dass das Bein bei dieser ruckartigen Bewegung nicht überstreckt wird!

Um die Wirkung des Trittes noch zu erhöhen, sollte zudem die Hüfte mit nach vorne geschoben werden, da so ein Großteil des Körpergewichtes die Vorwärtsbewegung unterstützt.

Außerdem sollte für eine möglichst stabile Gleichgewichtslage, der Standfuß mit der Ferse etwas in Richtung des Gegners gedreht werden.

Getroffen wird beim Miro-chagi mit der gesamten Fußsohle.

Die maximale Körperspannung sollte erst kurz vor dem Auftreffen auf das Ziel erreicht werden.

Der Oberkörper und die Arme müssen ruhig am Körper gehalten werden, da durch unnötiges "Herumwandern" der Arme sich meist Lücken in der eigenen Deckung auftun, und man so anfällig für Kontertechniken des Gegners wird.

Der Apdollyo-chagi ist ein **gedrehter Kick nach vorne**. Wegen seiner schnellen und relativ einfachen Ausführung ist er bei vielen Kämpfern sehr beliebt. Im Gegensatz zum Apchagi wird der Gegner beim Apdollyo-chagi nicht gerade von vorne, sondern etwa unter 45° von der Seite getroffen. Er wird dabei meistens gegen die kurzen Rippen oder den Kopf des Gegners eingesetzt.

Die Ausführung

Bild 1:
Die Hände werden in Kampfstellung ruhig vor den Körper gehalten.

Bild 2:
Das Gewicht wird nun auf das vordere Bein (Standbein) verlagert.

Sobald das hintere Bein entlastet ist, wird das Knie nach vorne gerissen, bis der Oberschenkel des kickenden Beines etwa waagerecht in der Luft liegt. Gleichzeitig wird das Bein im Kniegelenk so verdreht, dass der Unterschenkel schräg nach außen zeigt.

Achtung: Das Knie muss wie eine Pfeilspitze schon jetzt in Richtung des Zieles zeigen!

Bild 3:
Nun wird das kickende Bein durchgestreckt, so dass der Fuß schräg von unten (etwa unter 45°) auf sein Ziel trifft.

Wichtig ist, dass auch bei diesem Kick das Bein nach dem Auftreffen schnellstmöglich wieder angezogen wird. Das erhöht die Schockwirkung auf das Ziel, ermöglicht Folgetechniken und hilft dabei, wieder einen stabilen Gleichgewichtszustand einzunehmen.

Getroffen wird beim Apdollyo-chagi entweder mit dem Spann oder mit

Trefferfläche beim Apdollyo-chagi

125

dem Fußballen, je nachdem ob man größerer Reichweite oder größerer Härte den Vorzug gibt.

Der Oberkörper wird während der gesamten Bewegung ruhig gehalten.

Wird das kickende Bein nach der Ausführung der Technik vorne abgesetzt, so muss die Auslage entsprechend geändert werden.

Maximale Körperspannung darf nur zu Beginn des Kicks (im Moment der Beschleunigungsphase des Beines) und beim Auftreffen des Fußes auf sein Ziel aufgebaut sein.

Während der Flugphase dagegen sollte das Bein möglichst locker sein, damit die Bewegung schnell ausgeführt werden kann.

Haltung des Knies (Bild 2)

Naeryo-chagi

Der Naeryo-chagi ist ein weiterer Vorwärtskick, der zwar hohe Anforderungen an die Gelenkigkeit stellt, dafür aber sehr variationsreich eingesetzt werden kann. Gerade für einen Überraschungsangriff eignet sich der Naeryo-chagi sehr gut.

"Naeryo" bedeutet abwärts, so dass die eigentliche Schlagbewegung bei diesem Kick **von oben nach unten** erfolgt. Bei den Abwandlungen dagegen (die im Anschluss an die Grundtechnik näher erläutert werden), wird die eigentliche Schlagbewegung nicht nach unten, sondern zu jeweils einer der beiden Seiten ausgeführt.

Getroffen wird beim Naeryo-chagi normalerweise mit der Ferse.

Die Ausführung

Bild 1 + 2:

Aus der Grundstellung heraus, wird das Gewicht zunächst auf das vordere Bein verlagert.

Nun gibt es zwei Möglichkeiten, wie der Naeryo-chagi ausgeführt werden kann. Da die eigentliche Schlagbewegung ja von oben nach unten erfolgt, muss das hintere Bein zunächst nach oben geschwungen werden. Da man im Kampf normalerweise seinem Gegner direkt gegenüber steht, kann man das Bein nicht gerade vor sich nach oben führen. Stattdessen muss es in einer bogenförmigen Bewegung auf einer der beiden Seiten des Gegners vorbeigeschwungen werden.

Welche Seite man sich aussucht ist an und für sich Geschmacksache. Allerdings ist es im Kampf weitaus sicherer, das Bein in einem Innenbogen nach oben zu führen, da der eigene Körper dabei durch das hochschwingende Bein gut gedeckt wird (siehe Bilder auf der nächsten Seite).

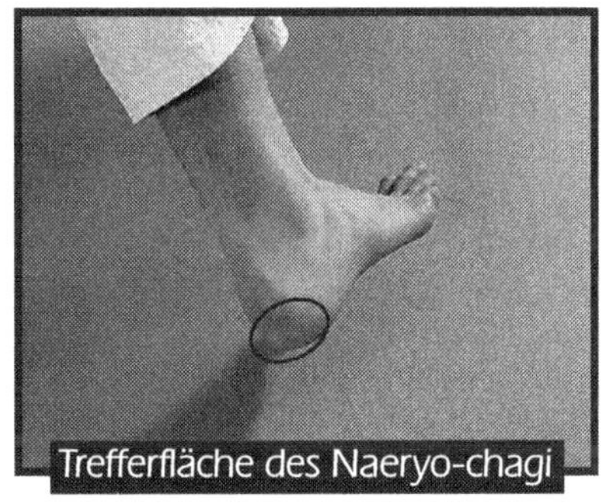

Trefferfläche des Naeryo-chagi

Der Aufwärtsschwung selbst gleicht einem Ap-chagi der senkrecht zur Decke gestoßen wird. Allerdings wird das Knie zu Beginn nicht so stark angewinkelt.

Vielmehr sollte das schlagende Bein die ganze Zeit über locker gestreckt bleiben.

Innenbogen Außenbogen
(Deckung)

Bild 3:

Hat man den höchsten Punkt erreicht, wird das Bein wie ein Beil in Richtung des Zieles nach unten gerissen.

Der Standfuß dreht sich dabei etwas mit der Ferse in Richtung des Gegners.

Getroffen wird im Normalfall mit der Ferse. Allerdings kann man vor allem im Wettkampf auch mit der Fußsohle treffen, da man so etwas mehr Reichweite hat.

Nach dem Auftreffen sollte das Bein schnell zu Boden geführt werden, damit man wieder einen sicheren Stand inne hat.

Die Grundsätze über Spannung und Atmung gelten auch bei dieser Technik.

Achtung: gerade bei dieser Technik neigt man dazu, viel mit dem Oberkörper zu arbeiten. Häufig werden bei der Aufwärtsbewegung des Beines die Arme nach unten gerissen, um Schwung zu holen.

Da sich dadurch jedoch große Lücken in der eigenen Deckung auftun, sollte man bei dieser Technik ganz besonderen Wert auf eine ruhige Oberkörperhaltung legen!

Abwandlungen des Naeryo-chagi

Sewo-an-chagi

Beim Sewo-an-chagi wird nun die eigentliche Schlagbewegung nicht von oben nach unten, sondern **von außen nach innen** ausgeführt. Diese Technik kann nicht nur zum Angriff, sondern auch als Block in der Verteidigung eingesetzt werden. Bei offensiver Verwendungsweise dient die Technik entweder dazu, einen Treffer am Kopf des Gegners zu landen, oder, als Vorbereitung für Folgetechniken, die Deckung des Gegners wegzuschlagen.

Die Ausführung

Bild 1-3:
Die Bewegung gleicht zu Beginn der des Naeryo-chagis. Allerdings kann der Sewo-an-chagi nicht auf zwei verschiedene Art und Weisen ausgeführt werden. Hier ist es zwingend, dass das Bein in einem Außenbogen nach oben geführt wird. Hat der Fuß die Höhe des Zieles erreicht, wird er von außen nach innen (= "An") dagegen geschleudert. Der Fuß steht während der gesamten Bewegung senkrecht, so dass mit der inneren Fußkante (S. 74) getroffen wird.

Sewo-bakkat-chagi

Der Sewo-bakkat-chagi ist die spiegelbildliche Ausführung des Sewo-an-chagi, so dass auf das bereits Gesagte verwiesen werden kann (siehe oben). Sein Einsatz im Kampf ist allerdings etwas weniger riskant, da das Bein beim Hochschwingen dem eigenen Körper Deckung bietet.
Außerdem kann er mit etwas mehr Härte ausgeführt werden, als der Sewo-an-chagi.

Die Ausführung

Bild 1-3:
Einziger Unterschied zum vorher beschriebenen Bewegungsablauf ist, dass das Bein diesmal nicht außen,

sondern innen nach oben geführt wird. Die Schlagbewegung erfolgt dann entsprechend dem Namen (Bakkat) **von innen nach außen**.
Der Fuß steht während der gesamten Bewegung senkrecht, und trifft mit der Fußaußenkante (siehe S. 74) auf das Ziel.

Murup-chigi

Murup-dollyo-chigi

Kniestöße sind neben den Ellenbogenschlägen die stärkste Körperwaffe, weswegen ihr Einsatz im Wettkampf auch verboten ist.

Allerdings können sie wegen ihrer begrenzten Reichweite nur aus allernächster Nähe zum Gegner ausgeführt werden. Dabei bietet es sich an, die Wirkung zu verstärken, indem man den Oberkörper des Gegners festhält, oder man ihn, entgegengesetzt zur Schlagrichtung, nach unten zieht.

Die Ausführung

Die Ausführung selbst bietet keinerlei Besonderheiten und ist nichts weiter als ein schnelles Hochreißen des gebeugten Knies.

Dieses kann entweder gerade nach vorne (Murup-ap-chigi) oder eingedreht von der Seite (Murup-dollyo-chigi) erfolgen.

Das schnelle Hochreißen des Knies kann auch als Blocktechnik gegen Fußangriffe des Gegners eingesetzt werden.

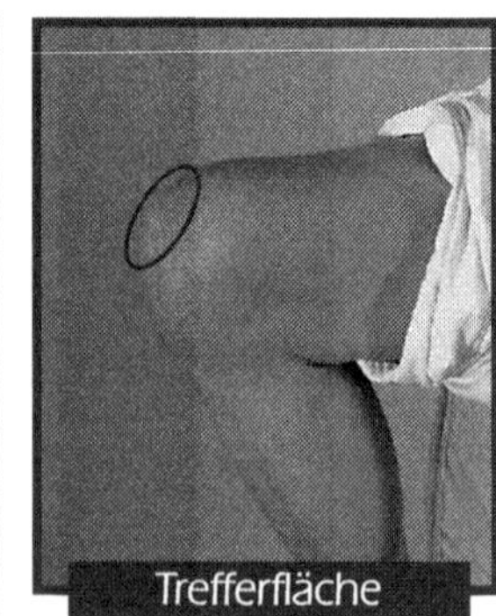

Trefferfläche

Yop-chagi

Der Yop-chagi ist der wirkungsvollste Kick im Taekwondo, und wird normalerweise aus einer seitlichen Stellung heraus ausgeführt ("Yop" = koreanisch seitlich).

Die seitliche Stellung bringt im Wettkampf einige Vorteile mit sich. Zum einen bietet man dem Gegner nur eine deutlich geringere Trefferfläche als dies in einer frontalen Stellung der Fall wäre. Zum anderen lassen sich Drehungen aus ihr viel schneller ausführen.

Der Nachteil dieser Stellung ist, dass sich die hintere Faust nur schlecht einsetzen lässt, da hierfür eine extrem starke Hüftdrehung erforderlich ist. Dies wird allerdings durch die genannten Vorteile mehr als aufgewogen, so dass zu einer seitlichen Stellung im Kampf nur geraten werden kann. Natürlich sollte man im Wettkampf trotzdem zwischenzeitlich in eine frontale Stellung wechseln, da sich der Gegner so weniger leicht auf den eigenen Kampfstil einstellen kann.

Da der Bewegungsablauf beim Yop-chagi wesentlich von der Stellung abhängt, aus der er ausgeführt wird, wird im folgenden zunächst die Ausführung aus einer seitlichen Stellung und im Anschluss daran, die Ausführung aus einer frontalen Stellung geschildert.

Die Ausführung aus einer seitlichen Stellung

Bild 1:
In einer seitlichen Stellung stehend, werden die Arme in lockerer Kampfstellung vor den Körper genommen.

Deckung seitliche Stellung

Achtung: im Wettkampf empfiehlt sich bei seitlicher Kampfstellung die auf der vorherigen Seite unten abgebildete Deckung, bei welcher der vordere Arm die kurzen Rippen schützt, und der hintere Arm den Kopf und den Oberkörper deckt. Zusätzlich sollte das Kinn gegen die vordere Schulter gedrückt werden, um diesen körperlichen Schwachpunkt von beiden Seiten abzudecken.

Je nach Abstand zum Gegner wird nun zunächst das Gewicht auf das hintere Bein verlagert (ohne Abbildung), oder der hintere Fuß an das vordere Bein herangeführt und in Richtung des Gegners überkreuzt.

Bild 2:
Nun folgt der wohl schwierigste Teil der Bewegung: das vordere Knie wird vor dem Körper nach oben gezogen, wobei der Fuß mit der Aussenkante nach oben gedreht wird.
Dabei ist darauf zu achten, dass auch der Fuß so weit mit nach oben genommen wird, dass das Knie und der Fuß des kickenden Beines etwa auf einer Höhe liegen.

Achtung: wichtig ist, dass das Knie nach hinten, und nicht in Richtung des Gegners, zeigt!

Gleichzeitig wird damit begonnen, den Standfuß (auf dem Ballen) mit der Ferse in Richtung des Gegners zu drehen.

Bild 3:
Nun wird das kickende Bein gerade nach vorne durchgestreckt. Zur Unterstützung dieser Bewegung wird der Oberkörper entgegen der Trittrichtung nach hinten gestreckt und seitlich gehalten, so dass sich der Körper und das Bein in einer geraden Linie zur Trittrichtung befinden. Der Blick zeigt über die vordere Schulter in Angriffsrichtung.

Das Standbein zeigt im Moment des Auftreffens mit der Ferse vollständig in Trittrichtung.

Getroffen wird mit der Fußaußenkante (siehe S. 74) oder dem hinteren Teil der Ferse. Der schlagende Fuß ist zum Schienbein hin angewinkelt und steht horizontal in der Luft.

Nach dem Auftreffen des Beines, wird der Fuß wieder auf umgekehrten Wege an den Körper herangeführt, so dass sofort eine weitere Technik ausgeführt werden kann oder der Fuß an sicherer Stelle auf dem Boden abgesetzt werden kann.

Achtung: ein häufiger Fehler bei Fußtechniken ist, dass zu wenig Aufmerksamkeit der Rückführung des Beines gewidmet wird. So wird das Bein vielfach einfach fallen gelassen oder zu langsam wieder an den Körper herangeführt. Dies ist aber sehr gefährlich, da dem Gegner so die Möglichkeit eröffnet wird, Kontertechniken anzubringen. Eine Fußtechnik besteht immer aus einer hin-

und wegführenden Bewegung, die beide gleichermaßen wichtig sind!

Hinweis:
im **Wettkampf** kann es beim Yop-chagi vereinzelt auch sinnvoll sein, mit dem Fußballen zu treffen. Durch die gestreckte Fußhaltung hat man so zum einen mehr Reichweite und zum anderen lassen sich durch die kleinere Trefferfläche Lücken in der Deckung des Gegners leichter ausnutzen. Bei Bruchtest und innerhalb der Formen sollte der Yop-chagi dagegen immer mit der Fußaußenkante getreten werden!

Die Ausführung
aus einer frontalen Stellung

Bild 1:
In den Formen weitaus häufiger anzutreffen ist die Ausführung des Yop-chagi aus einer frontalen Stellung heraus.
Vieles vom eben beschriebenen Bewegungsablauf gilt auch hier, je-

doch gibt es einige Besonderheiten, auf die im Folgenden hingewiesen werden soll.

Die Arme werden in Ab-gubi locker vor den Körper gehalten. Während des gesamten Bewegungsablaufes ist darauf zu achten, dass die Arme ihre Position nahe am Körper beibehalten.

Bild 2:

Das Gewicht wird nun auf den vorderen Fuß verlagert.

Das hintere Knie wird ähnlich der Bewegung beim Ap-chagi nach oben gezogen. Gleichzeitig dreht sich das Standbein auf dem Fußballen mit der Ferse in Trittrichtung.

Der Oberkörper wird mit eingedreht und das Knie des schlagenden Beines auf der anderen Körperseite so weit nach hinten geführt, dass es entgegengesetzt zur Trittrichtung zeigt.

Der Fuß wird dabei mit der Außenkante nach oben gedreht und befindet sich in gleicher Höhe wie das Knie, so dass der Unterschenkel des Beines waagerecht in der Luft liegt.

Die restliche Ausführung:

Damit befindet man sich in derselben Stellung, die man auch bei einer Ausführung des Yop-chagi aus einer seitlichen Stellung einnimmt (vgl. Bild 2, S. 132).

Da sich beide Ausführungen hinsichtlich des restlichen Bewegungsablaufes nicht unterscheiden, sei an dieser Stelle auf die dort gemachten Ausführungen verwiesen.

Dollyo-chagi

Der Dollyo-chagi wird genauso wie der Yop-chagi zur Seite gekickt. Deshalb wird er meist auch aus seitlichen Stellungen heraus ausgeführt.
Dadurch dass er eingedreht geschlagen wird, ist er deutlich weniger wirkungsvoll als der Yop-chagi, bei dem ja die gesamte Körpermasse in Richtung des Zieles ausgerichtet ist . Dafür ist er in seinem Anwendungsbereich äußerst flexibel und weil er sich auch sehr schnell ausführen lässt, wird er von vielen Kämpfern gerne in Kombinationen eingebaut.
Ähnlich wie der Apdollyo-chagi wird auch der Dollyo-chagi meist gegen den Kopf oder die kurzen Rippen des Gegners getreten. Überhaupt sind sich beide Schläge in ihrer Ausführung sehr ähnlich.

Die Ausführung

Auch der Dollyo-chagi kann, genauso wie der Yop-chagi, sowohl aus einer frontalen, wie auch aus einer seitlichen Stellung heraus ausgeführt werden. Abweichungen hinsichtlich des Bewegungsablaufes gibt es nur in der Anfangsphase.
Im Folgenden wird die Ausführung aus einer seitlichen Stellung bebildert dargestellt. Die Abweichungen bei einer Ausführung aus einer frontalen Position werden bei den Erklärungen zu Bild 1 und 2 kurz erläutert.

Bild 1:
Die Arme werden in lockerer Kampfstellung vor den Körper gehalten.
Bei einer Ausführung aus einer seitlichen Stellung wird nun das hintere Bein zum vorderen Bein herangezogen, und in Richtung des Gegners überkreuzt.

Achtung: Wird der Dollyo-chagi dagegen aus einer frontalen Stellung heraus ausgeführt, wird das Gewicht ohne Änderung der Fußstellung auf das vordere Bein verlagert.

Bild 2:
Nun wird das Knie des kickenden Beines seitlich in Richtung des Gegners hochgezogen. Dabei ist das Kniegelenk stärkstmöglich gebeugt, so dass Ober- und Unterschenkel direkt aneinander liegen.

Der Fuß des schlagenden Beines wird mit der Außenseite nach oben gedreht und so weit hochgezogen, dass das Bein horizontal in der Luft liegt. Die Zehenspitzen werden dabei in Richtung des Schienbeins angezogen.

Gleichzeitig beginnt das Standbein auf dem Fußballen mit der Ferse in Richtung des Gegners zu drehen.

Achtung: Wird der Dollyo-chagi aus einer frontalen Stellung heraus getreten, gelten die oben stehenden Ausführungen ebenfalls, allerdings für das hintere Bein (da mit diesem ja gekickt wird). Auch hier muss also das schlagende Bein horizontal in der Luft liegen und mit dem Knie in Richtung des Gegners zeigen.

Bild 3:
Der Rest der Bewegung erfolgt fast ausschließlich aus dem Unterschenkel. Das vordere Bein wird in einer Schnappbewegung durchgestreckt und sofort wieder angezogen.

Getroffen wird mit dem Fußballen (siehe S. 73).

Der Oberkörper wird seitlich gehalten und der Blick zeigt über die vordere Schulter in Richtung des Gegners.

Kurz vor dem Moment des Auftreffens wird maximale Körperspannung aufgebaut.

Dwit-chagi

Der Dwit-chagi zählt neben dem Yop-chagi zu den wirkungsvollsten Kicktechniken. Soll er allerdings mit maximaler Wirkung geschlagen werden, so kann der Blickkontakt zum Ziel nicht aufrecht erhalten werden. Daher ist er zum Einsatz gegen bewegliche Ziele nur bedingt geeignet. In jedem Fall muss die Zielposition vor Ausführung des Schlages möglichst genau vorausberechnet werden.

Die Ausführung

Bild 1:
Vor Ausführung der Technik, wird über eine der beiden Schultern kurz in Richtung des Zieles geblickt.
Anschließend wird das gesamte Körpergewicht auf das hintere Bein verlagert.

Bild 2:
Dann wird das vordere Knie etwas hochgezogen und der Fuß in einer geraden Bewegung dicht am anderen Bein vorbei in Richtung des Gegners geführt.

Bild 3:
Im Moment des Auftreffens ist das Bein durchgestreckt. Getroffen wird mit dem hinteren Teil der Ferse.
Gleichzeitig wird der Oberkörper vorgebeugt, um durch einen ungehinderten Hüfteinsatz die Wirkung des Kickes zu maximieren.
Danach wir der Fuß auf geradem Wege wieder zum Körper zurück geführt.

Huryo-chagi

"Huryo" bedeutet auf koreanisch "Peitsche". Diesen Namen trägt der Huryo-chagi wegen seines Haken-förmigen Bewegungsablaufes.
Dieser Kick stellt im Wettkampf eine gute Alternative zum Dollyo-chagi dar. Zwar ist er in seiner Ausführung ungleich schwieriger zu schlagen, dafür ist seine Schlagrichtung der des Dollyo-chagi genau entgegenge-setzt.

Die Ausführung

Bild 1:
Die Arme werden in Kampfstellung vor den Körper gehalten.
Aus einer seitlichen Stellung heraus geschlagen, wird der hintere Fuß in Richtung des Gegners überkreuzt.

Bild 2:
Mit dem vorderen Bein wird nun ein ein Yop-chagi (siehe S. 131) neben das zu treffende Ziel getreten.

Bild 3:
Im gestreckten Zustand wird das Bein zunächst etwas in Richtung des Zieles geführt, bevor das Knie schlag-artig angewinkelt wird, und das Ziel dadurch mit der hinteren Ferse ge-troffen wird.
Danach wird der Fuß unverzüglich zum Körper zurückgezogen und an sicherer Stelle am Boden abgesetzt.
Der Oberkörper bleibt während der gesamten Bewegung seitlich, der Blick zeigt in Richtung des Gegners.

Besondere Fußtechniken

Momdollyo-chagi

Als Momdollyo-chagi werden alle aus einer Körperdrehung ausgeführten Fußschläge bezeichnet. Dafür geeignet sind die nach hinten, zur Seite oder nach außen auszuführenden Techniken. Lediglich bei den frontalen Schlägen also, macht es wenig Sinn, sie aus einer Drehung heraus zu treten.

Da gedrehte Techniken nicht mehr zu den Grundtechniken des Teakwondo zählen, sollen hier nur einige kurze Hinweise zu deren Ausführung gegeben werden.

Die wichtigsten gedrehten Fußtechniken sind

der **Momdollyo-huryo-chagi**,

der **Momdollyo-yop-chagi** und

der **Momdollyo-dwit-chagi**.

Bei allen gedrehten Techniken sollte auf die folgenden Punkte geachtet werden:

(1) Zu Beginn der Bewegung sollte der Kopf so weit vorgedreht werden, dass über die Schulter in Drehrichtung geblickt werden kann. Dadurch wird eine Vorspannung aufgebaut, die für schnelle Drehungen sehr wichtig ist.

(2) Das schlagende Bein darf nicht zu früh vom Körper weggestreckt werden, da die Drehung sonst langsamer wird.

(3) Bei geraden Stoßtechniken darauf achten, dass im Moment des Schlages nicht weitergedreht wird, sondern die Bewegung gerade nach vorne gerichtet ist.

(4) Die Drehung muss auf dem Fußballen ausgeführt werden.
Wichtig ist außerdem dass man auf einer geraden Körperachse dreht, da man sonst leicht das Gleichgewicht verliert.

Twio-chagi

Jeder Kick kann statt im Stehen auch im Sprung ("Twio" = gesprungen) ausgeführt werden.
Das kostet einerseits zwar mehr Kraft und die Schläge sind auch weitaus schwieriger zu koordinieren. Dafür haben die Techniken aber eine deutlich größere Wirkung.

Auch eine solche Ausführung der Techniken zählt jedoch nicht mehr zu den "basics" . Daher soll im Rahmen dieses Buches nicht näher darauf eingegangen werden.

Allgemeine Hinweise zur Ausführung
Die Hyong-Übungsfiguren
Die Taeguk-Übungsfiguren

Allgemeine Hinweise zur Ausführung

Die Bewegungsformen stellen einen Großteil jeder Gürtelprüfung dar, und sollten daher entsprechend intensiv geübt werden.

Hauptsächlich soll durch sie jedoch das Einüben und Verbessern von Grundtechniken und Kombinationen ermöglicht werden. So lassen sich durch regelmäßiges Laufen der Formen, Präzision, Härte und Sauberkeit der einzelnen Blocks und Schläge hervorragend schulen - und das ganze, ohne dass dafür Trainingsgeräte oder Trainingspartner benötigt werden. Aber auch Konzentration und Körperspannung werden durch die Formenschule stetig verbessert.

Damit alle diese positiven Aspekte eintreten, ist es jedoch auch notwendig, die Formen mit der notwendigen Disziplin zu üben. Es hat wenig Nutzen, eine Form einfach nur zu wiederholen. Vielmehr sollte man sich vor jedem Durchgang ein konkretes Ziel setzen, auf das man dann während der Ausführung besonders achtet (solch ein Ziel wäre zum Beispiel "in den seitlichen Stellungen auf eine korrekte Oberkörperhaltung achten"). Erst wenn man es geschafft hat, das gesetze Ziel umzusetzen, sollte man sich einen neuen Schwerpunkt setzen.

Sehr hilfreich kann es dabei sein, wenn man sich seine Ziele mit dem jeweiligen Datum auf einem Zettel notiert, da man so eine gute Selbstkontrolle über den Trainingsfortschritt hat. Insbesondere auch Anmerkungen und Hinweise des Trainers sollten sofort nach Ende des Trainings aufgeschrieben werden, da man sie so weniger leicht vergisst. Ein solcher Zettel, der auch als Kopiervorlage dienen soll, findet sich auf der nächsten Seite.

Auf die folgenden Kriterien sollte bei der Ausführung jeder Form besonderer Wert gelegt werden:

Schwerpunkte bei Formen

Kriterien für die Ausführung

• Körperhaltung
Schwerpunktlage, Sauberkeit der Techniken

• Geist
Konzentration, gezielter Blick

• Kraft
Schnelligkeit, Dosierung und Wechsel (langsam/schnell)

• Atmung
Atmungskontrolle und Gihap

• Ästhetik
Rhythmus und Ausdruck der Form

Kopiervorlage

Trainingsfortschritt

Name: _______________ Blatt ___ von ___

Datum	Form	zu trainieren	gemacht am (Anzahl)

Im Folgenden werden zunächst die ersten neun Übungsfiguren des traditionellen Hyong-Formensystems dargestellt. Im Anschluss daran dann die ersten neun Formen des moderneren Taeguk-Formensystems.

Die Darstellung der Formen selbst, richtet sich immer nach demselben Muster.

Eine kurze Einführung jeweils zu Beginn einer jeden Form erläutert kurz deren Bedeutung bzw. ihren geschichtlichen Hintergrund.

Der Übersichtsplan

Auf einem einseitigen Übersichtsplan, ist die Form dann zunächst bebildert dargestellt. Dabei ist immer der schwarzen Linie (1) zu folgen, welche die einzelnen Bilder miteinander verbindet. Denn diese wurden zur besseren Übersicht nicht einfach nur aneinander gereiht, sondern jeweils in Bewegungsrichtung angeordnet (2). Läuft man bei der Ausführung der Form beispielsweise nach links, so sind auch die Bilder in einer Reihe nach links angeordnet. So ist möglich, sich schnell einen Überblick über die Bewegungsrichtungen zu verschaffen.

Wird eine Technik so nach hinten ausgeführt, dass sie auf dem Foto durch den Rücken verdeckt ist, befindet sich noch eine zweite Abbildung daneben (3), die von der Ge-

genrichtung aus fotografiert wurde. Zusätzlich wird die Technik bei jeder Abbildung auch immer noch genau bezeichnet (4).

Erklärungen zum Wechsel (5) zwischen den einzelnen Stellungen finden sich jeweils entlang der schwarzen Linie. Besonders schwierige Schrittfolgen werden zusätzlich noch durch Schrittdiagramme erläutert (6).

Befindet sich zwischen den Bildern ein größerer Abstand, wird zwischen den Stellungen ein Schritt gemacht, ist dies nicht der Fall, werden alle Techniken ohne Stellungswechsel ausgeführt (7).

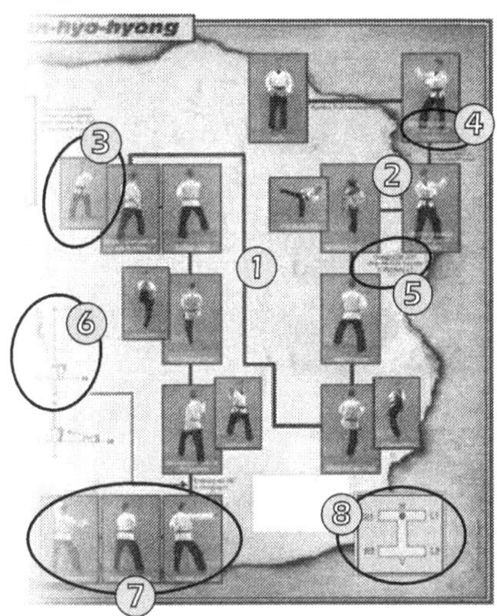

Alle Richtungsangaben beziehen sich auf das Diagramm der Form (8) und werden aus Sicht des Übenden dargestellt (H = hinten, V = vorne, R = rechts, L = links).

Nr.	Stellung und Armtechnik	Hinweise	Beschreibung
	Den linken Fuß in Richtung H setzen und 90°-Drehung nach hinten		
13	Dwit-gubi-sogi + Momtong-yop-makki (links)		s. ??,??
	mit dem rechten Fuß einen Schritt nach vorne in Richtung H machen		
14	Ap-gubi + Bandae-jirugi (re.)		s. ??,??
	Drehung um 180° in Richtung V: den rechten Fuß nach hinten auf die Linie L-R setzen und auf dem Ballen des linken Fußes drehen		
15	Dwit-gubi-sogi + Momtong-yop-makki (rechts)		s. ??,??
	mit dem linken Fuß einen Schritt nach vorne in Richtung H Stellung wechseln		

Chon-ji-hyong 2/2

Die Beschreibung

Zusätzlich zur bebilderten Darstellung, wird der Bewegungsablauf der Form auch noch schriftlich, wie oben abgebildet, erläutert.

Die Bewegungen sind der Reihe nach durchnummeriert. Es wird bei jeder Bewegung der Name der Stellung und der Name der Armtechnik aufgeführt (1).

Im Kästchen "Hinweise" werden Besonderheiten beim Bewegungsablauf beschrieben (2).

Im Feld "Beschreibung" werden zu den einzelnen Techniken Seitenzahlen angegeben. Diese verweisen auf andere Stellen innerhalb dieses Buches, an denen die Technik ausführlich erläutert wird. So kann man bei Unsicherheiten beim Bewegungsab-lauf schnell an der entsprechenden Stelle nachschlagen (3).

Zwischen den einzelnen Techniken wird erklärt, wie die Stellung gewechselt wird, also in welche Richtung man sich dreht, oder welcher Fuß wohin gezogen wird (4).

Außerdem werden am Ende mancher Form noch einige Hinweise zu den Besonderheiten und Schwerpunkten der Übungsfigur gegeben. Dabei werden meist auch besonders schwierige Bewegungen aus dieser Form, die nicht bereits vorne in Kapitel drei erläutert wurden, bebildert dargestellt.

Die
Hyong-Übungsfiguren

Chon-ji-Hyong

Die Bedeutung der Form

Chon-ji-Hyong bedeutet übersetzt **"Himmel und Erde"**.
In Asien steht dieses Symbol für den Ursprung des Seins - die Erschaffung der Welt. Deshalb ist es die erste Form, die der Taekwondoin erlernt.

Er legt hier den Grundstein für sein späteres Fortkommen.
Die Übungsform selbst besteht aus zwei, ungefähr gleich langen, und sehr ähnlichen Teilen, von denen der eine für den Himmel und der andere für die Erde steht.

Übersicht über die erste Hyong		1/2	
Nr.	**Stellung und Armtechnik**	**Hinweise**	**Beschreibung**
	den linken Fuß zur Seite setzen		
0	Junbi		s. 60
	den linken Fuß schräg nach links hinten setzen und 90° Drehung in Richtung L		
1	Ap-gubi + Arae-makki (links)		s. 63, 78
	Mit dem rechten Fuß einen Schritt nach vorne in Richtung L machen		
2	Ap-gubi + Momtong-bandae-jirugi (rechts)		s. 63, 98
	Drehung um 180° in Richtung R: den rechten Fuß schräg hinten übersetzen und auf dem Ballen des linken Fußes drehen		
3	Ap-gubi + Arae-makki (rechts)		s. 63, 78
	Mit dem linken Fuß einen Schritt nach vorne in Richtung R machen		
4	Ap-gubi + Momtong-bandae-jirugi (links)		s. 63, 98
	den linken Fuß schräg nach links in Richtung V setzen und 90° Drehung in Richtung V		
5	Ap-gubi + Arae-makki (links)		s. 63, 78
	Mit dem rechten Fuß einen Schritt nach vorne in Richtung V machen		
6	Ap-gubi + Momtong-bandae-jirugi (rechts)		s. 63, 98
	Drehung um 180° in Richtung H: den rechten Fuß schräg hinten übersetzen und auf dem Ballen des linken Fußes drehen		
7	Ap-gubi + Arae-makki (rechts)		s. 63, 78
	Mit dem linken Fuß einen Schritt nach vorne in Richtung H machen		
8	Ap-gubi + Momtong-bandae-jirugi (links)		s. 63, 98
	Fortsetzung siehe nächste Seite		

Übersicht über die erste Hyong			2/2
Nr.	**Stellung und Armtechnik**	**Hinweise**	**Beschreibung**
	den linken Fuß nach links in Richtung R setzen und 90° Drehung in Richtung R		
9	Dwit-gubi + Momtong-yop-makki (links)		s. 64,83
	mit dem rechten Fuß einen Schritt nach vorne in Richtung R machen		
10	Ap-gubi + Momtong-bandae-jirugi (rechts)		s. 63,98
	Drehung um 180° in Richtung L: den rechten Fuß nach hinten auf die Linie L-R setzen und auf dem Ballen des linken Fußes drehen		
11	Dwit-gubi + Momtong-yop-makki (rechts)		s. 64,83
	mit dem linken Fuß einen Schritt nach vorne in Richtung L machen		
12	Ap-gubi + Momtong-bandae-jirugi (rechts)		s. 63,98
	Den linken Fuß in Richtung H setzen und 90°-Drehung nach hinten		
13	Dwit-gubi + Momtong-yop-makki (links)		s. 64,83
	mit dem rechten Fuß einen Schritt nach vorne in Richtung H machen		
14	Ap-gubi + Momtong-bandae-jirugi (rechts)		s. 63,98
	Drehung um 180° in Richtung V: den rechten Fuß nach hinten auf die Linie L-R setzen und auf dem Ballen des linken Fußes drehen		
15	Dwit-gubi + Momtong-yop-makki (rechts)		s. 64,83
	mit dem linken Fuß einen Schritt nach vorne in Richtung V machen		
16	Ap-gubi + Momtong-bandae-jirugi (links)		s. 63,98
	mit dem rechten Fuß einen Schritt nach vorne in Richtung V machen		
17	Ap-gubi + Momtong-bandae-jirugi (rechts)		s. 63,98
	den rechten Fuß nach hinten ziehen und ohne Drehung einen Schritt rückwärts laufen		
18	Ap-gubi + Momtong-bandae-jirugi (links)		s. 63,98
	den linken Fuß nach hinten ziehen und ohne Drehung einen Schritt rückwärts laufen		
19	Ap-gubi + Momtong-bandae-jirugi (rechts)		s. 63,98
	den hinteren Fuß heranziehen		
-	Guman	entspricht Junbi	s. 60

Ende

Chon-ji-hyong
Drehung um 180° über die rechte Schulter in Richtung V
H
R1 — L1
V
Dwit-gubi-sogi
Junbi
Arae-makki
Momtong-bandae-jirugi
Momtong-bandae-jirugi
Momtong-yop-makki
Drehung 90° in Richtung L1
Drehung 180° über die rechte Schulter in Richtung R1
Momtong-yop-makki
Momtong-bandae-jirugi
Drehung um 180° über die rechte Schulter in Richtung L1
Momtong-bandae-jirugi
Arae-makki
Momtong-yop-makki
Drehung um 90° über die linke Schulter in Richtung V
Drehung um 90° über die linke Schulter in Richtung H
Momtong-bandae-jirugi
Momtong-yop-makki
Arae-makki
Momtong-bandae-jirugi
Ansicht aus Richtung H
linken Fuß heranziehen
Momtong-bandae-jirugi
Momtong-bandae-jirugi
Drehung um 90° über die linke Schulter in Richtung R1
H
R1 — L1
V
Baro
Mit linkem Fuß einen Schritt zurück machen
Momtong-bandae-jirugi
Arae-makki
Ansicht aus Richtung H
R1 — H — L1
V
H
R1 + L1
V
Momtong-bandae-jirugi
Drehung um 180° über die rechte Schulter in Richtung H
Mit rechtem Fuß einen Schritt zurück machen

Dan-gun-hyong

Die Bedeutung der Form

Diese Form wurde nach einem sehr berühmten Koreaner benannt, dem heiligen **Dan-Gun**.
Dieser soll einer Legende zufolge, das Land **Korea** im Jahre 2333 v. Chr. **gegründet haben**.

Schwierigkeiten bereiten bei der Ausführung dieser Form vor allem der Sonnal-makki und der Kumgang-makki. Letzterer muss vor allem aus der 270° Drehung einige Zeit geübt werden, bis er flüssig und hart gelaufen werden kann.

Übersicht über die zweite Hyong			1/2
Nr.	Stellung und Armtechnik	Hinweise	Beschreibung
	den linken Fuß zur Seite setzen		
0	Junbi		S. 60
	den linken Fuß nach links auf die Linie L-R setzen und 90° Drehung in Richtung L		
1	Dwit-gubi + Momtong-sonnal-makki		S. 64,91
	Mit dem rechten Fuß einen Schritt nach vorne in Richtung L machen		
2	Ap-gubi + Olgul-bandae-jirugi (rechts)		S. 63,98
	Drehung um 180° in Richtung R: den rechten Fuß nach hinten auf die Linie L-R setzen und auf dem Ballen des linken Fußes drehen		
3	Dwit-gubi + Momtong-sonnal-makki		S. 64,91
	Mit dem linken Fuß einen Schritt nach vorne in Richtung R machen		
4	Ap-gubi + Olgul-bandae-jirugi (links)		S. 63,98
	den linken Fuß schräg nach links in Richtung V setzen und 90° Drehung in Richtung V		
5	Ap-gubi + Arae-makki (links)		S. 63,78
	Mit dem rechten Fuß einen Schritt nach vorne in Richtung V machen		
6	Ap-gubi + Olgul-bandae-jirugi (rechts)		S. 63,98
	Mit dem linken Fuß einen Schritt nach vorne in Richtung V machen		
7	Ap-gubi + Olgul-bandae-jirugi (links)		S. 63,98
	Mit dem rechten Fuß einen Schritt nach vorne in Richtung V machen		
8	Ap-gubi + Olgul-bandae-jirugi (rechts)		S. 63,98

Fortsetzung siehe nächste Seite

Übersicht über die zweite Hyong — 2/2

Nr.	Stellung und Armtechnik	Hinweise	Beschreibung
	den linken Fuß hinten übersetzen auf die Linie L-R, dann 270°-Drehung in Richtung R_2		
9	Dwit-gubi + Momtong-kumgang-makki (rechts Olgul-makki, links Momtong-bakkat-makki)		S. 64,81,89
	mit dem rechten Fuß einen Schritt nach vorne in Richtung R_2 machen		
10	Ap-gubi + Olgul-bandae-jirugi (rechts)		S. 63,98
	Drehung um 180° in Richtung L_2: den rechten Fuß nach hinten auf die Linie L-R setzen und auf dem Ballen des linken Fußes drehen		
11	Dwit-gubi +Momtong-kumgang-makki (links Olgul-makki, rechts Momtong-bakkat-makki)		S. 64,81,89
	mit dem linken Fuß einen Schritt nach vorne in Richtung L_2 machen		
12	Ap-gubi + Olgul-bandae-jirugi (links)		S. 63,98
	Den linken Fuß in Richtung H setzen und 90°-Drehung nach links in Richtung H		
13	Ap-gubi + Arae-makki (links)		S. 63,78
	unverändert		
14	Ap-gubi + Olgul-makki (links)		S. 63,89
	mit dem rechten Fuß einen Schritt nach vorne in Richtung H machen		
15	Ap-gubi + Olgul-makki (rechts)		S. 63,89
	mit dem linken Fuß einen Schritt nach vorne in Richtung H machen		
16	Ap-gubi + Olgul-makki (links)		S. 63,89
	mit dem rechten Fuß einen Schritt nach vorne in Richtung H machen		
17	Ap-gubi + Olgul-makki (rechts)		S. 63,89
	den linken Fuß hinter dem anderen Bein nach recht auf die Linie L-R übersetzen und Drehung um 270° in Richtung L_1		
18	Dwit-gubi + Momtong-sonnal-yop-chigi (links)		S. 64,113
	mit dem rechten Fuß in Richtung L vorgehen		
19	Ap-gubi + Olgul-bandae-jirugi (rechts)		S. 63,98
	den rechten Fuß nach hinten auf die Linie L-R setzen und 180°-Drehung in Richtung R_1		
20	Dwit-gubi + Momtong-sonnal-yop-chigi (rechts)		S. 64,113
	mit dem linken Fuß in Richtung R vorgehen		
21	Ap-gubi + Olgul-bandae-jirugi (links)		S. 63,98
	den linken Fuß heranziehen und über die linke Schulter zurückdrehen		
–	Guman	entspricht Junbi	S. 60
	Ende		

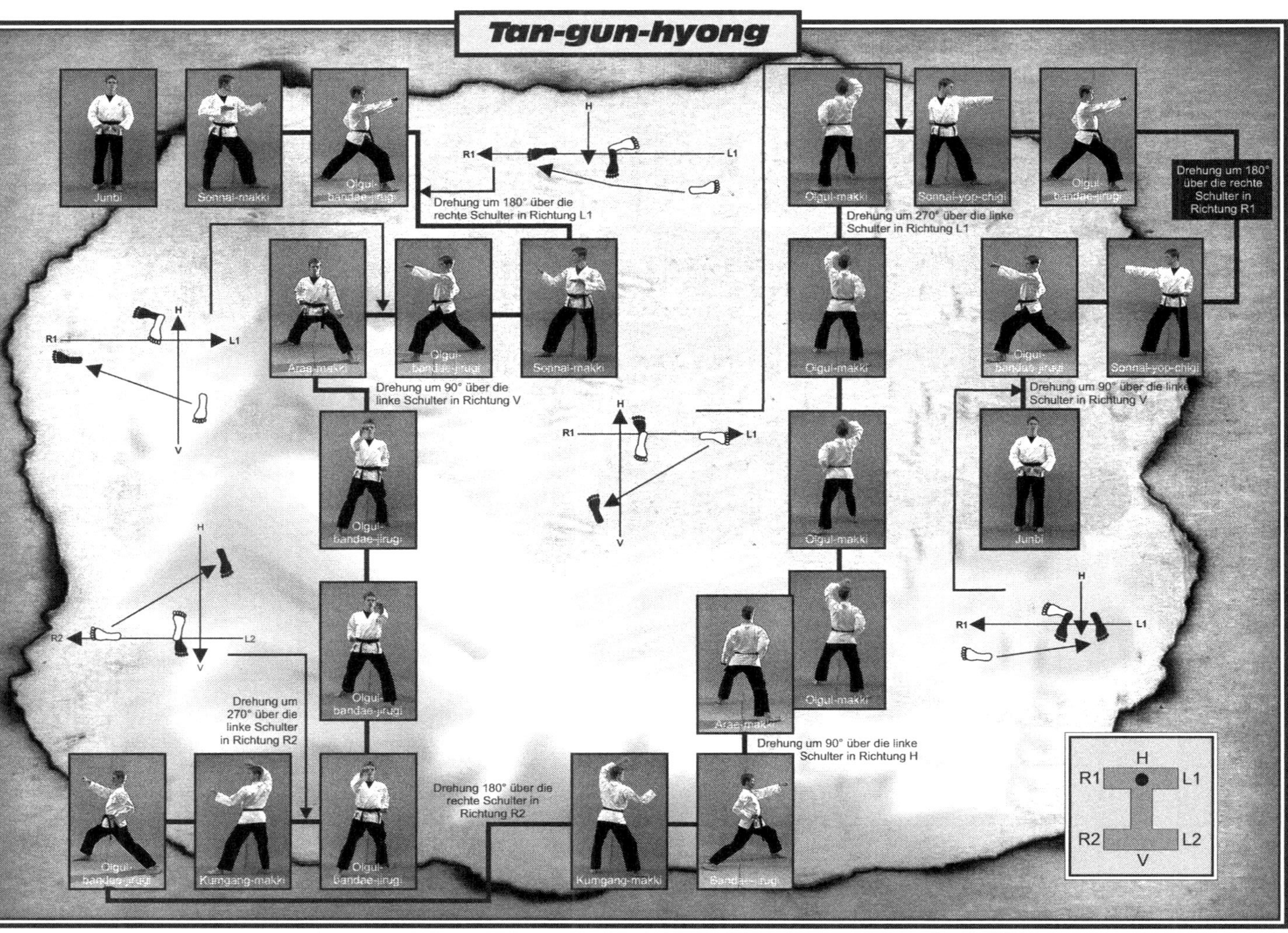

Tan-gun-hyong
Junbi
Sonnal-makki
Olgul-bandae-jirugi
Drehung um 180° über die rechte Schulter in Richtung L1
Arae-makki
Olgul-bandae-jirugi
Sonnal-makki
Drehung um 90° über die linke Schulter in Richtung V
Olgul-bandae-jirugi
Olgul-bandae-jirugi
Drehung um 270° über die linke Schulter in Richtung R2
Olgul-bandae-jirugi
Kumgang-makki
Olgul-bandae-jirugi
Drehung 180° über die rechte Schulter in Richtung R2
Kumgang-makki
Bandae-jirugi
Drehung um 90° über die linke Schulter in Richtung H
Arae-makki
Olgul-makki
Olgul-makki
Olgul-makki
Olgul-makki
Sonnal-yop-chigi
Olgul-bandae-jirugi
Drehung um 270° über die linke Schulter in Richtung L1
Drehung um 180° über die rechte Schulter in Richtung R1
Olgul-bandae-jirugi
Sonnal-yop-chigi
Drehung um 90° über die linke Schulter in Richtung V
Junbi
R1
L1
H
V
R2
L2

Do-san-hyong

Die Bedeutung der Form

"Do-san" ist das Pseudonym des koreanischen **Patrioten Ahn Chang-Ho**.
Dieser lebte von 1876 bis 1938, und widmete sein gesamtes Leben und seine ganze Kraft der Bildungsförderung und der Unabhängigkeitsbewegung.
Bei der Ausführung ist vor allem der Mittelteil mit seinen vielen Drehungen sehr schwierig.

Übersicht über die dritte Hyong			1/2
Nr.	**Stellung und Armtechnik**	**Hinweise**	**Beschreibung**
	den linken Fuß zur Seite setzen		
0	Junbi		S. 60
	den linken Fuß nach links auf die Linie L-R setzen und 90° Drehung in Richtung L		
1	Ap-gubi + Olgul-bakkat-makki (links)		S. 63,81
	unverändert		
2	Ap-gubi + Momtong-baro-jirugi (rechts)		S. 63,98
	Drehung um 180° <u>auf der Stelle</u>: zunächst wird der linke Fuß herangezogen und dann der rechte Fuß zur Seite in Richtung R_1 gestellt		
3	Ap-gubi + Olgul-bakkat-makki (rechts)		S. 63,81
	Mit dem linken Fuß einen Schritt nach vorne in Richtung R machen		
4	Ap-gubi + Momtong-baro-jirugi (links)		S. 63,98
	den linken Fuß in Richtung V setzen und 90° Drehung in Richtung V		
5	Dwit-gubi + Sonnal-makki		S. 64,91
	Mit dem rechten Fuß einen Schritt nach vorne in Richtung V machen		
6	Ap-gubi + Momton-pyonsonkut-chirugi (rechts)		S. 63,104
	Den linken Fuß nach innen auf die Linie V-H stellen (Junbi-Sogi) und den rechten Arm nach innen drehen - dann den Körper <u>ganz</u> um die eigene Achse drehen (nach links)		
7	Ap-gubi + Olgul-dungjumok-bakkat-chigi (links)		S. 63,110
	Mit dem rechten Fuß einen Schritt nach vorne in Richtung V machen		
8	Ap-gubi + Olgul-dungjumok-bakkat-chigi (rechts)		S. 63,110
	Fortsetzung siehe nächste Seite		

Nr.	Stellung und Armtechnik	Hinweise	Beschreibung
	Übersicht über die dritte Hyong		2/2
	den linken Fuß hinten übersetzen auf die Linie L-R, dann 270°-Drehung in Richtung R_2		
9	Ap-gubi + Olgul-bakkat-makki (links)		S. 63,81
	unverändert		
10	Ap-gubi + Momtong-baro-jirugi (rechts)		S. 63,98
	Drehung um 180° <u>auf der Stelle</u>: zunächst wird der linke Fuß herangezogen und dann der rechte Fuß zur Seite in Richtung R_2 gestellt		
11	Ap-gubi + Olgul-bakkat-makki (rechts)		S. 63,81
	unverändert		
12	Ap-gubi + Momtong-baro-jirugi (links)		S. 63,98
	den linken Fuß in Richtung HR setzen und den Körper auf dem rechten Fuß drehen		
13	Ap-gubi + Olgul-hechyo-makki		S. 63,94
	mit dem <u>rechten Fuß</u> in Richtung HR **Ap-chagi** treten und vorne absetzen		
14	Ap-gubi + Momtong-dubon-jirugi (rechts - links)		S. 63,98,120
	den rechten Fuß in Richtung HL setzen und den Körper auf dem linken Fuß drehen		
15	Ap-gubi + Olgul-hechyo-makki		S. 63,94
	mit dem <u>linken Fuß</u> in Richtung HL **Ap-chagi** treten und vorne absetzen		
16	Ap-gubi + Momtong-dubon-jirugi (links - rechts)		S. 63,98,120
	den linken Fuß in Richtung H setzen und den Körper dabei drehen		
17	Ap-gubi + Olgul-makki (links)		S. 63,89
	den rechten Fuß nach vorne in Richtung H setzen		
18	Ap-gubi + Olgul-makki (rechts)		S. 63,89
	270°-Drehung über die linke Schulter in Richtung L_1 - dazu den linken Fuß nach rechts auf die Linie L-R setzen und den Körper auf dem rechten Fuß drehen		
19	Juchum-sogi + Momtong-sonnal-yop-chigi (links)		S. 60,113
	den linken Fuß heranziehen und den rechten Fuß in Richtung R_1 setzen		
20	Juchum-sogi + Momtong-sonnal-yop-chigi (rechts)		S. 60,113
	den rechten Fuß heranziehen		
-	Guman	entspricht Junbi	S. 60
	Ende		

To-san-hyong
Den linken Fuß zum rechten heranziehen, dann den rechten Fuß in Richtung R1 absetzen
Den rechten Fuß heranziehen
Junbi
Olgui-bakkat-makki
Momtong-baro-jirugi
Drehung um 90° über die linke Schulter in Richtung L1
Junbi
Momtong-sonnal-yop-chigi
Olgui-makki
Momtong-sonnal-yop-chigi
Drehung um 270° über die linke Schulter in Richtung L1
Ansicht von R1 aus
Sonnal-makki
Momtong-baro-jirugi
Olgul-bakkat-makki
Drehung um 180° über die rechte Schulter in Richtung R1
Drehung um 90° über die linke Schulter in Richtung V
Olgui-makki
Drehung um 45° über die linke Schulter in Richtung H
H
HR
HL
V
Pyonsonkut-chirugi
Oberkörper weit eindrehen
R1
H
L1
Drehung um 90° über die rechte Schulter in Richtung HL
Gegenansicht
Olgui-hechyo-makki
Momtong-ap-chagi
Dubon-jirugi (links)
Dubon-jirugi (rechts)
Drehung um 360° über die linke Schulter
R1
H
L1
Dung-jumok-bakkat-chigi
Drehung um 270° über die linke Schulter in Richtung R2
Dubon-jirugi (links)
Dubon-jirugi (rechts)
Momtong-ap-chagi
Olgui-hechyo-makki
Gegenansicht
Momtong-baro-jirugi
Olgui-bakkat-makki
Dung-jumok-bakkat-chigi
Olgul-bakkat-makki
Momtong-baro-jirugi
Drehung um 135° über die linke Schulter in Richtung HR
Drehung um 180° über die rechte Schulter in Richtung L2
R1
HR
R2
H
L1
HL
L2
V

Won-hyo-hyong

Die Bedeutung der Form

"Won-hyo" war der Name eines sehr bekannten **Mönches**.
Dieser **brachte** der Silla-Dynastie im Jahre 686 n. Chr. den **Buddhismus**.

Besonders schwierig bei dieser Form sind die erstmals auftauchenden seitlichen Fußtechniken. Aber auch im Bereich der Armtechniken kommen einige neue Bewegungen dazu, so dass diese Form als relativ schwierig zu werten ist.

Übersicht über die vierte Hyong		1/2
Nr.	**Stellung und Armtechnik** — **Hinweise**	**Beschreibung**
	den linken Fuß zur Seite setzen	
0	Bo-jumok-junbi-sogi — Fäuste in Kopfhöhe	S. 60
	den linken Fuß nach links auf die Linie L-R setzen und 90° Drehung in Richtung L	
1	Dwit-gubi + Momtong-kumgang-makki (rechts Olgul-makki, links Momtong-bakkat-makki)	S. 64,81,89
	unverändert	
2	Dwit-gubi + Sonnal-mokchigi (rechts) (linke Faust dabei zur rechten Schulter ziehen)	S. 64,112
	unverändert	
3	Dwit-gubi + Momtong-bandae-jirugi (links)	S. 64,98
	den linken Fuß zum rechten heranziehen und den rechten Fuß in Richtung R₁ setzen	
4	Dwit-gubi + Momtong-kumgang-makki (links Olgul-makki, rechts Momtong-bakkat-makki)	S. 64,81,89
	unverändert	
5	Dwit-gubi + Sonnal-mokchigi (links) (rechte Faust dabei zur linken Schulter ziehen)	S. 64,112
	unverändert	
6	Dwit-gubi + Momtong-bandae-jirugi (rechts)	S. 64,98
	den rechten Fuß heranziehen, dann **Yop-chagi** (links) in Richtung V treten und vorne absetzen	
7	Dwit-gubi + Momtong-sonnal-makki	S. 64,91,131
	den rechten Fuß nach vorne in Richtung V setzen	
8	Dwit-gubi + Momtong-sonnal-makki	S. 64,91
	Fortsetzung siehe nächste Seite	

Fortsetzung siehe nächste Seite

Übersicht über die vierte Hyong			2/2
Nr.	**Stellung und Armtechnik**	**Hinweise**	**Beschreibung**
	den linken Fuß nach vorne in Richtung V setzen		
9	Dwit-gubi + Momtong-sonnal-makki		S. 64,91
	den rechten Fuß nach vorne in Richtung V setzen		
10	Ap-gubi + Momtong-pyonsonkut-chirugi (rechts)		S. 63,104
	Drehung um 270° in Richtung R_2: dazu den linken Fuß nach rechts auf die Linie L-R setzen		
11	Dwit-gubi + Momtong-kumgang-makki (rechts Olgul-makki, links Momtong-bakkat-makki)		S. 64,81,89
	unverändert		
12	Dwit-gubi + Sonnal-mokchigi (rechts - s.o.)		S. 64,112
	unverändert		
13	Dwit-gubi + Momtong-bandae-jirugi (links)		S. 64,98
	den linken Fuß heranziehen, den rechten Fuß zur Seite setzen (in Richtung L_2)		
14	Dwit-gubi + Momtong-kumgang-makki (links Olgul-makki, rechts Momtong-bakkat-makki)		S. 64,81,89
	unverändert		
15	Dwit-gubi + Sonnal-mokchigi (links - s.o.)		S. 64,112
	unverändert		
16	Dwit-gubi + Momtong-bandae-jirugi (rechts)		S. 64,98
	den rechten Fuß heranziehen, dann den linken Fuß in Richtung H setzen		
17	Ap-gubi + Momtong-anpalmok-bituro-makki (re.)		S. 63
	rechts **Ap-chagi** in Richtung H treten und vorne absetzen (den Block dabei weiter halten)		
18	Ap-gubi + Momtong-baro-jirugi (links)		S. 63,98,120
	unverändert		
19	Ap-gubi + Momtong-anpalmok-bituro-makki (li.)		S. 63
	links **Ap-chagi** in Richtung H treten und vorne absetzen (den Block dabei weiter halten)		
20	Ap-gubi + Momtong-baro-jirugi (rechts)		S. 63,98
	rechts **Yop-chagi** nach H treten und absetzen - dann um 270° linksherum nach L_1 drehen		
21	Dwit-gubi + Momtong-bakkat-goduro-makki (li.)		S. 64,85,131
	den linken Fuß heranziehen, den rechten Fuß in Richtung R_1 setzen		
22	Dwit-gubi + Momtong-bakkat-goduro-makki (re.)		S. 64,85
	den linken Fuß heranziehen und über die linke Schulter zurückdrehen		
–	Guman (mit Bo-jumok-junbi-sogi)	siehe oben	S. 60

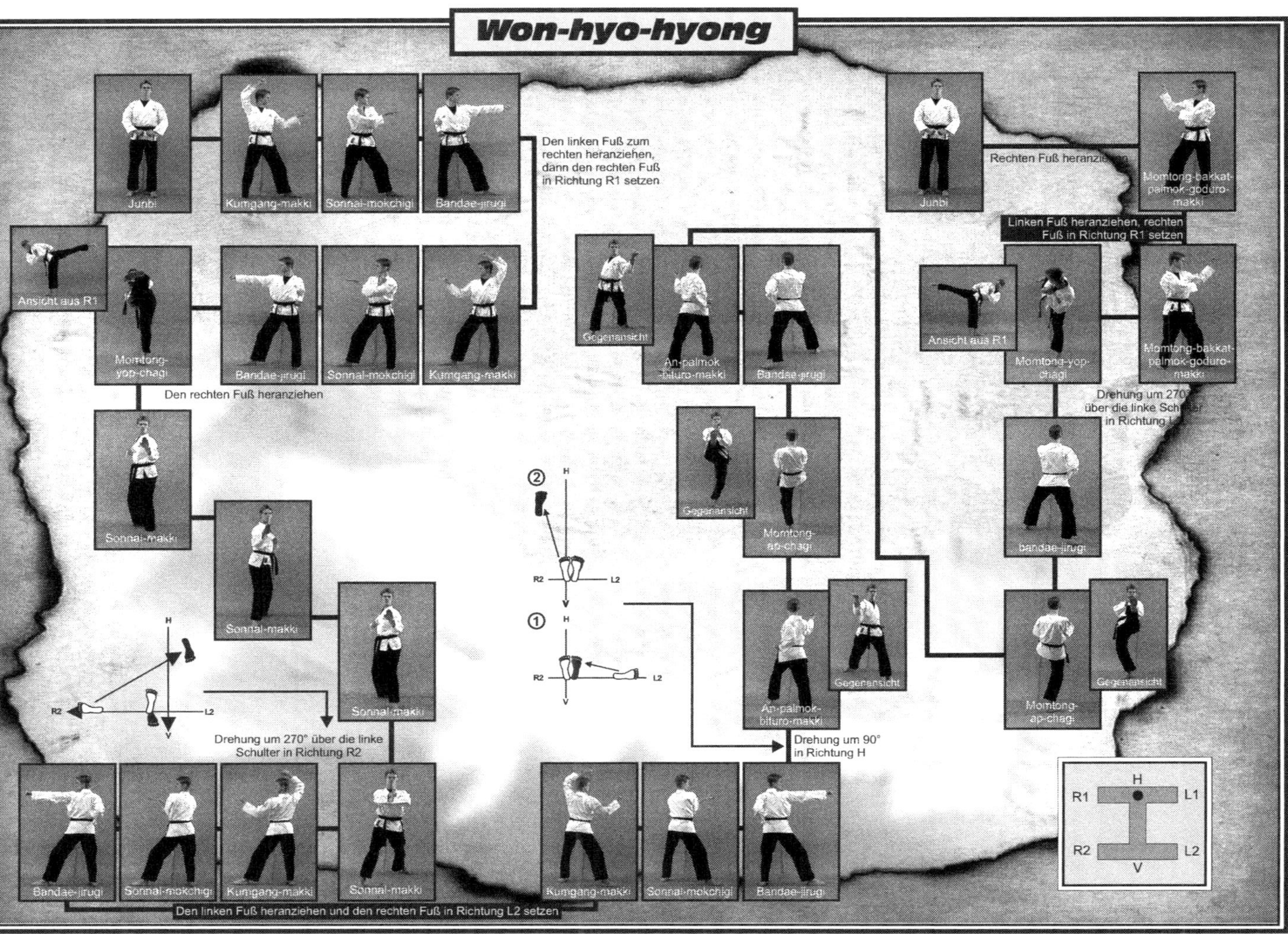

Won-hyo-hyong
Junbi
Kumgang-makki
Sonnai-mokchigi
Bandae-jirugi
Den linken Fuß zum rechten heranziehen, dann den rechten Fuß in Richtung R1 setzen
Junbi
Rechten Fuß heranziehen
Momtong-bakkat-palmok-goduro-makki
Ansicht aus R1
Momtong-yop-chagi
Bandae-jirugi
Sonnal-mokchigi
Kumgang-makki
Gegenansicht
An-palmok-bituro-makki
Bandae-jirugi
Linken Fuß heranziehen, rechten Fuß in Richtung R1 setzen
Ansicht aus R1
Momtong-yop-chagi
Momtong-bakkat-palmok-goduro-makki
Den rechten Fuß heranziehen
Sonnal-makki
Gegenansicht
Momtong-ap-chagi
Drehung um 270° über die linke Schulter in Richtung H
bandae-jirugi
H
R2
L2
V
Sonnal-makki
Sonnal-makki
H
R2
L2
V
Drehung um 270° über die linke Schulter in Richtung R2
Drehung um 90° in Richtung H
An-palmok-bituro-makki
Gegenansicht
Momtong-ap-chagi
Gegenansicht
Bandae-jirugi
Sonnal-mokchigi
Kumgang-makki
Sonnal-makki
Kumgang-makki
Sonnal-mokchigi
Bandae-jirugi
Den linken Fuß heranziehen und den rechten Fuß in Richtung L2 setzen
H
R1
L1
R2
L2
V

Yul-gok-hyong

Die Bedeutung der Form

"Yul-gok" ist das Pseudonym des großen Philosophen und Gelehrten **Yi I**, der von 1536 bis 1584 n. Chr. lebte und der den Beinamen **"koreanischer Konfuzius"** trug.

Die Anzahl der Bewegungen dieser Form (38) beziehen sich auf seinen Geburtsort auf dem 38. Breitengrad. Das schematische Symbol der Form (siehe Übersichtsplan) steht für "Gelehrter".

Übersicht über die fünfte Hyong			1/3
Nr.	Stellung und Armtechnik	Hinweise	Beschreibung
	den linken Fuß zur Seite setzen		
0	Junbi		s. 60
	den linken Fuß zur Seite setzen		
1	Juchum-sogi + Momtong-kima-chirugi (links) (langsam und kraftvoll ausführen)		s. 60
	unverändert		
2	Juchum-sogi + Momtong-dubon-jirugi (re. - li.)		s. 60,98
	den linken Fuß heranziehen und den rechten Fuß zur Seite setzen		
3	Juchum-sogi + Momtong-kima-chirugi (rechts) (langsam und kraftvoll ausführen)		s. 60
	unverändert		
4	Juchum-sogi + Momtong-dubon-jirugi (li. - re.)		s. 60,98
	den rechten Fuß in Richtung VR setzen und den Körper drehen		
5	Ap-gubi + Momtong-yop-makki (rechts)		s. 63,83
	links **Ap-chagi** treten und in Richtung VR absetzen		
6	Ap-gubi + Momtong-dubon-jirugi (links - rechts)		s. 63,98,120
	den Körper auf dem rechten Fuß in Richtung VL drehen und den linken Fuß dort absetzen		
7	Ap-gubi + Momtong-yop-makki (links)		s. 63,83
	rechts **Ap-chagi** treten und in Richtung VL absetzen		
8	Ap-gubi + Momtong-dubon-jirugi (rechts - links)		s. 63,98,120

Fortsetzung siehe nächste Seite

Übersicht über die fünfte Hyong — 2/3

Nr.	Stellung und Armtechnik	Hinweise	Beschreibung
	den rechten Fuß in Richtung V setzen und den Körper entsprechend drehen		
9	Ap-gubi + Kolchyo-makki (erst rechts, dann links)		s. 63
	unverändert		
10	Ap-gubi + Momtong-bandae-jirugi (rechts)		s. 63,98
	mit dem linken Fuß in Richtung V vorgehen		
11	Ap-gubi + Kolchyo-makki (erst links, dann rechts)		s. 63
	unverändert		
12	Ap-gubi + Momtong-bandae-jirugi (links)		s. 63,98
	mit dem rechten Fuß in Richtung V vorgehen		
13	Ap-gubi + Momtong-bandae-jirugi (rechts)		s. 63,98
	mit dem <u>linken Fuß</u> **Yop-chagi** in Richtung V treten und vorne absetzen		
14	Ap-gubi + Palkup-pyojok-chigi (rechts) (rechter Ellenbogen schlägt gegen die linke Handfläche)		s. 63,115
	auf dem linken Fuß den Körper rechtsherum drehen und mit dem <u>rechten Fuß</u> **Yop-chagi** in Richtung H treten und dort absetzen		
15	Ap-gubi + Palkup-pyojok-chigi (links) (linker Ellenbogen schlägt gegen die rechte Handfläche)		s. 63,115,131
	den linken Fuß in Richtung R_2 setzen		
16	Dwit-gubi + Momtong-sonnal-kumgang-makki (re. Olgul-sonnal-makki, li. Momtong-hansonnal-makki)		s. 64,81,89
	mit dem rechten Fuß in Richtung R_2 vorgehen		
17	Ap-gubi + Momtong-pyonsonkut-chirugi (rechts)		s. 63,104
	Drehung um 180° auf dem linken Fuß - den rechten Fuß dazu in Richtung L_2 setzen		
18	Dwit-gubi + Momtong-sonnal-kumgang-makki (li. Olgul-sonnal-makki, re. Momtong-hansonnal-makki)		s. 64,81,89
	mit dem linken Fuß in Richtung L_2 vorgehen		
19	Ap-gubi + Momtong-pyonsonkut-chirugi (links)		s. 63,104
	den Körper nach links drehen und den linken Fuß in Richtung H absetzen		
20	Ap-gubi + Olgul-bakkat-makki (links)		s. 63,81
	unverändert		
21	Ap-gubi + Momtong-baro-jirugi (rechts)		s. 63,98

Fortsetzung siehe nächste Seite

Übersicht über die fünfte Hyong			3/3
Nr.	Stellung und Armtechnik	Hinweise	Beschreibung
	mit dem rechten Fuß in Richtung H vorgehen		
22	Ap-gubi + Olgul-bakkat-makki (rechts)		s. 63,81
	unverändert		
23	Ap-gubi + Momtong-baro-jirugi (links)		s. 63,98
	links in Richtung H vorspringen		
24	Koa-sogi + Olgul-dungjumok-bakkat-chigi (links)		s. 68,110
	270° Drehung über die rechte Schulter in Richtung R_1 - dazu den rechten Fuß nach rechts setzen und den Körper entsprechend drehen		
25	Ap-gubi + Olgul-goduro-makki (rechts)		s. 63,85
	den rechten Fuß heranziehen und den linken Fuß zur Seite setzen		
26	Ap-gubi + Olgul-goduro-makki (links)		s. 63,85
	den linken Fuß heranziehen und den Körper in Richtung V drehen		
•	Guman (mit Bo-jumok-junbi-sogi)	siehe oben	s. 60
	Ende		

Besondere Bewegungen

Palkup-pyojok-chigi

Yul-gok-hyong

Joong-gun-hyong

Die Bedeutung der Form

Diese Form ist nach dem **Patrioten An Joong-Gun** benannt, der den ersten japanischen Generalgouverneur von Korea, Hiro-Bumi Ito, ermordete. Dieser spielte beim Zusammenschluss von Japan und Korea eine wichtige Rolle.

Die Anzahl der Bewegungen (32) symbolisiert das Alter Joong-Guns, bei des Hinrichtung im Gefängnis von Lui-Shung (1910).

Übersicht über die sechste Hyong			1/3
Nr.	Stellung und Armtechnik	Hinweise	Beschreibung
	den linken Fuß zur Seite setzen		
0	Arae-bo-jumok-junbi-sogi		S. 60
	Den linken Fuß in Richtung L₁ setzen und den Körper um 90° drehen		
1	Dwit-gubi + Momtong-han-sonnaldung-makki (li.)		S. 64, 93
	links **Ap-chagi** treten und auf Schrittlänge absetzen (den Block dabei halten)		
2	Dwitpal-sogi (Dwit-gubi mit dem vorderen Ballen) + Momtong-batangson-chukyo-makki (rechts)		S. 66, 120
	den rechten Fuß nach hinten setzen und auf dem linken Fuß 180° in Richtung R₁ machen		
3	Dwit-gubi + Momtong-han-sonnaldung-makki (re.)		S. 64, 93
	rechts **Ap-chagi** treten und auf Schrittlänge absetzen (den Block dabei halten)		
4	Dwitpal-sogi (Dwit-gubi mit dem vorderen Ballen) + Momtong-batangson-chukyo-makki (links)		S. 66, 120
	den linken Fuß in Richtung V setzen und den Körper nach vorne drehen		
5	Dwit-gubi + Momtong-sonnal-makki		S. 64, 91
	den linken Fuß seitlich versetzen, der rechte Fuß bleibt stehen		
6	Ap-gubi + Palkup-ollyo-chigi (rechts)		S. 63, 117
	mit dem rechten Fuß in Richtung V vorgehen		
7	Dwit-gubi + Momtong-sonnal-makki		S. 64, 91
	den rechten Fuß seitlich versetzen, der linke Fuß bleibt stehen		
8	Ap-gubi + Palkup-ollyo-chigi (links)		S. 63, 91
	Fortsetzung siehe nächste Seite		

164

Übersicht über die sechste Hyong · 2/3

Nr.	Stellung und Armtechnik	Hinweise	Beschreibung
	mit dem linken Fuß in Richtung V vorgehen		
9	Ap-gubi + Olgul-dujumok-sewo-jirugi (Doppelfauststoß gleichzeitig zum Kopf)		s. 63,103
	mit dem rechten Fuß in Richtung V vorgehen		
10	Ap-gubi + Momtong-dujumok-jechyo-jirugi		s. 63,102
	Drehung um 180°: den rechten Fuß in die Mitte setzen, drehen und den linken Fuß versetzen		
11	Ap-gubi + Olgul-otgoro-makki		s. 63,80
	90°-Drehung nach links in Richtung R_2: den linken (vorderen) Fuß zur Seite setzen		
12	Dwit-gubi + Olgul-dungjumok-bakkat-chigi (links)		s. 64,110
	den linken Fuß seitlich versetzen - dabei den linken Arm nach unten rechts ziehen und mit dem Faustrücken nach oben drehen (Befreiung aus gegnerischem Griff)		
13	Ap-gubi + Olgul-baro-jirugi (rechts)		s. 63,98
	den linken Fuß zum rechten heranziehen, dann den rechten Fuß in Richtung L_2 setzen - der Oberkörper wird dabei über die rechte Schulter um 180° gedreht		
14	Dwit-gubi + Olgul-dungjumok-bakkat-chigi (rechts)		s. 64,110
	den rechten Fuß seitlich versetzen - dabei den rechten Arm nach unten links ziehen und mit dem Faustrücken nach oben drehen (Befreiung aus gegnerischem Griff)		
15	Ap-gubi + Olgul-baro-jirugi (links)		s. 63,98
	den rechten Fuß heranziehen - dann den linken Fuß in Richtung H setzen und den Oberkörper mit in Richtung H drehen		
16	Ap-gubi + Olgul-goduro-makki (links)		s. 63,85
	den linken Fuß nach innen ziehen		
17	Dwit-gubi + Momtong-bandae-jirugi (links)		s. 64,98
	mit dem rechten Fuß **Yop-chagi** in Richtung H treten und vorne absetzen		
18	Ap-gubi + Olgul-goduro-makki (rechts)		s. 63,85,131
	den rechten Fuß nach innen ziehen		
19	Dwit-gubi + Momtong-bandae-jirugi (rechts)		s. 64,98
	mit dem linken Fuß **Yop-chagi** in Richtung H treten und vorne absetzen		
20	Dwit-gubi + Momtong-bakkat-goduro-makki (links)		s. 64,85,131
	den linken Fuß etwas zur Seite ziehen		
21	Ap-gubi + Batangson-momtong-nullo-makki (links "momtong" und rechts "nullo")		s. 63

Fortsetzung siehe nächste Seite

Übersicht über die sechste Hyong		3/3
Nr.	**Stellung und Armtechnik** · **Hinweise**	**Beschreibung**
	mit dem rechten Fuß einen Schritt nach vorne in Richtung H machen	
22	Dwit-gubi + Momtong-bakkat-goduro-makki (re.)	s. 64,85
	den rechten Fuß etwas zur Seite ziehen	
23	Ap-gubi + Batangson-momtong-nullo-makki (rechts "momtong" und links "nullo")	s. 63
	auf dem rechten Fuß den Körper über die linke Schulter in Richtung R, drehen und dabei den linken Fuß heranziehen	
24	Moa-sogi + Kun-dolchogwi (rechts) (langsam und konzentriert ausführen)	s. 58,102
	mit dem rechten Fuß einen Schritt nach vorne in Richtung R, machen	
25	Dwit-gubi + Digut-cha-makki (linke Hand oben, rechte unten; geblockt wird zwischen Daumen und Zeigefinger)	s. 64
	den rechten Fuß heranziehen und den linken Fuß in Richtung L, setzen	
26	Dwit-gubi + Digut-cha-makki (rechte Hand oben, linke unten; geblockt wird zwischen Daumen und Zeigefinger)	s. 64
	den linken Fuß heranziehen und den Körper in Richtung V drehen	
▫	Guman (mit Arae-bo-jumok-junbi-sogi)	s. 60
	Ende	

Besondere Bewegungen

Batangson-nullo-makki

Joong-gun-hyong
Arae-bo-jumok-junbi-sogi
Linken Fuß nach L1 setzen
Han-sonnal-dung-makki
Momtong-ap-chagi
Batangson-chukyo-makki
Drehung um 180° über die rechte Schulter in Richtung R1
Digut-cha-makki
Den linken Fuß heranziehen
Arae-bo-jumok-junbi-sogi
Drehung um 90° in Richtung V
Sonnal-makki
Palkup-ollyo-chigi
Batangson-chukyo-makki
Momtong-ap-chagi
Han-sonnal-dung-makki
Rechten Fuß heranziehen und den linken Fuß in Richtung L1 setzen
Digut-cha-makki
Kun-dölchogwi
Seitenansicht
R1
H
L1
V
Sonnal-makki
Palkup-ollyo-chigi
Dwitpal-sogi
R1
H
L1
V
Gegenansicht
Olgul-goduro-makki
Momtong-bandae-jirugi
Yop-chagi
Linken Fuß heranziehen und den Körper in Richtung R1 um 90° drehen
Bakkat-palmok-goduro-makki
Bakkat-palmok-goduro-makki
Gegenansicht
Drehung um 90° in Richtung H
Olgul-du-jumok-sewo-jirugi
R
H
L
V
Dung-jumok-bakkat-chigi
Olgul-baro-jirugi
Seitenansicht
Bakkat-palmok-goduro-makki
Gegenansicht
Bakkat-palmok-goduro-makki
Gegenansicht
Fuß vorne absetzen
Fuß vorne absetzen
Du-jumok-jechyo-jirugi
Drehung um 180° in Richtung L2
Olgul-baro-jirugi
Dung-jumok-bakkat-chigi
Drehung um 90° in Richtung R2
Gegenansicht
Olgul-goduro-makki
Olgul-goduro-makki
Gegenansicht
Bandae-jirugi
Yop-chagi
Drehung um 180° über die linke Schulter in Richtung H
R1
H
L1
R2
V
L2

Toi-gye-hyong

Die Bedeutung der Form

"Toi-Gye" ist der **Schriftstellername** des in Korea bekannten Gelehrten **Yi Hwang**. Dieser war im 16. Jahrhundert eine Autorität auf dem Gebiet des Neu-Konfuzianismus.

Wie bei der Yul-gok-hyong steht die Anzahl der Bewegungen (37) für den Breitengrad seines Geburtsortes und das Symbol der Form steht wieder für "Gelehrter".

	Übersicht über die siebte Hyong		1/3
Nr.	**Stellung und Armtechnik**	**Hinweise**	**Beschreibung**
	den linken Fuß zur Seite setzen		
0	Arae-bo-jumok-junbi-sogi		S. 60
	den linken Fuß in Richtung L₁ setzen und den Körper um 90° drehen		
1	Dwit-gubi + Momtong-bakkat-makki (links)		S. 64,81
	den linken Fuß etwas seitlich versetzen		
2	Ap-gubi + Arae-pyonsonkut-jechyo-chirugi (rechts) (dabei die linke Handkante zur rechten Schulter ziehen)		S. 63,105
	den linken Fuß heranziehen und den Körper wieder in Richtung V drehen		
3	Moa-sogi + Bakkat-gawi-makki: (gleichzeitig <u>rechts</u> Momtong-bakkat-makki und <u>links</u> Arae-makki)		S. 58,78,81
	den rechten Fuß in Richtung R₁ setzen und 90° Drehung nach rechts machen		
4	Dwit-gubi + Momtong-bakkat-makki (rechts)		S. 64,81
	den rechten Fuß etwas seitlich versetzen		
5	Ap-gubi + Arae-pyonsonkut-jechyo-chirugi (links) (dabei die rechte Handkante zur linken Schulter ziehen)		S. 63,105
	den rechten Fuß heranziehen und den Körper wieder in Richtung V drehen		
6	Moa-sogi + Bakkat-gawi-makki: (gleichzeitig <u>links</u> Momtong-bakkat-makki und <u>rechts</u> Arae-makki)		S. 58,78,81
	mit dem linken Fuß in Richtung V vorgehen		
7	Ap-gubi + Otgoro-arae-makki		S. 63,80
	unverändert		
8	Ap-gubi + Olgul-dujumok-sewo-jirugi (gleichzeitiger Doppelfauststoß zum Kopf)		S. 63,103

Fortsetzung siehe nächste Seite

Übersicht über die siebte Hyong		2/3
Nr.	**Stellung und Armtechnik**	**Hinweise** / **Beschreibung**
	mit dem <u>rechten Fuß</u> **Ap-chagi** treten und vorne absetzen	
9	Ap-gubi + Momtong-dubon-jirugi (rechts - links)	s. 63,98,120
	den linken Fuß heranziehen und den Körper nach links in Richtung L_2 drehen	
10	Moa-sogi + Fäuste senkrecht in die Hüfte stemmen	s. 58
	den rechten Fuß in Richtung L_2 auf die Linie L_2-R_2 setzen und dabei stark aufstampfen	
11	Juchum-sogi + Santul-makki (<u>rechts</u> Olgul-an-makki und <u>links</u> Olgul-bakkat-makki - Gesicht in Richtung L_2)	s. 60,81,87
	den linken Fuß in Richtung L_2 auf die Linie L_2-R_2 setzen und dabei stark aufstampfen	
12	Juchum-sogi + Santul-makki (<u>links</u> Olgul-an-makki und <u>rechts</u> Olgul-bakkat-makki - Gesicht in Richtung L_2)	s. 60,81,87
	den linken Fuß in Richtung R_2 auf die Linie L_2-R_2 setzen und dabei stark aufstampfen (180° Drehung)	
13	Juchum-sogi + Santul-makki (<u>links</u> Olgul-an-makki und <u>rechts</u> Olgul-bakkat-makki - Gesicht in Richtung R_2)	s. 60,81,87
	den rechten Fuß in Richtung R_2 auf die Linie L_2-R_2 setzen und dabei stark aufstampfen	
14	Juchum-sogi + Santul-makki (<u>rechts</u> Olgul-an-makki und <u>links</u> Olgul-bakkat-makki - Gesicht in Richtung R_2)	s. 60,81,87
	den linken Fuß in Richtung R_2 auf die Linie L_2-R_2 setzen und dabei stark aufstampfen	
15	Juchum-sogi + Santul-makki (siehe Bewegung 13)	s. 60,81,87
	den rechten Fuß in Richtung R_2 auf die Linie L_2-R_2 setzen und dabei stark aufstampfen	
16	Juchum-sogi + Santul-makki (siehe Bewegung 14)	s. 60,81,87
	den rechten Fuß in Richtung L_2 auf die Linie L_2-R_2 setzen und dabei stark aufstampfen	
17	Juchum-sogi + Santul-makki (<u>rechts</u> Olgul-an-makki und <u>links</u> Olgul-bakkat-makki - Gesicht in Richtung L_2)	s. 60,81,87
	den linken Fuß in Richtung L_2 auf die Linie L_2-R_2 setzen und dabei stark aufstampfen	
18	Juchum-sogi + Santul-makki (siehe Bewegung 12)	s. 60,81,87
	den rechten Fuß heranziehen, dann den linken Fuß in Richtung V setzen	
19	Dwit-gubi + Arae-goduro-makki (links)	s. 64,85
	den linken Fuß etwas zur Seite versetzen	
20	Ap-gubi + mit den Händen den gegnerischen Kopf fassen	s. 63
	<u>rechts</u> **Murup-chigi** treten und den Fuß am linken Fuß absetzen - danach den linken Fuß in Richtung H setzen, wobei der Körper über die linke Schulter gedreht wird	
21	Dwit-gubi + Momtong-sonnal-makki	s. 64,91,130

Fortsetzung siehe nächste Seite

Übersicht über die siebte Hyong		3/3
Nr.	**Stellung und Armtechnik** **Hinweise**	**Beschreibung**
	mit dem <u>linken Fuß</u> **Ap-chagi** in Richtung H treten und vorne absetzen	
22	Ap-gubi + Olgul-pyonsonkut-opo-chirugi (links)	s. 63,106,120
	mit dem rechten Fuß in Richtung H vorgehen	
23	Dwit-gubi + Momtong-sonnal-makki	s. 64,91
	mit dem <u>rechten Fuß</u> **Ap-chagi** in Richtung H treten und vorne absetzen	
24	Ap-gubi + Olgul-pyonsonkut-opo-chirugi (rechts)	s. 63,106,120
	mit dem rechten Fuß einen Schritt zurück gehen in Richtung V	
25	Dwit-gubi + Oesantul-makki (<u>rechts</u> Dungjumok-dwit-chigi und <u>links</u> Arae-makki - Gesicht in Richtung H)	s. 64,107,78
	mit dem linken Fuß Schwung holen und hochspringen, die Beine anziehen und in der Luft den Körper in Richtung R drehen - auf der Linie H-V landen	
26	Koa-sogi + Otgoro-arae-makki (in Richtung R)	s. 68,80
	den rechten Fuß in Richtung H setzen und den Körper mitdrehen	
27	Ap-gubi + Olgul-goduro-makki (rechts)	s. 63,85
	270°-Drehung nach L_1: den linken Fuß hinten übersetzen und drehen	
28	Dwit-gubi + Arae-hansonnal-makki (links)	s. 64,93
	den linken Fuß zur Seite stellen	
29	Ap-gubi + Momtong-anpalmok-bituro-makki (re.)	s. 63
	den linken Fuß heranziehen und den rechten Fuß in Richtung R_1 setzen	
30	Dwit-gubi + Arae-hansonnal-makki (rechts)	s. 64,93
	den rechten Fuß zur Seite stellen	
31	Ap-gubi + Momtong-anpalmok-bituro-makki (li.)	s. 63
	auf den Fußballen den Körper um 180° nach links drehen ohne die Fußstellung zu ändern	
32	Ap-gubi + Momtong-anpalmok-bituro-makki (re.)	s. 63
	auf den Fußballen den Körper um 180° nach rechts drehen ohne die Fußstellung zu ändern	
33	Ap-gubi + Momtong-anpalmok-bituro-makki (li.)	s. 63
	den Körper in Richtung V drehen und den rechten Fuß auf die Linie L-R setzen	
34	Juchum-sogi + Momtong-jirugi (in Richtung V)	s. 60,98
	den rechten Fuß heranziehen	
-	Guman (mit Arae-bo-jumok-junbi-sogi)	s. 60
	Ende	

Toi-gye-hyong
Den rechten Fuß heranziehen
Rechten Fuß auf die Linie L1-R1 setzen
Bakkat-palmok-gawi-makki
Pyonsonkut-jechyo-chirugi
Momtong-bakkat-makki
Arae-bo-jumok-junbi-sogi
Momtong-bakkat-makki
Pyonsonkut-jechyo-chirugi
Bakkat-palmok-gawi-makki
Olgoro-arae-makki
Den rechten Fuß in Richtung R1 setzen - Drehung um 90° über die rechte Schulter
Rechten Fuß heranziehen
An-palmok-biuro-makki
An-palmok-biuro-makki
Auf der Stelle drehen
Cigul-du-jumok-sewo-jirugi
Bewegungsfolge der Santul-makkis
R1 6 8 H 4 2 L1
7 5 V 1 3
Arae-bo-jumok-junbi-sogi
Momtong-jirugi
An-palmok-biuro-makki
Hansonnal-makki
Ap-chagi
Den linken Fuß heranziehen
Momtong-dubon-jirugi
Momtong-dubon-jirugi
Moa-sogi
Moa-sogi
Rechten Fuß in Richtung L2 setzen
Drehung um 270° über die linke Schulter nach L1
Drehung um 180° über die rechte Schulter
Rechten Fuß in Richtung L2 setzen
Santul-makki
Santul-makki
Santul-makki
Santul-makki
Santul-makki
Santul-makki
Gegenansicht
Olgul-goduro-makki
Hansonnal-makki
An-palmok-biuro-makki
Linken Fuß in Richtung R2 setzen
Den Körper über die rechte Schulter nach V drehen
Santul-makki
Santul-makki
Arae-goduro-makki
Den rechten Fuß in Richtung V zurücksetzen
Den rechten Fuß heranziehen, dann den linken Fuß in Richtung V setzen
Ap-chagi
Pyonsonkut-opo-chirugi
Gegenansicht
Pyonsonkut-opo-chirugi
Ap-chagi
Seitenansicht
Olgoro-arae-makki
Mit dem linken Bein hochspringen, die Beine hochziehen und dabei den Körper in Richtung R drehen.
Kopf greifen
Murup-chigi
Den rechten Fuß am linken absetzen, dann den Körper linksherum drehen und den linken Fuß in Richtung H setzen
Sonnal-makki
Gegenansicht
Sonnal-makki
Seitenansicht
Gensantul-makki
Gegenansicht
R1   H   L1
R2   V   L2

Hwa-rang-hyong

Die Bedeutung der Form

Die Form wurde nach der **Hwa-Rang Jugendgruppe** benannt, die vor etwa 1350 Jahren, während der Silla-Dynastie gegründet wurde. Diese Gruppe junger Ritter, war die treibende Kraft, bei den Bemühungen um die **Vereinigung der drei koreanischen Königreiche**.

Übersicht über die achte Hyong			1/3
Nr.	**Stellung und Armtechnik**	**Hinweise**	**Beschreibung**
	den linken Fuß zur Seite setzen		
0	Gyopson-junbi-sogi (Hände umfassen sich)		S. 60
	den linken Fuß zur Seite auf die Linie L-R setzen, der Körper zeigt weiter in Richtung V		
1	Juchum-sogi + Batangson-miro-makki (links)		S. 60
	unverändert		
2	Juchum-sogi + Momtong-dubon-jirugi (re. - li.)		S. 60,98
	den rechten Fuß mit der Fußspitze in Richtung R₁ drehen		
3	Dwit-gubi + Momtong-kumgang-makki (<u>links</u> Olgul-makki, <u>rechts</u> Momtong-bakkat-makki)		S. 64,81,89
	unverändert		
4	Dwit-gubi + Dungjumok-ape-chigi (links) (dabei die rechte Faust zur linken Schulter ziehen)		S. 64,107
	unverändert		
5	Dwit-gubi + Momtong-bandae-jirugi (rechts)		S. 64,98
	den rechten Fuß etwas zurückziehen		
6	Dwit-sogi + Sonnal-naeryo-chigi (rechts)		S. 64,113
	mit dem linken Fuß einen Schritt nach vorne in Richtung R₁ machen		
7	Ap-gubi + Momtong-bandae-jirugi (links)		S. 63,98
	den linken Fuß schräg nach links hinten setzen, und 90° Drehung in Richtung V		
8	Ap-gubi + Arae-makki (links)		S. 63,78
	Fortsetzung siehe nächste Seite		

Übersicht über die achte Hyong — 2/3

Nr.	Stellung und Armtechnik	Hinweise	Beschreibung
	mit dem rechten Fuß in Richtung V vorgehen		
9	Ap-gubi + Momtong-bandae-jirugi (rechts)		S. 63,98
	den linken Fuß eine halbe Schrittlänge nach vorne ziehen und dabei die rechte Faust mit der linken Hand umfassen - danach **Yop-chagi** (rechts) in Richtung V treten, wobei beide Hände an die Hüfte nach hinten gerissen werden - den Kick vorne absetzen		
10	Dwit-gubi + Momtong-sonnal-bakkat-chigi (re.)		S. 64,112,131
	mit dem linken Fuß in Richtung V vorgehen		
11	Ap-gubi + Momtong-bandae-jirugi (links)		S. 63,98
	mit dem rechten Fuß in Richtung V vorgehen		
12	Ap-gubi + Momtong-bandae-jirugi (rechts)		S. 63,98
	den linken Fuß in Richtung R_2 setzen und den Körper linksherum drehen (270° Drehung)		
13	Dwit-gubi + Momtong-sonnal-makki		S. 64,91
	mit dem rechten Fuß in Richtung R_2 vorgehen		
14	Ap-gubi + Momtong-pyonsonkut-chirugi (rechts)		S. 63,104
	den rechten (vorderen) Fuß nach innen auf die Linie L-R setzen, und den Körper in Richtung L_2 drehen		
15	Dwit-gubi + Momtong-sonnal-makki		S. 64,91
	erst mit dem <u>rechten Bein</u> **Olgul-dollyo-chagi** in Richtung L_2 treten, das Bein in Schrittweite absetzen und dann mit <u>links</u> **Olgul-dollyo-chagi** in Richtung L_2 treten und das Bein ebenfalls vorne absetzen		
16	Dwit-gubi + Momtong-sonnal-makki		S. 64,91,135
	den linken Fuß in Richtung H setzen, und den Körper nach links drehen		
17	Ap-gubi + Arae-makki (links)		S. 63,78
	den linken Fuß nach innen auf die Linie H-V setzen		
18	Dwit-gubi + Momtong-baro-jirugi (rechts)		S. 64,98
	mit dem rechten Fuß in Richtung H vorgehen		
19	Dwit-gubi + Momtong-baro-jirugi (links)		S. 64,98
	mit dem linken Fuß in Richtung H vorgehen		
20	Dwit-gubi + Momtong-baro-jirugi (rechts)		S. 64,98
	den linken Fuß etwas zur Seite setzen		
21	Ap-gubi + Otgoro-arae-makki		S. 63,80

Fortsetzung siehe nächste Seite

Übersicht über die achte Hyong			3/3
Nr.	**Stellung und Armtechnik**	**Hinweise**	**Beschreibung**
	mit dem rechten Fuß in Richtung H vorgehen und dann Körperdrehung in Richtung V		
22	Dwit-gubi + Palkup-dwit-chigi (rechts in Richtung H)	s. 64,116	
	den linken Fuß neben den rechten setzen und den Körper linksherum in Richtung L₁ drehen		
23	Moa-sogi + Gawi-makki (2mal) [erst rechts Momtong-yop-makki und links Arae-makki, dann links Momtong-yop-makki und rechts Arae-makki]	s. 58,78,83	
	mit dem linken Fuß in Richtung L₁ vorgehen		
24	Dwit-gubi + Momtong-sonnal-makki	s. 64,91	
	den linken Fuß heranziehen, dann den rechten in Richtung R₁ setzen		
25	Dwit-gubi + Momtong-sonnal-makki	s. 64,91	
	den rechten Fuß heranziehen und das Gesicht in Richtung V drehen		
▫	Guman (Gyopson-junbi-sogi)	siehe oben	s. 60
	Ende		

Besondere Bewegungen

Gawi-makki

Hwa-rang-hyong

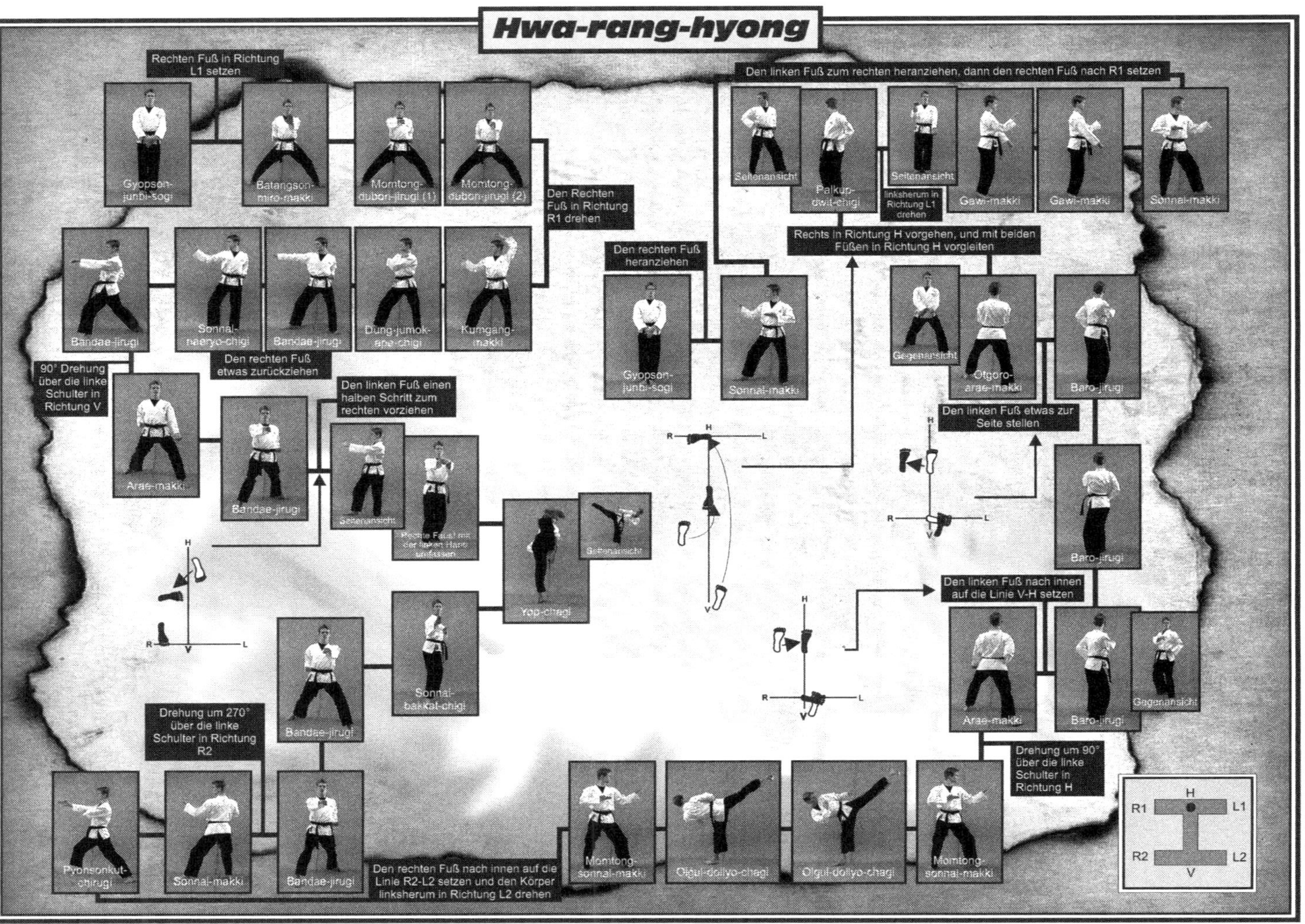

Choong-moo-hyong

Die Bedeutung der Form

"Choong-Moo" war der Name des berühmten **Admirals Yi Sun-Sin** aus der Yi-Dynastie.

Er hat im Jahre 1592 n. Chr. das **erste gepanzerte Schlachtschiff**, den Vorläufer unseres heutigen Unterseebootes **erfunden**.

Die Form endet mit einer Angriffsbewegung der linken Hand, was seinen bedauerlichen, viel zu frühen Tod symbolisieren soll.

Diese Form dient zum Erwerb des 1.Dans und damit des ersten Meistergrades.

	Übersicht über die neunte Hyong		1/3
Nr.	Stellung und Armtechnik	Hinweise	Beschreibung
	den linken Fuß zur Seite setzen		
0	Junbi		s. 60
	den linken Fuß in Richtung L₁ setzen und den Körper drehen		
1	Dwit-gubi + Momtong-sonnal-kumgang-makki (rechts Sonnal-olgul-makki, links Momtong-han-sonnal-makki)		s. 64,89,93
	mit dem rechten Fuß einen Schritt nach vorne in Richtung L₁ machen		
2	Ap-gubi + Jebipum-sonnal-mokchigi (rechts Sonnal-olgul-makki, links Sonnal-mokchigi)		s. 63,89,112
	180° Drehung in Richtung R₁ - dazu den rechten Fuß hinten auf die Linie L-R setzen		
3	Dwit-gubi + Momtong-sonnal-makki		s. 64,91
	mit dem linken Fuß einen Schritt nach vorne in Richtung R machen		
4	Ap-gubi + Olgul-pyonsonkut-opo-chirugi (links)		s. 63,106
	den linken Fuß in Richtung V setzen und den Körper um 90° nach links drehen		
5	Dwit-gubi + Momtong-sonnal-makki		s. 64,91
	den Kopf in Richtung H drehen, dann aus dieser Position direkt **Yop-chagi** (rechts) in Richtung H treten und den Fuß wieder an derselben Stelle absetzen		
6	Dwit-gubi + Momtong-sonnal-makki		s. 64,91,131
	mit dem rechten Fuß einen Schritt nach vorne machen, dann das linke Knie hochreißen, und im Sprung einen **Twio-yop-chagi** (rechts) treten - beim Landen den rechten Fuß nach vorne stellen		
7	Dwit-gubi + Momtong-sonnal-makki		s. 64,91,131
	Fortsetzung siehe nächste Seite		

Übersicht über die neunte Hyong		2/3
Nr.	**Stellung und Armtechnik**	**Hinweise**	**Beschreibung**

Nr.	Stellung und Armtechnik	Beschreibung
	270° Drehung über die linke Schulter und den linken Fuß in Richtung R_2 setzen	
8	Dwit-gubi + Arae-makki (links)	s. 64,78
	den linken Fuß etwas zur Seite versetzen	
9	Ap-gubi + mit den Händen zum gegnerischen Kopf greifen	s. 63
	rechts **Murup-chigi** treten und den Fuß am linken Fuß absetzen - dann den linken Fuß in Richtung L_2 setzen und den Körper linksherum drehen	
10	Ap-gubi + Olgul-sonnal-opo-chirugi (rechts)	s. 63,130,106
	mit dem rechten Fuß **Olgul-dollyo-chagi** in Richtung L_2 treten und am linken Bein wieder absetzen - danach sofort weiter linksherum drehen und **Momtong-momdollyo-dwit-chagi** mit dem linken Bein in Richtung L_2 schlagen dort absetzen und den Körper nach R drehen	
11	Dwit-gubi + Momtong-bakkat-goduro-makki (re.)	s. 64,85,135
	links **Momtong-dollyo-chagi** in Richtung R_2 kicken und am rechten Fuß absetzen - dann den rechten Fuß in Richtung H setzen und 90° Drehung nach rechts machen	
12	Dwit-gubi + Digut-cha-makki (rechte Hand unten und linke Hand oben)	s. 64
	mit beiden Füßen linksherum abspringen, und den Körper im Sprung um 360° drehen	
13	Dwit-gubi + Momtong-sonnal-makki	s. 64,91
	mit dem linken Fuß einen Schritt in Richtung H vorgehen	
14	Ap-gubi + Arae-pyonsonkut-jechyo-chirugi (rechts) (linke Handkante zur rechten Schulter ziehen)	s. 63,105
	den linken Fuß nach innen ziehen auf die Linie H-V	
15	Dwit-gubi + Oesantul-makki (links Arae-makki und rechts Olgul-dungjumok-dwit-chigi)	s. 64,78,107
	mit dem rechten Fuß einen Schritt in Richtung H vorgehen	
16	Ap-gubi + Momtong-pyonsonkut-chirugi (rechts)	s. 63,104
	den linken Fuß hinten übersetzen und 270° Drehung in Richtung L_1	
17	Ap-gubi + Olgul-goduro-makki (links)	s. 63,85
	den rechten Fuß in Richtung L_1 auf der Linie L-R absetzen, und Oberkörperdrehung nach H	
18	Juchum-sogi (nach H) + Momtong-an-makki (rechts)	s. 60,87
	unverändert	
19	Juchum-sogi + Olgul-dungjumok-yop-chigi (rechts) [Bewegungsfolge 18 und 19 schnell ausführen]	s. 60,107

Fortsetzung siehe nächste Seite

Übersicht über die neunte Hyong			3/3
Nr.	Stellung und Armtechnik	Hinweise	Beschreibung
	mit dem <u>rechten Bein</u> **Yop-chagi** in Richtung R₁ treten und in Schrittlänge absetzen - dann mit dem (hinteren) <u>linken Fuß</u> **Yop-chagi** in Richtung R₁ treten und vorne absetzen		
20	Dwit-gubi + Sonnal-otgoro-momtong-makki		s. 64,80,131
	mit dem linken Fuß in Richtung L₁ vorgehen		
21	Ap-gubi + Du-batangson-chukyo-makki		s. 63
	den linken Fuß nach innen auf die Linie L-R setzen und dabei den Körper rechtsherum in Richtung R₁ drehen - den rechten Fuß dabei etwas nach außen setzen		
22	Ap-gubi + Olgul-makki (rechts)		s. 63,89
	unverändert		
23	Ap-gubi + Momtong-baro-jirugi (links)		s. 63,98
	den rechten Fuß zum linken heranziehen und auf dem linken den Körper in Richtung V drehen		
-	Guman (wie Junbi-sogi)	siehe oben	s. 60
	Ende		

Besondere Bewegungen

Chukyo-makki

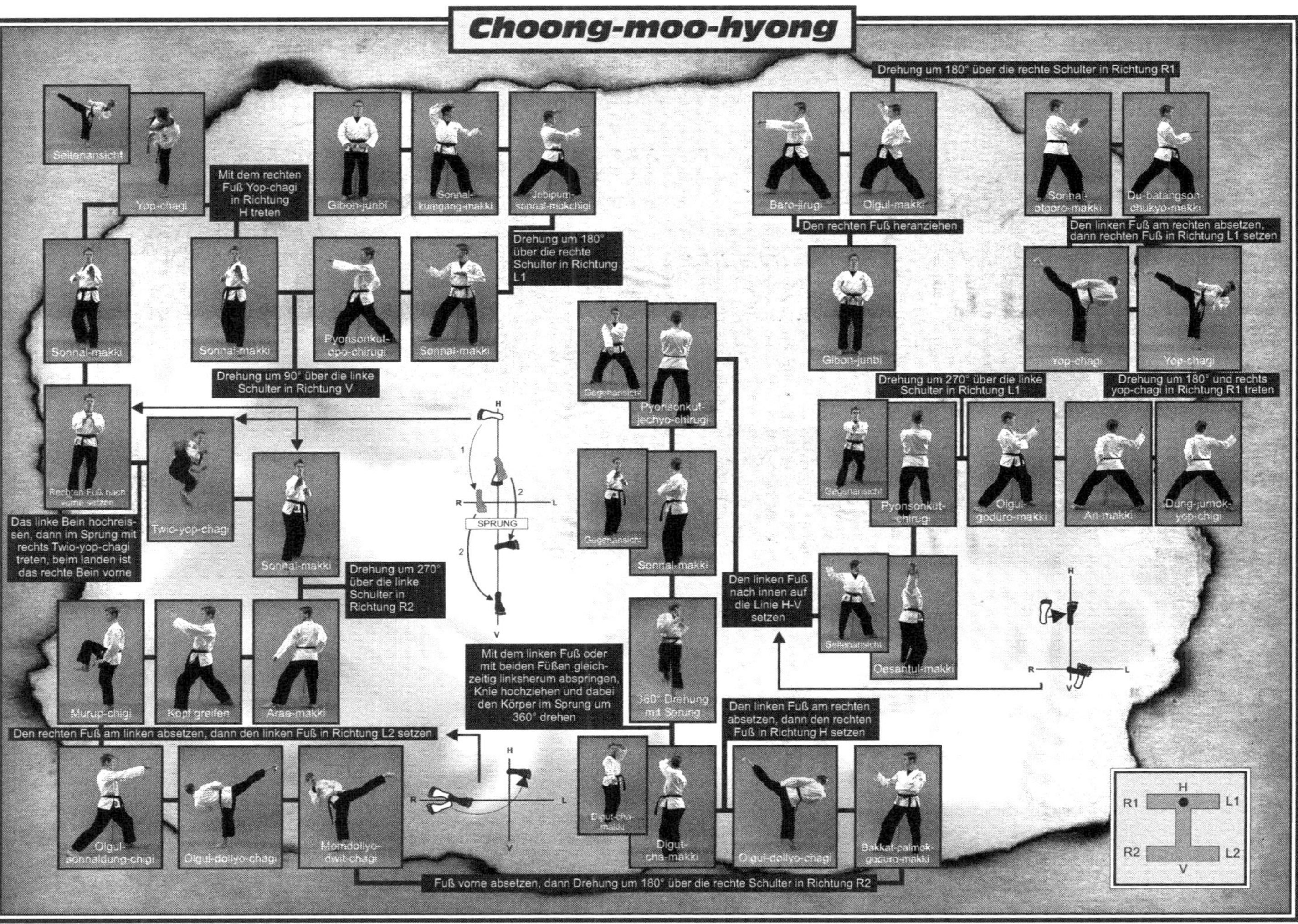

Choong-moo-hyong
Drehung um 180° über die rechte Schulter in Richtung R1
Seitenansicht
Yop-chagi
Mit dem rechten Fuß Yop-chagi in Richtung H treten
Gibon-junbi
Sonnal-kumgang-makki
Jebipum-sonnal-mokchigi
Baro-jirugi
Olgul-makki
Sonnal-otgoro-makki
Du-batangson-chukyo-makki
Den rechten Fuß heranziehen
Den linken Fuß am rechten absetzen, dann rechten Fuß in Richtung L1 setzen
Drehung um 180° über die rechte Schulter in Richtung L1
Sonnal-makki
Sonnal-makki
Pyonsonkut-opo-chirugi
Sonnal-makki
Gibon-junbi
Yop-chagi
Yop-chagi
Drehung um 90° über die linke Schulter in Richtung V
Drehung um 270° über die linke Schulter in Richtung L1
Drehung um 180° und rechts yop-chagi in Richtung R1 treten
Gegenansicht
Pyonsonkut-jechyo-chirugi
Gegenansicht
Pyonsonkut-chirugi
Olgul-goduro-makki
An-makki
Dung-jumok-yop-chigi
H
R
L
1
2
SPRUNG
2
V
Rechten Fuß nach vorne setzen
Twio-yop-chagi
Sonnal-makki
Gegenansicht
Sonnal-makki
Das linke Bein hochreissen, dann im Sprung mit rechts Twio-yop-chagi treten; beim landen ist das rechte Bein vorne
Drehung um 270° über die linke Schulter in Richtung R2
Den linken Fuß nach innen auf die Linie H-V setzen
Seitenansicht
Oesantul-makki
Murup-chigi
Kopf greifen
Arae-makki
Mit dem linken Fuß oder mit beiden Füßen gleichzeitig linksherum abspringen, Knie hochziehen und dabei den Körper im Sprung um 360° drehen
360° Drehung mit Sprung
Den linken Fuß am rechten absetzen, dann den rechten Fuß in Richtung H setzen
H
R
L
V
Den rechten Fuß am linken absetzen, dann den linken Fuß in Richtung L2 setzen
Olgul-sonnaldung-chigi
Olgul-dollyo-chagi
Momdollyo-dwit-chagi
Digut-cha-makki
Digut-cha-makki
Olgul-dollyo-chagi
Bakkat-palmok-goduro-makki
Fuß vorne absetzen, dann Drehung um 180° über die rechte Schulter in Richtung R2
R1
H
L1
R2
V
L2

Die
Taeguk-Übungsfiguren

Taeguk-il-jang

Die Bedeutung der Form

Das Symbol der ersten Übungsfigur steht für **Himmel und Licht**. Über den Himmel werden wir mit Regen und Sonnenschein versorgt, also den Grundstoffen dafür, dass alles wachsen und gedeihen kann.

Damit symbolisiert diese Form den Anfang allen Seins, die Schöpfung, und stellt so eine Paralelle dar, zum Wissensstand des Taekwondoin. Taeguk-il-jang besteht ausschließlich aus Grundtechniken, so dass sie vom Anfänger leicht verstanden werden kann.

	Übersicht über die erste Taeguk (il-jang)		1/2
Nr.	**Stellung und Armtechnik**	**Hinweise**	**Beschreibung**
	den linken Fuß zur Seite setzen		
0	Junbi		S. 60
	den linken Fuß nach links zur Seite setzen und 90° Drehung in Richtung L_1		
1	Ap-sogi + Arae-makki (links)		S. 62,78
	Mit dem rechten Fuß einen Schritt nach vorne in Richtung L_1 machen		
2	Ap-sogi + Momtong-bandae-jirugi (rechts)		S. 62,98
	Drehung um 180° in Richtung R_1: den rechten Fuß schräg hinten übersetzen und auf dem Ballen des linken Fußes drehen		
3	Ap-sogi + Arae-makki (rechts)		S. 62,78
	Mit dem linken Fuß einen Schritt nach vorne in Richtung R machen		
4	Ap-sogi + Momtong-bandae-jirugi (links)		S. 62,98
	den linken Fuß schräg nach links in Richtung V setzen und 90° Drehung in Richtung V		
5	Ap-gubi + Arae-makki (links)		S. 63,78
	unverändert		
6	Ap-gubi + Momtong-baro-jirugi (rechts)		S. 63,98
	der rechte, hintere Fuß wird etwas in Richtung R_2 gesetzt, und der Oberkörper dabei um 90° nach rechts gedreht		
7	Ap-sogi + Momtong-an-makki (links)		S. 62,87
	Mit dem linken Fuß einen Schritt nach vorne in Richtung R_2 machen		
8	Ap-sogi + Momtong-baro-jirugi (rechts)		S. 62,87
	Fortsetzung siehe nächste Seite		

Übersicht über die erste Taeguk (il-jang) 2/2		
Nr.	**Stellung und Armtechnik**	**Hinweise**	**Beschreibung**
Drehung um 180°: der linke Fuß wird schräg hinten übergesetzt, und der Körper linksherum in Richtung L_2 gedreht		
9	Ap-sogi + Momtong-an-makki (rechts)		s. 62,87
mit dem rechten Fuß einen Schritt nach vorne in Richtung L_2 machen		
10	Ap-sogi + Momtong-baro-jirugi (links)		s. 62,98
Drehung um 90° nach rechts: den rechten Fuß in Richtung V setzen und den Oberkörper dabei rechtsherum mitdrehen		
11	Ap-gubi + Arae-makki (rechts)		s. 63,78
unverändert		
12	Ap-gubi + Momtong-baro-jirugi (links)		s. 63,98
den linken Fuß in Richtung L_3 setzen und den Körper um 90° nach links drehen		
13	Ap-sogi + Olgul-makki (links)		s. 62,89
mit dem <u>rechten Fuß</u> **Ap-chagi** treten und vorne in Richtung L_3 absetzen		
14	Ap-sogi + Momtong-bandae-jirugi (rechts)		s. 62,98,120
Drehung um 180° in Richtung R_3: den rechten Fuß hinten übersetzen und den Körper über die rechte Schulter drehen		
15	Ap-sogi + Olgul-makki (rechts)		s. 62,89
mit dem <u>linken Fuß</u> **Ap-chagi** treten und vorne in Richtung R_3 absetzen		
16	Ap-sogi + Momtong-bandae-jirugi (links)		s. 62,98,120
auf dem rechten Fuß, den Körper 90° nach rechts drehen - dabei den linken Fuß einen Schritt nach vorne in Richtung H setzen		
17	Ap-gubi + Arae-makki (links)		s. 63,78
den rechten Fuß einen Schritt nach vorne in Richtung H setzen		
18	Ap-gubi + Momtong-bandae-jirugi (rechts)		s. 63,98
auf dem Ballen des rechten Fußes linksherum drehen, bis der Körper in Richtung V zeigt		
-	Guman	entspricht Junbi	s. 60
Ende		

Hinweise zur Ausführung

Bei den Bewegungen 14 und 16 sollte darauf geachtet werden, dass zwischen dem Ap-chagi und dem gleichseitigen Fauststoß die Hüfte etwas eingedreht wird, da der Jirugi sonst keine Wirkung entfalten kann.

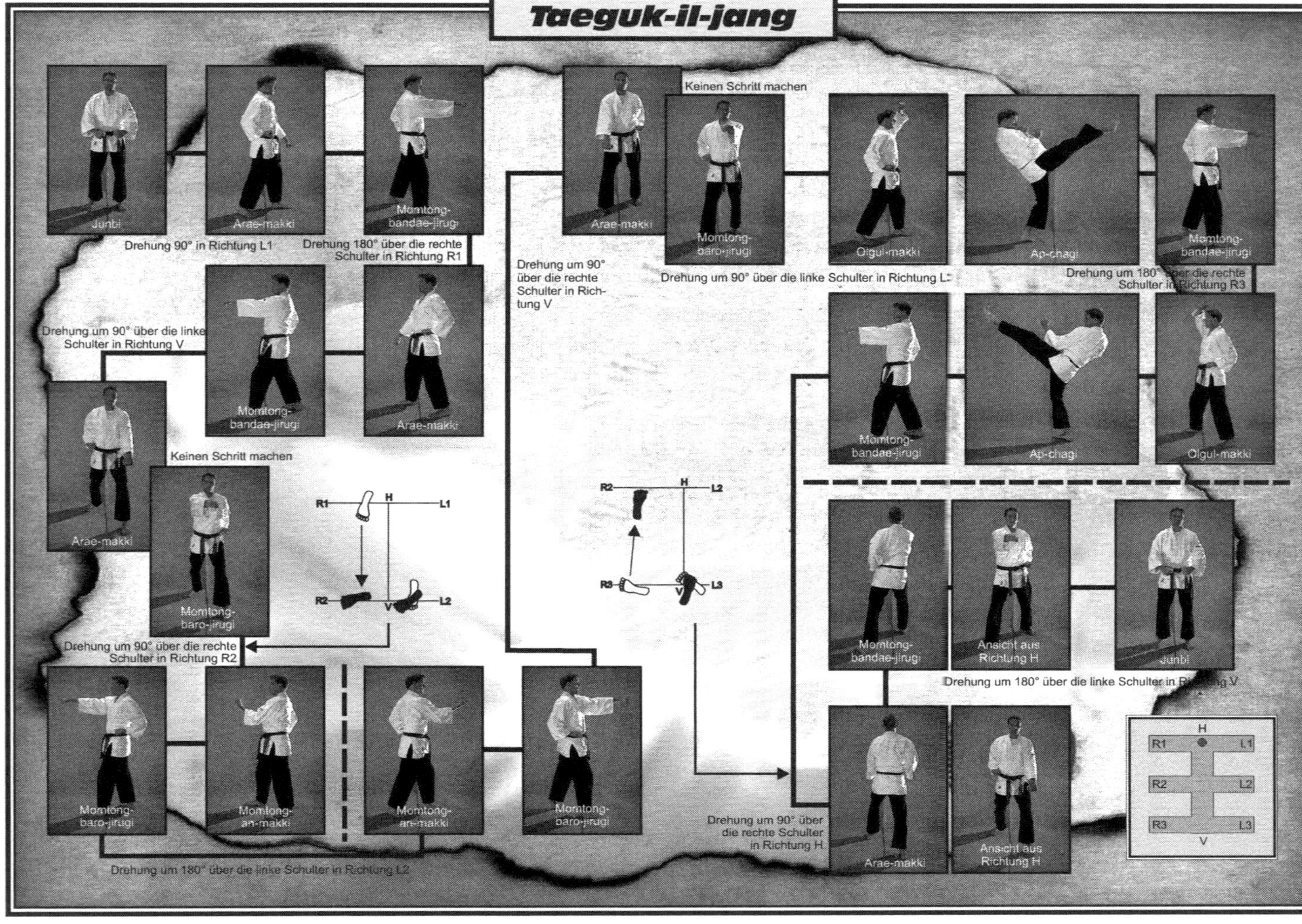

Taeguk-il-jang
Junbi
Arae-makki
Momtong-bandae-jirugi
Drehung 90° in Richtung L1
Drehung 180° über die rechte Schulter in Richtung R1
Arae-makki
Keinen Schritt machen
Momtong-baro-jirugi
Olgul-makki
Ap-chagi
Momtong-bandae-jirugi
Drehung um 90° über die rechte Schulter in Richtung V
Drehung um 90° über die linke Schulter in Richtung L3
Drehung um 180° über die rechte Schulter in Richtung R3
Drehung um 90° über die linke Schulter in Richtung V
Momtong-bandae-jirugi
Arae-makki
Momtong-bandae-jirugi
Ap-chagi
Olgul-makki
Arae-makki
Keinen Schritt machen
Momtong-baro-jirugi
Drehung um 90° über die rechte Schulter in Richtung R2
R1
H
L1
R2
V
L2
R2
H
L2
R3
V
L3
Momtong-bandae-jirugi
Ansicht aus Richtung H
Junbi
Drehung um 180° über die linke Schulter in Richtung V
Momtong-baro-jirugi
Momtong-an-makki
Momtong-an-makki
Momtong-baro-jirugi
Drehung um 180° über die linke Schulter in Richtung L2
Drehung um 90° über die rechte Schulter in Richtung H
Arae-makki
Ansicht aus Richtung H
H
R1
L1
R2
L2
R3
L3
V

Taeguk-i-jang

Die Bedeutung der Form

Das schematische Diagramm der Taeguk-i-jang symbolisiert **Fröhlichkeit und Frohsinn**.
Ein von Freude erfüllter Mensch verfügt über eine sehr stark gefestigte innere Kraft, die ihn nach außen hin ausgeglichen und ruhig erscheinen lässt.

Diese Bedeutung der Form spiegelt sich auch im Bewegungsablauf wieder, der kraftvoll aber ruhig ist.

Übersicht über die zweite Taeguk (i-jang)			1/2
Nr.	**Stellung und Armtechnik**	**Hinweise**	**Beschreibung**
	den linken Fuß zur Seite setzen		
0	Junbi		s. 60
	den linken Fuß nach links setzen und 90° Drehung in Richtung L_1		
1	Ap-sogi + Arae-makki (links)		s. 62,78
	Mit dem rechten Fuß einen Schritt nach vorne in Richtung L_1 machen		
2	Ap-gubi + Momtong-bandae-jirugi (rechts)		s. 63,98
	Drehung um 180° in Richtung R_1: den rechten Fuß hinten übersetzen und auf dem Ballen des linken Fußes rechtsherum drehen		
3	Ap-sogi + Arae-makki (rechts)		s. 62,78
	Mit dem linken Fuß einen Schritt nach vorne in Richtung R_1 machen		
4	Ap-gubi + Momtong-bandae-jirugi (links)		s. 63,98
	90° Drehung in Richtung V: dabei den linken Fuß nach links in Richtung V setzen		
5	Ap-sogi + Momtong-an-makki (rechts)		s. 62,87
	Mit dem rechten Fuß einen Schritt nach vorne in Richtung V machen		
6	Ap-sogi + Momtong-an-makki (links)		s. 62,87
	den linken Fuß in Richtung L_2 setzen, und auf dem rechten Ballen 90° nach links drehen		
7	Ap-sogi + Arae-makki (links)		s. 62,78
	mit dem <u>rechten Fuß</u> **Ap-chagi** treten und das Bein vorne in Richtung L_2 absezten		
8	Ap-gubi + Olgul-bandae-jirugi (rechts)		s. 63,98,120

Fortsetzung siehe nächste Seite

185

Übersicht über die zweite Taeguk (i-jang) — 2/2

Nr.	Stellung und Armtechnik	Hinweise	Beschreibung
	180° Drehung rechtsherum in Richtung R_2: dazu den rechten Fuß hinten übersetzen		
9	Ap-sogi + Arae-makki (rechts)		S. 62,78
	mit dem linken Fuß **Ap-chagi** treten und das Bein vorne in Richtung R_2 absetzen		
10	Ap-gubi + Olgul-bandae-jirugi (links)		S. 63,98,120
	90° Drehung nach links - dabei den linken Fuß einen Schritt nach vorne in Richtung V setzen		
11	Ap-sogi + Olgul-makki (links)		S. 63,89
	mit dem linken Fuß einen Schritt nach vorne in Richtung L_2 machen		
12	Ap-sogi + Olgul-makki (rechts)		S. 62,89
	270° Drehung linksherum in Richtung R_3: dazu zunächst den linken Fuß nach rechts überkreuzen und dann den Oberkörper linksherum mitdrehen		
13	Ap-sogi + Momtong-an-makki (rechts)		S. 62,87
	auf dem Ballen des linken Fußes um 180° nach rechts drehen und dabei den rechten Fuß in Richtung L_3 vorsetzen		
14	Ap-sogi + Momtong-an-makki (links)		S. 62,87
	den linken Fuß in Richtung H setzen und 90° Drehung nach links machen		
15	Ap-sogi + Arae-makki (links)		S. 62,78
	mit dem rechten Fuß **Ap-chagi** treten und vorne absetzen		
16	Ap-sogi + Momtong-bandae-jirugi (rechts)		S. 62,98,120
	mit dem linken Fuß **Ap-chagi** treten und vorne absetzen		
17	Ap-sogi + Momtong-bandae-jirugi (links)		S. 62,98,120
	noch einmal mit dem rechten Fuß **Ap-chagi** treten und vorne absetzen		
18	Ap-sogi + Momtong-bandae-jirugi (rechts)		S. 62,98,120
	auf dem Ballen des rechten Fußes linksherum drehen, bis der Körper in Richtung V zeigt		
-	Guman	entspricht Junbi	S. 60

Ende

Hinweise zur Ausführung

Bei den letzten drei Bewegungen dieser Form, sollte jeweils vor Ausführung des gleichseitigen Fauststoßes die Hüfte eingedreht werden, da der Fauststoß sonst keine Wirkung entfaltet.

Besonderes Augenmerk sollte hier zusätzlich auf die 270° Drehung gelegt werden.

Taeguk-i-jang
Junbi
Arae-makki
Bandae-jirugi
Drehung 90° in Richtung L1
Drehung 180° über die rechte Schulter in Richtung R1
Junbi
Momtong-bandae-jirugi
Ansicht aus Richtung H
Ap-chagi
Ansicht aus Richtung H
Drehung um 180° über die linke Schulter in Richtung V
Momtong-an-makki
Bandae-jirugi
Arae-makki
Drehung um 90° über die linke Schulter in Richtung V
H
R1
L1
R2
L2
R3
L3
V
Ap-chagi
Ansicht aus Richtung H
Momtong-bandae-jirugi
Ansicht aus Richtung H
Momtong-an-makki
Arae-makki
Ap-chagi
Olgui-bandae-jirugi
Drehung um 90° über die linke Schulter in Richtung L2
Drehung 180° über die rechte Schulter in Richtung R2
Drehung um 270° über die linke Schulter in Richtung R3
Momtong-bandae-jirugi
Ansicht aus Richtung H
Ap-chagi
Ansicht aus Richtung H
Olgul-makki
Olgul-bandae-jirugi
Ap-chagi
Arae-makki
Drehung um 90° über die linke Schulter in Richtung V
Olgul-makki
Momtong-an-makki
Momtong-an-makki
Arae-makki
Ansicht aus Richtung H
Drehung um 180° über die rechte Schulter in Richtung L3
Drehung um 90° über die linke Schulter in Richtung H

Taeguk-sam-jang

Die Bedeutung der Form

Das Diagramm der Taeguk-sam-jang symbolisiert das **Feuer**.
Ein wichtiger Schritt in der Entwicklungsgeschichte des Menschen war es, das Feuer zu zähmen. So konnte er sich das Feuer als Wärme- und Lichtquelle zunutze machen.

Der Anblick von Feuer weckt im Menschen aber auch eine Vielzahl an Emotionen wie Leidenschaft oder Furcht.
Der Bewegungsablauf dieser Form ist dementsprechend abwechslungsreich und soll diese verschiedenen Emotionen zum Ausdruck bringen.

Übersicht über die dritte Taeguk (sam-jang) 1/2

Nr.	Stellung und Armtechnik	Hinweise	Beschreibung
	den linken Fuß zur Seite setzen		
0	Junbi		S. 60
	den linken Fuß nach links zur Seite setzen und 90° Drehung in Richtung L_1		
1	Ap-sogi + Arae-makki (links)		S. 62,78
	mit dem <u>rechten Fuß</u> **Ap-chagi** treten und vorne in Richtung L_1 absetzen		
2	Ap-gubi + Momtong-dubon-jirugi (rechts - links)		S. 63,98,120
	Drehung um 180° in Richtung R_1: dazu den rechten Fuß hinten übersetzen und dabei den Körper rechtsherum drehen		
3	Ap-sogi + Arae-makki (rechts)		S. 62,78
	mit dem <u>linken Fuß</u> **Ap-chagi** treten und das Bein vorne in Richtung R_1 absetzen		
4	Ap-gubi + Momtong-dubon-jirugi (links - rechts)		S. 63,98,120
	den linken Fuß in Richtung V setzen und den Körper dabei um 90° mitdrehen		
5	Ap-sogi + Sonnal-mokchigi (rechts)		S. 62,112
	mit dem rechten Fuß einen Schritt nach vorne in Richtung V gehen		
6	Ap-sogi + Sonnal-mokchigi (links)		S. 62,112
	den linken Fuß in Richtung L_2 setzen, dabei Drehung um 90° nach links		
7	Dwit-gubi + Momtong-hansonnal-makki (links)		S. 64,93
	den linken Fuß etwas zur Seite versetzen		
8	Ap-gubi + Momtong-baro-jirugi (rechts)		S. 63,98
	Fortsetzung siehe nächste Seite		

Übersicht über die dritte Taeguk (sam-jang) 2/2

Nr.	Stellung und Armtechnik	Hinweise	Beschreibung
	den linken Fuß stehen lassen, den rechten Fuß auf die Linie L-R setzen und 180° Drehung über die rechte Schulter in Richtung R_2		
9	Dwit-gubi + Momtong-hansonnal-makki (rechts)		s. 64,93
	den rechten Fuß etwas zur Seite versetzen		
10	Ap-gubi + Momtong-baro-jirugi (links)		s. 63,98
	den linken Fuß in Richtung V setzen und 90° Drehung nach links (rechten Fuß stehen lassen)		
11	Ap-sogi + Momtong-an-makki (rechts)		s. 63,87
	mit dem rechten Fuß einen Schritt nach vorne in Richtung V gehen		
12	Ap-sogi + Momtong-an-makki (links)		s. 63,87
	270° Drehung nach links in Richtung R_3: dazu den linken Fuß hinten übersetzen		
13	Ap-sogi + Arae-makki (links)		s. 62,78
	mit dem <u>rechten Fuß</u> **Ap-chagi** treten und vorne in Richtung R_3 absetzen		
14	Ap-gubi + Momtong-dubon-jirugi (rechts - links)		s. 63,98,120
	180° Drehung nach rechts - dabei den rechten Fuß nach hinten in Richtung L_3 setzen		
15	Ap-sogi + Arae-makki (rechts)		s. 63,78
	mit dem <u>linken Fuß</u> **Ap-chagi** in Richtung L_3 treten und vorne absetzen		
16	Ap-gubi + Momtong-dubon-jirugi (links - rechts)		s. 63,98,120
	den linken Fuß in Richtung H setzen und 90° Drehung nach links machen		
17	Ap-sogi + Arae-makki (li.) + Momtong-baro-jirugi (re.) (schnell hintereinander ausführen)		s. 62,78,98
	den rechten Fuß nach vorne in Richtung H setzen		
18	Ap-sogi + Arae-makki (re.) + Momtong-baro-jirugi (li.) (schnell hintereinander ausführen)		s. 62,78,98
	mit dem <u>linken Fuß</u> **Ap-chagi** treten und das Bein vorne absetzen		
19	Ap-sogi + Arae-makki (li.) + Momtong-baro-jirugi (re.)		s. 62,78,98,120
	mit dem <u>rechten Fuß</u> **Ap-chagi** treten und das Bein vorne absetzen		
20	Ap-sogi + Arae-makki (re.) + Momtong-baro-jirugi (li.)		s. 62,78,98,120
	den Körper auf dem Ballen des rechten Fußes nach links drehen, bis er in Richtung V zeigt		
-	Guman	entspricht Junbi	s. 60
	Ende		

Taeguk-sam-jang

Junbi
Arae-makki
Ap-chagi
Bandae-jirugi
Baro-jirugi
Drehung um 90° über die linke Schulter in Richtung L1
Drehung 180° über die rechte Schulter in Richtung R1
Drehung um 180° über die linke Schulter in Richtung V
Ap-chagi
Ansicht aus Richtung H
Bandae-jirugi
Baro-jirugi
Baro
Sonnal-anchigi
Baro-jirugi
Bandae-jirugi
Ap-chagi
Arae-makki
Drehung um 90° über die linke Schulter in Richtung V
Ap-chagi
Ansicht aus Richtung H
Ansicht aus Richtung H
Ansicht aus Richtung H
R1
H
L1
V
Sonnal-anchigi
Hansonnal-makki
Baro-jirugi
Drehung um 180° über die rechter Schulter in Richtung R2
Drehung um 90° über die linke Schulter in Richtung L2
H
R2
L2
V
Arae-makki
Ansicht aus Richtung H
Ansicht aus Richtung H
Drehung um 90° über die linke Schulter in Richtung V
An-makki
Baro-jirugi
Hansonnal-makki
H
R1
R2
R3
H
L1
L2
L3
V
Arae-makki
Ansicht aus Richtung H
Ansicht aus Richtung H
H
R3
L3
V
Drehung um 270° über die rechte Schulter in Richtung R3
Baro-jirugi
Bandae-jirugi
Ap-chagi
Arae-makki
An-makki
Drehung um 180° über die rechte Schulter in Richtung L3
Arae-makki
Ap-chagi
Bandae-jirugi
Baro-jirugi
Drehung um 90° über die linke Schulter in Richtung H

Taeguk-sa-jang

Die Bedeutung der Form

Das Diagramm der vierten Taeguk symbolisiert den **Donner** und den **Blitz**.

Donner und Blitz können den Menschen Furcht einflößen, weil sie ungeheure Kraft und Macht bedeuten.

Daher besteht diese Form aus kraftvollen und zielstrebigen Bewegungen, welche Ruhe und Mut gegenüber dieser Gefahr ausdrücken sollen.

Übersicht über die vierte Taeguk (sa-jang)   1/2

Nr.	Stellung und Armtechnik	Hinweise	Beschreibung
	den linken Fuß zur Seite setzen		
0	Junbi		s. 60
	den linken Fuß nach links auf die Linie L_1-R_1 setzen und dabei 90° in Richtung L_1 drehen		
1	Dwit-gubi + Momtong-sonnal-makki		s. 64,91
	mit dem rechten Fuß einen Schritt nach vorne in Richtung L_1 gehen		
2	Ap-gubi + Momtong-pyonsonkut-chirugi (rechts)		s. 63,104
	auf dem linken Fuß um 180° drehen und dabei den rechten Fuß in Richtung R_1 setzen		
3	Dwit-gubi + Momtong-sonnal-makki		s. 64,91
	mit dem linken Fuß einen Schritt nach vorne in Richtung R_1 gehen		
4	Ap-gubi + Momtong-pyonsonkut-chirugi (links)		s. 63,104
	den Körper um 90° nach links drehen und den linken Fuß in Richtung V vorsetzen		
5	Ap-gubi + Jebipum-sonnal-mokchigi (links Olgul-sonnal-makki, rechts Sonnal-mokchigi)		s. 63,89,112
	mit dem <u>rechten Fuß</u> **Ap-chagi** treten und vorne in Richtung V absetzen		
6	Ap-gubi + Momtong-baro-jirugi (links)		s. 63,98,120
	mit dem <u>linken Fuß</u> **Yop-chagi** in Richtung V treten (ohne den rechten Fuß zu versetzen) und den linken Fuß dann vorne in Richtung V absetzen		
7	(nur Übergang zum nächsten Kick)		s. 131
	mit dem <u>rechten Fuß</u> **Yop-chagi** treten (ohne den anderen Fuß zu versetzen) und das Bein danach vorne in Richtung V absetzen		
8	Dwit-gubi + Momtong-sonnal-makki		s. 64,91,131
	Fortsetzung siehe nächste Seite		

Übersicht über die vierte Taeguk (sa-jang) 2/2

Nr.	Stellung und Armtechnik	Hinweise	Beschreibung
	270° Drehung nach links: den linken Fuß hinten übersetzen und in Richtung R_3 drehen		
9	Dwit-gubi + Momtong-bakkat-makki (links)		S. 64,81
	den linken Fuß stehen lassen, mit dem hinteren Fuß (rechts) **Ap-chagi** in Richtung R_3 treten und wieder an derselben Stelle absetzen		
10	Dwit-gubi + Momtong-an-makki (rechts)		S. 64,87,120
	den Körper auf der Stelle um 180° in Richtung L_3 drehen		
11	Dwit-gubi + Momtong-bakkat-makki (rechts)		S. 64,81
	den rechten Fuß stehen lassen, mit dem hinteren Fuß (links) **Ap-chagi** in Richtung R_3 treten und wieder an derselben Stelle absetzen		
12	Dwit-gubi + Momtong-an-makki (links)		S. 64,87,120
	den linken Fuß in Richtung H setzen und den Körper um 90° drehen		
13	Ap-gubi + Jebipum-sonnal-mokchigi (links Olgul-sonnal-makki, rechts Sonnal-mokchigi)		S. 63,89,112
	mit dem rechten Fuß **Ap-chagi** treten und ihn vorne in Richtung H absetzen		
14	Ap-gubi + Olgul-dungjumok-ape-chigi (rechts)		S. 63,107,120
	den linken Fuß zur Seite in Richtung R_2 setzen und dabei den rechten Fuß stehen lassen		
15	Ap-sogi + Momtong-an-makki (links)		S. 63,87
	unverändert		
16	Ap-sogi + Momtong-baro-jirugi (rechts)		S. 63,98
	den Körper auf der Stelle um 180° in Richtung L_2 drehen		
17	Ap-sogi + Momtong-an-makki (rechts)		S. 63,98
	unverändert		
18	Ap-sogi + Momtong-baro-jirugi (links)		S. 63,98
	90°-Drehung in Richtung H, dabei den linken Fuß in Richtung H vorsetzen		
19	Ap-gubi + Momtong-an-makki (links) + Momtong-dubon-jirugi (rechts - links)		S. 63,87,98
	mit dem rechten Fuß eine Schritt nach vorne in Richtung H gehen		
20	Ap-gubi + Momtong-an-makki (rechts) + Momtong-dubon-jirugi (links - rechts)		S. 63,98
	den Körper auf dem rechten Fuß linksherum drehen, bis er in Richtung V zeigt		
-	Guman	siehe oben	S. 60

Ende

Taeguk-sa-jang
Junbi
Sonnal-makki
Pyonsonkut-chirugi
Jebipum-mok-chigi
Pyonsonkut-chirugi
Sonnal-makki
Drehung um 90° über die linke Schulter in Richtung L1
Drehung um 90° über die linke Schulter in Richtung V
Ap-chagi
Baro-jirugi
Yop-chagi
Yop-chagi
Sonnal-makki
ap-chagi
R3
H
V
L3
Fuß wieder hinten absetzen
An-makki
Ap-chagi
Pakkat-makki
Drehung um 180° über die rechte Schulter in Richtung R3
H
R1
L1
R2
L2
R3
L3
V
Drehung um 180° über die rechte Schulter in Richtung R1
R1
H
L1
V
Baro
Drehung um 180° über die linke Schulter in Richtung V
An-makki
Ansicht aus Richtung H
Dubon-jirugi (1)
Dubon-jirugi (2)
An-makki
Ansicht aus Richtung H
Dubon-jirugi (1)
Dubon-jirugi (2)
Drehung um 180° über die rechte Schulter in Richtung L2
Drehung um 90° in Richtung H
Baro-jirugi
An-makki
An-makki
Baro-jirugi
Drehung um 90° über die linke Schulter in Richtung R2
H
R3
L3
V
Drehung um 270° über die linke Schulter in Richtung L3
H
ap-chagi
R3
V
L3
Fuß wieder hinten absetzen
Ap-chagi
Ansicht aus Richtung H
Dungjumok olgul-apchigi
Pakkat-makki
Ap-chagi
An-makki
Jebipum-mok-chigi
Ansicht aus Richtung H
Drehung um 90° über die linke Schulter in Richtung V

Taeguk-oh-jang

Die Bedeutung der Form

Die fünfte Taeguk steht unter dem Einfluss des **Windes**.

Der Wind ist in seiner Bedeutung sehr zwiespältig: einerseits kann durch Stürme verderben drohen, andererseits ist er lebensnotwendig, da er die Samen verteilt. Der Wind symbolisiert also sowohl die Kraft der Zerstörung, als auch die, des Aufbaus.

Die Bewegungen der Form geben beide Seiten des Windes wieder und verlaufen daher teils ruhig, teils stürmisch.

Übersicht über die fünfte Taeguk (oh-jang) 1/2			
Nr.	**Stellung und Armtechnik**	**Hinweise**	**Beschreibung**
	den linken Fuß zur Seite setzen		
0	Junbi		s. 60
	den linken Fuß in Richtung L₁ setzen und den Körper um 90° drehen		
1	Ap-gubi + Arae-makki (links)		s. 63,78
	den linken Fuß zum rechten heranziehen und den Körper dabei aufrichten - die linke Faust wird gleichzeitig in einem großen Kreisbogen schnell nach außen geführt		
2	Dwit-sogi + Mejumok-naeryo-chigi (links)		s. 64,108
	den Körper um 180° drehen, und den rechten Fuß in Richtung R₁ setzen		
3	Ap-gubi + Arae-makki (rechts)		s. 63,78
	den rechten Fuß zum linken heranziehen und den Körper dabei aufrichten - die rechte Faust wird gleichzeitig in einem großen Kreisbogen schnell nach außen geführt		
4	Dwit-sogi + Mejumok-naeryo-chigi (rechts)		s. 64,108
	den linken Fuß einen Schritt in Richtung V setzen, den rechten Fuß stehen lassen		
5	Ap-gubi + Momtong-an-makki (2mal: links - rechts)		s. 63,87
	mit dem rechten Fuß **Ap-chagi** treten und das Bein in Richtung V absetzen		
6	Ap-gubi + Olgul-dungjumok-ape-chigi (rechts) + Momtong-an-makki (links)		s. 63,107,87,120
	mit dem linken Fuß **Ap-chagi** treten und das Bein vorne in Richtung V absetzen		
7	Ap-gubi + Olgul-dungjumok-ape-chigi (links) + Momtong-an-makki (rechts)		s. 63,107,87,120
	Fortsetzung siehe nächste Seite		

Übersicht über die fünfte Taeguk (oh-jang) 2/2		
Nr.	**Stellung und Armtechnik**	**Hinweise** — **Beschreibung**
	mit dem rechten Fuß einen Schritt nach vorne in Richtung V gehen	
8	Ap-gubi + Olgul-dungjumok-ape-chigi (rechts)	s. 63,107
	270° Drehung nach links in Richtung R_3 - dazu den linken Fuß hinten übersetzen	
9	Dwit-gubi + Momtong-hansonnal-makki (li.)	s. 64,93
	mit dem rechten Fuß einen Schritt nach vorne in Richtung R_3 gehen	
10	Ap-gubi + Momtong-palkup-chigi (rechts)	s. 63,115
	den rechten Fuß in Richtung L_3 setzen und den Körper rechtsherum um 180° drehen	
11	Dwit-gubi + Momtong-hansonnal-makki (re.)	s. 64,93
	mit dem linken Fuß einen Schritt nach vorne in Richtung L_3 gehen	
12	Ap-gubi + Momtong-palkup-chigi (links)	s. 63,115
	den Körper um 90° nach links drehen und den linken Fuß in Richtung H setzen	
13	Ap-gubi + Arae-makki (li.) + Momtong-an-makki (re.)	s. 63,78,87
	mit dem <u>rechten Fuß</u> **Ap-chagi** treten und das Bein vorne in Richtung H absetzen	
14	Ap-gubi + Arae-makki (re.) + Momtong-an-makki (li.)	s. 63,78,87,120
	den linken Fuß in Richtung R_2 setzen und den Körper um 90° nach links drehen	
15	Ap-gubi + Olgul-makki (links)	s. 63,89
	mit dem <u>rechten Fuß</u> **Yop-chagi** in Richtung R_2 treten und das Bein vorne absetzen	
16	Ap-gubi + Momtong-palkup-pyojok-chigi (links) [der linke Ellenbogen schlägt in die rechte Handfläche]	s. 63,115
	Drehung um 180° nach rechts, wobei der rechte Fuß in Richtung L_2 gesetzt wird	
17	Ap-gubi + Olgul-makki (rechts)	s. 63,89
	mit dem <u>linken Fuß</u> **Yop-chagi** in Richtung L_2 treten und das Bein vorne absetzen	
18	Ap-gubi + Momtong-palkup-pyojok-chigi (rechts) [der rechte Ellenbogen schlägt in die linke Handfläche]	s. 63,115,131
	den Körper um 90° in Richtung H drehen und den linken Fuß in diese Richtung setzen	
19	Ap-gubi + Arae-makki (li.) + Momtong-an-makki (re.)	s. 63,78,87
	<u>rechts</u> **Ap-chagi** treten und das Bein nach einem <u>gesprungenen Schritt</u> vorne absetzen	
20	Dwit-koa-sogi + Olgul-dungjumok-ape-chigi (re.)	s. 68,107,120
	den Körper linksherum drehen, bis er in Richtung V zeigt	
-	Guman	siehe oben — s. 60
Ende		

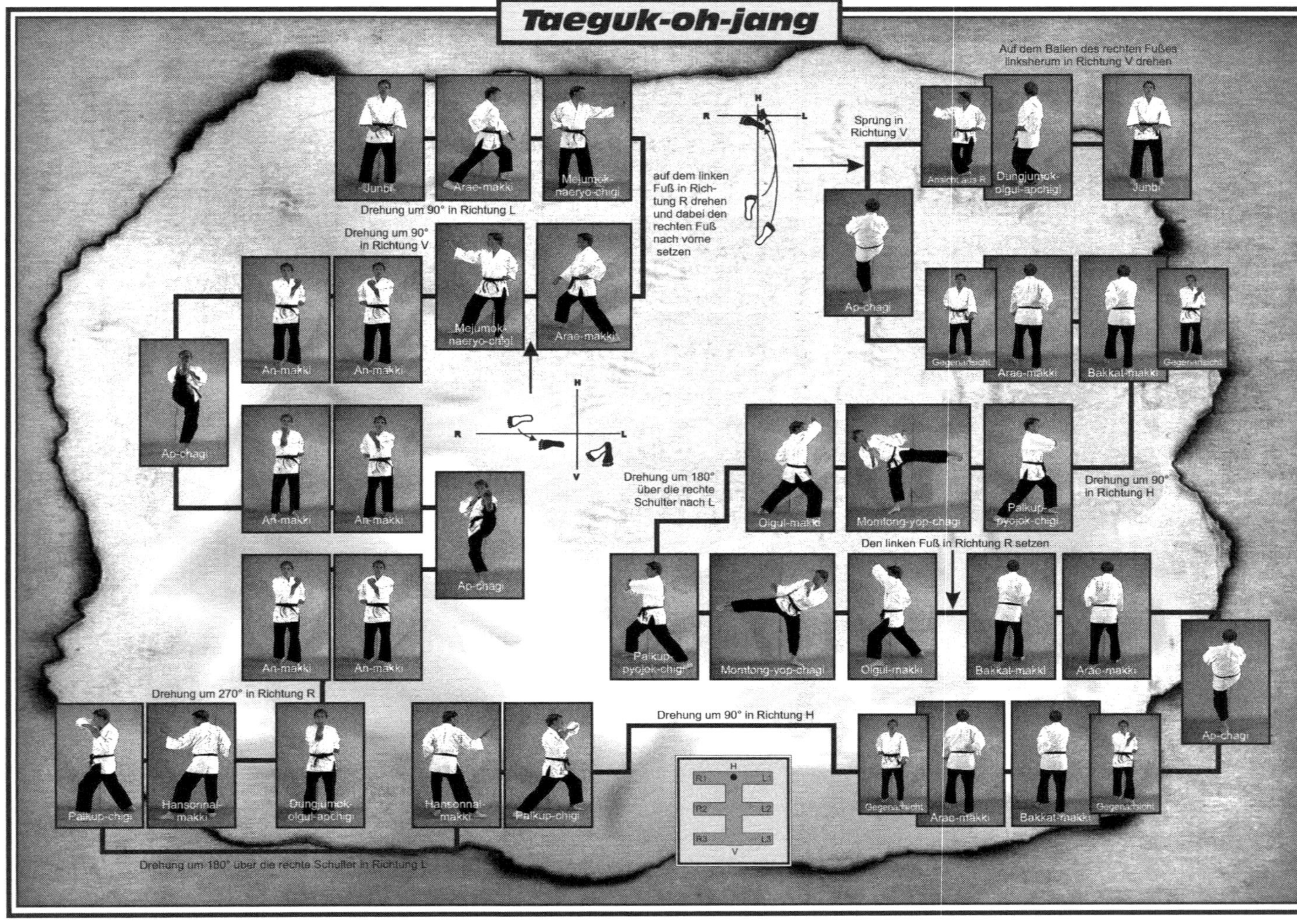

Taeguk-oh-jang
Palkup-chigi
Hansonal-makki
Duejumok-olgul-apchig
Hansonal-makki
Palkup-chigi
Drehung um 180° über die rechte Schulter in Richtung L
Drehung um 270° in Richtung R
Drehung um 180° über die rechte Schulter nach L.
Drehung um 90° in Richtung H
An-makki
An-makki
An-makki
An-makki
An-makki
An-makki
Ap-chagi
Ap-chagi
Junbi
Arae-makki
Arae-makki
Arae-makki
Mejumok-naeryo-chigi
Mejumok-naeryo-chigi
Drehung um 90° in Richtung V
Drehung um 90° in Richtung L
auf dem linken Fuß in Richtung R drehen und dabei den rechten Fuß nach vorne setzen
Palkup-dygok-chigi
Momtong-yop-chagi
Olgul-makki
Olgul-makki
Momtong-yop-chagi
Den linken Fuß in Richtung R setzen
Palkup-dygok-chigi
Bakkat-makki
Arae-makki
Drehung um 90° in Richtung H
Geuman-bom
Arae-makki
Bakkat-makki
Geuman-bom
Ap-chagi
Sprung in Richtung V
Ap-chagi
Geuman-bom
Arae-makki
Bakkat-makki
Geuman-bom
Anson-kal-R olgul-apchigi
Duejumok-olgul-apchigi
Junbi
Auf dem Ballen des rechten Fußes linksherum in Richtung V drehen

Taeguk-yuk-chang

Die Bedeutung der Form

Das Diagramm dieser Form symbolisiert das **Wasser**.

Dementsprechend fließend gehen die Bewegungen in den einzelnen Abschnitten ineinander über. Die Abschnitte selbst werden durch Fußtritte miteinander verbunden.

Diese Form soll aufzeigen, dass man Mühsal überwinden kann, wenn man mit Selbstvertrauen beständig vorwärts geht.

Übersicht über die sechste Taeguk (yuk-jang) 1/2

Nr.	Stellung und Armtechnik	Hinweise	Beschreibung
	den linken Fuß zur Seite setzen		
0	Junbi		S. 60
	Den linken Fuß in Richtung L_1 setzen und den Körper um 90° drehen		
1	Ap-gubi + Arae-makki (links)		S. 63,78
	mit dem hinteren (rechten) Fuß **Ap-chagi** treten und ihn hinten wieder absetzen		
2	Dwit-gubi + Momtong-bakkat-makki (links)		S. 64,81,120
	den Körper auf dem linken Fuß um 180° nach rechts in Richtung R_1 drehen		
3	Ap-gubi + Arae-makki (rechts)		S. 63,78
	mit dem hinteren (linken) Fuß **Ap-chagi** treten und ihn hinten wieder absetzen		
4	Dwit-gubi + Momtong-bakkat-makki (rechts)		S. 64,81,120
	den Körper um 90° in Richtung V drehen und dabei den linken Fuß in diese Richtung setzen		
5	Ap-gubi + Hansonnal-bituro-makki (rechts) (Bewegung von innen nach außen-oben gedreht)		S. 63
	mit dem rechten Fuß **Dollyo-chagi** in Richtung V treten und vorne absetzen - dann mit dem linken Fuß schnell einen Schritt in Richtung L_2 gehen		
6	Ap-gubi + Olgul-bakkat-makki (links) + Momtong-baro-jirugi (rechts)		S. 63,81,98,135
	mit dem rechten Fuß **Ap-chagi** treten und vorne in Richtung L_2 absetzen		
7	Ap-gubi + Momtong-baro-jirugi (links)		S. 63,98,120
	Drehung um 180° nach rechts, wobei der rechte Fuß in Richtung R_2 gesetzt wird		
8	Ap-gubi + Olgul-bakkat-makki (rechts) + Momtong-baro-jirugi (links)		S. 63,81,98
	Fortsetzung siehe nächste Seite		

Übersicht über die sechste Taeguk (yuk-jang) 2/2		
Nr.	**Stellung und Armtechnik**	**Hinweise**	**Beschreibung**

Nr.	Stellung und Armtechnik	Hinweise	Beschreibung
	mit dem <u>linken Fuß</u> **Ap-chagi** treten und den Fuß vorne in Richtung R_2 absetzen		
9	Ap-gubi + Momtong-baro-jirugi (rechts)		s. 63,98,120
	90° Drehung nach links, dabei den linken Fuß in Richtung V setzen		
10	Naranhi-sogi + Arae-hechyo-makki (langsam)		s. 60,94
	den rechten Fuß in Richtung V nach vorne setzen		
11	Ap-gubi + Hansonnal-bituro-makki (links) [siehe (5)]		s. 63
	mit dem <u>linken Fuß</u> **Dollyo-chagi** in Richtung V treten und vorne absetzen - dann 270° Drehung über die rechte Schulter in Richtung L_3		
12	Ap-gubi + Arae-makki (rechts)		s. 63,78,135
	mit dem hinteren (<u>linken</u>) Fuß **Ap-chagi** schlagen und das Bein wieder hinten absetzen		
13	Dwit-gubi + Momtong-bakkat-makki (rechts)		s. 64,81,120
	180° Drehung nach links in Richtung R_3		
14	Ap-gubi + Arae-makki (links)		s. 63,78
	mit dem hinteren (<u>rechten</u>) Fuß **Ap-chagi** schlagen und das Bein wieder hinten absetzen		
15	Dwit-gubi + Momtong-bakkat-makki (links)		s. 64,81,120
	90° Drehung nach links, wobei aber der rechte Fuß in Richtung H gesetzt wird		
16	Dwit-gubi + Momtong-sonnal-makki		s. 64,91
	der linke Fuß wird einen Schritt zurück (in Richtung H gesetzt), der Körper bleibt weiter in Richtung V gerichtet		
17	Dwit-gubi + Momtong-sonnal-makki		s. 64,91
	der rechte Fuß wird einen Schritt zurück (in Richtung H gesetzt), der Körper bleibt weiter in Richtung V gerichtet		
18	Ap-gubi + Batangson-momtong-(an)-makki (li.)+ Momtong-baro-jirugi (rechts)		s. 63,87,98
	der linke Fuß wird einen Schritt zurück (in Richtung H gesetzt), der Körper bleibt weiter in Richtung V gerichtet		
19	Ap-gubi + Batangson-momtong-(an)-makki (re.)+ Momtong-baro-jirugi (links)		s. 63,87,98
	der rechte Fuß wird auf Höhe des linken Fußes zurückgezogen		
-	Guman	siehe oben	s. 60

Ende

Taeguk-yuk-jang
Junbi
Arae-makki
Ap-chagi
Bakkat-makki
Drehung um 90° in Richtung L
90° Drehung in Richtung V und den linken Fuß vorsetzen
Bakkat-makki
Ap-chagi
Arae-makki
Auf dem linken Fußballen nach rechts in Richtung R drehen
Hansonnal-bituro-makki
nach dem Kick mit dem linken Fuß in Richtung L vorgehen
Dollyo-chagi
Bakkat-makki
Baro-jirugi
Ap-chagi
Baro-jirugi
Drehung um 180° in Richtung R
Hechyo-makki
Baro-jirugi
Ap-chagi
Baro-jirugi
Bakkat-makki
auf dem rechten Fuß in Richtung V drehen und den linken Fuß heranziehen
Hansonnal-bituro-makki
Drehung um 270° in Richtung L
Dollyo-chagi
Arae-makki
Ap-chagi
Bakkat-makki
H
R1
R2
R3
L1
L2
L3
V
Batangson-makki
Baro-jirugi
Junbi
den rechten Fuß heranziehen
Baro-jirugi
Batangson-makki
Sonnal-makki
Sonnal-makki
den rechten Fuß in Richtung H setzen
Bakkat-makki
Ap-chagi
Arae-makki
H
R
L
auf dem rechten Fuß um 180° in Richtung R drehen

Taeguk-chil-jang

Die Bedeutung der Form

Das Diagramm der Taeguk-chil-jang steht für den Gipfel eines Berges, oder den **Berg** allgemein.
Ein Berg hat eine immens hohe Stabilität und der Mensch kann seine Festigkeit nur dadurch erringen, dass er in stetigem Wechsel fortschreitet und anhält, je nachdem was im einzelnen Augenblick not-wendig erscheint.

Übersicht über die siebte Taeguk (chil-jang) 1/3			
Nr.	**Stellung und Armtechnik**	**Hinweise**	**Beschreibung**
	den linken Fuß zur Seite setzen		
0	Junbi		s. 60
	Den Körper um 90° nach links drehen		
1	Bom-sogi + Batangson-momtong-an-makki (rechts)		s. 67,87
	mit dem hinteren (rechten) Fuß **Ap-chagi** treten und ihn hinten wieder absetzen		
2	Bom-sogi + Momtong-an-makki (links)		s. 67,87,120
	den Körper auf dem linken Fuß um 180° nach rechts in Richtung R_1 drehen		
3	Bom-sogi + Batangson-momtong-an-makki (links)		s. 67,87
	mit dem hinteren (linken) Fuß **Ap-chagi** treten und ihn hinten wieder absetzen		
4	Bom-sogi + Momtong-an-makki (rechts)		s. 67,87,120
	den Körper um 90° in Richtung V drehen und dabei den linken Fuß in diese Richtung setzen		
5	Dwit-gubi + Arae-sonnal-makki		s. 64,91
	mit dem rechten Fuß in Richtung V vorgehen		
6	Dwit-gubi + Arae-sonnal-makki		s. 64,91
	den Körper um 90° nach links drehen und dabei den linken Fuß in Richtung L_2 setzen		
7	Bom-sogi + Momtong-goduro-batangson-an-makki (re.)		s. 67,85
	unverändert		
8	Bom-sogi + Olgul-dungjumok-ape-chigi (rechts)		s. 67,107
	Fortsetzung siehe nächste Seite		

Übersicht über die siebte Taeguk (chil-jang) 2/3

Nr.	Stellung und Armtechnik	Hinweise	Beschreibung
	Drehung auf der Stelle über die rechte Schulter in Richtung R_2		
9	Bom-sogi + Momtong-goduro-batangson-an-makki (li.)		s. 67,85
	unverändert		
10	Bom-sogi + Olgul-dungjumok-ape-chigi (links)		s. 67,107
	den rechten Fuß heranziehen und den Körper dabei aufrichten - Drehung in Richtung V		
11	Moa-sogi + Bo-jumok (in Halshöhe)		s. 58
	den linken Fuß einen Schritt nach vorne in Richtung V setzen		
12	Ap-gubi + <u>Dubon</u>-gawi-makki (erst: <u>rechts</u> Arae-makki, <u>links</u> Momtong-yop-makki; dann: umgekehrt)		s. 63,78,83
	mit dem rechten Fuß einen Schritt nach vorne in Richtung V gehen		
13	Ap-gubi + <u>Dubon</u>-gawi-makki (erst: <u>links</u> Arae-makki, <u>rechts</u> Momtong-yop-makki; dann: umgekehrt)		s. 63,78,83
	270° Drehung in Richtung R_3 - dazu den linken Fuß hinten übersetzen und dann drehen		
14	Ap-gubi + Momtong-hechyo-makki		s. 63,94
	das <u>rechte Knie</u> schnell hochreißen und so **Murup-chigi** treten, dann ohne den Fuß abzusetzen einen Schritt nach vorne in Richtung R_3 springen		
15	Koa-sogi + Momtong-jechyo-jirugi		s. 68,102,130
	den linken Fuß stehen lassen, den rechten zurückziehen (keine Körperdrehung)		
16	Ap-gubi + Otgoro-arae-makki		s. 63,80
	den rechten Fuß in Richtung L_3 setzen und den Körper rechtsherum um 180° drehen		
17	Ap-gubi + Momtong-hechyo-makki		s. 63,94
	das <u>linke Knie</u> schnell hochreißen und so **Murup-chigi** treten, dann ohne den Fuß abzusetzen einen Schritt nach vorne in Richtung L_3 springen		
18	Koa-sogi + Momtong-jechyo-jirugi		s. 68,102,130
	den rechten Fuß stehen lassen, den linken zurückziehen (keine Körperdrehung)		
19	Ap-gubi + Otgoro-arae-makki		s. 63,80
	90° Drehung nach links, wobei der linke Fuß in Richtung H gesetzt wird		
20	Ap-sogi + Olgul-dungjumok-bakkat-chigi (links)		s. 62,110
	mit dem <u>rechten Fuß</u> **Pyojok-chagi** in die gestreckte linke Hand schlagen und den Fuß dann gerade nach vorne in Richtung H absetzen - der Körper wird in Richtung R gedreht		
21	Juchum-sogi + Palkup-pyojok-chigi (rechts)		s. 60,115,127

Fortsetzung nächste Seite

Übersicht über die siebte Taeguk (chil-jang) 3/3			
Nr.	**Stellung und Armtechnik**	**Hinweise**	**Beschreibung**
	den linken Fuß zum rechten heranziehen und den Körper 90° in Richtung H drehen		
22	Ap-sogi + Olgul-dungjumok-bakkat-chigi (rechts)		s. 62,110
	mit dem linken Fuß **Pyojok-chagi** in die gestreckte rechte Hand schlagen und den Fuß dann gerade nach vorne in Richtung H absetzen - der Körper wird in Richtung L gedreht		
23	Juchum-sogi + Palkup-pyojok-chigi (links) (der linke Ellenbogen schlägt in die rechte Handfläche)		s. 60,115,127
	unverändert		
24	Juchum-sogi + Momtong-hansonnal-makki (li.)		s. 60,93
	den rechten Fuß in Richtung H auf die Line H-V setzen, den Oberkörper dabei in Richtung R drehen		
25	Juchum-sogi + Momtong-yop-jirugi (rechts)		s. 60,98
	linksherum drehen, bis der Körper in Richtung V zeigt		
-	Guman	entspricht Junbi	s. 60
	Ende		

Hinweise zur Ausführung

Diese Form zeichnet sich vor allem durch eine Reihe von schwierigen Stellungen aus, die gründlich einstudiert werden müsse.
Hinsichtlich der Schlagtechniken sind vor allem die beiden Pyojok-chagis gegen Ende der Form sehr schwer zu treten.

Zwischen Bewegung 14 und 15, und den Bewegungen 17 und 18 kann jeweils mit den Händen noch zum imaginären Kopf des Gegners gegriffen werden, um so die Wirkung des Murup-chigis weiter zu erhöhen.

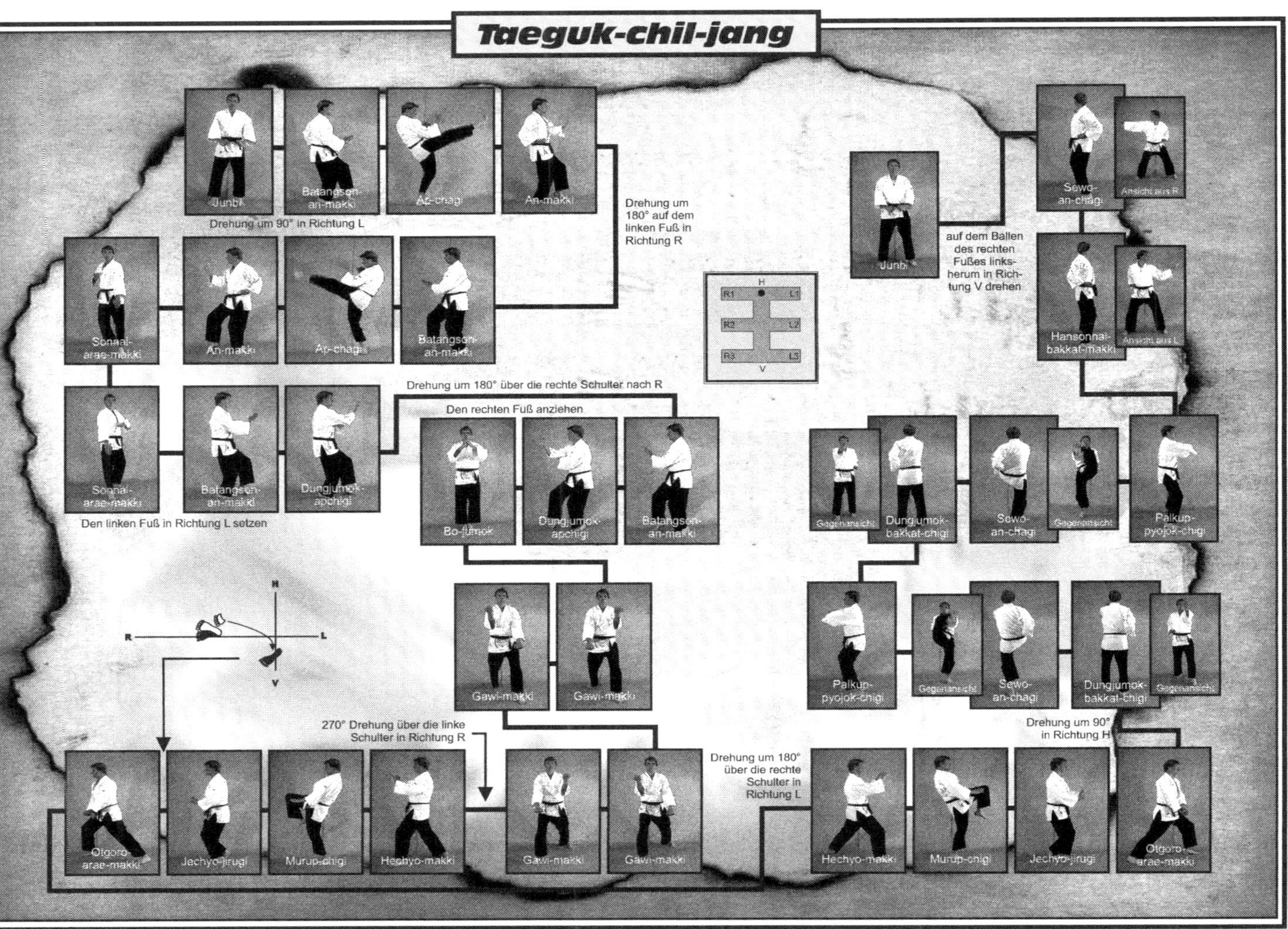

Taeguk-chil-jang
Junbi
Batangson-an-makki
Ap-chagi
An-makki
Drehung um 90° in Richtung L
Drehung um 180° auf dem linken Fuß in Richtung R
Junbi
auf dem Ballen des rechten Fußes linksherum in Richtung V drehen
Sewo-an-chagi
Ansicht aus R
Hansonnal-bakkat-makki
Ansicht aus L
Sonnal-arae-makki
An-makki
Ap-chagi
Batangson-an-makki
Sonnal-arae-makki
Batangson-an-makki
Dungjumok-apchigi
Den linken Fuß in Richtung L setzen
Drehung um 180° über die rechte Schulter nach R
Den rechten Fuß anziehen
Bo-jumok
Dungjumok-apchigi
Batangson-an-makki
Gegenansicht
Dungjumok-bakkat-chigi
Sewo-an-chagi
Gegenansicht
Palkup-pyojok-chigi
Gawi-makki
Gawi-makki
Palkup-pyojok-chigi
Gegenansicht
Sewo-an-chagi
Dungjumok-bakkat-chigi
Gegenansicht
270° Drehung über die linke Schulter in Richtung R
Drehung um 180° über die rechte Schulter in Richtung L
Drehung um 90° in Richtung H
Otgoro-arae-makki
Jechyo-jirugi
Murup-chigi
Hechyo-makki
Gawi-makki
Gawi-makki
Hechyo-makki
Murup-chigi
Jechyo-jirugi
Otgoro-arae-makki
R1 H L1
R2 L2
R3 V L3
H R L V

Taeguk-pal-jang

Die Bedeutung der Form

Das achte Formensymbol steht für **Erde**, was die Grundsubstanz allen Seins darstellt. Sie bietet einen Platz zum gedeihen und versorgt die Natur mit Nährstoffen und Energie. Taeguk-pal-jang ist die letzte Form des Schülers, bevor er den ersten Meistergrad anstrebt. Daher werden in ihr noch einmal alle grundlegenden Techniken wiederholt, aufgefrischt und verbessert - ihnen wird also der letzte Schliff verliehen.

Übersicht über die achte Taeguk (pal-jang) 1/3		
Nr. — **Stellung und Armtechnik**	**Hinweise**	**Beschreibung**
den linken Fuß zur Seite setzen		
⓪ Junbi		s. 60
den linken Fuß einen Schritt nach vorne setzen		
① Dwit-gubi + Momtong-goduro-bakkat-makki (links)		s. 64,85
den linken Fuß etwas zur Seite versetzen		
② Ap-gubi + Momtong-baro-jirugi (rechts)		s. 63,98
mit dem rechten Knie Schwungholen, und im <u>Sprung</u> einen **Ap-chagi** mit dem <u>linken Fuß</u> treten, danach den Fuß vorne absetzen		
③ Ap-gubi + Momtong-an-makki (links) + Momtong-dubon-jirugi (rechts - links)		s. 63,87,98,120
mit dem rechten Fuß einen Schritt nach vorne in Richtung V gehen		
④ Ap-gubi + Momtong-bandae-jirugi (rechts)		s. 63,98
den linken Fuß in Richtung L₃ setzen, und linksherum drehen bis der Körper in die Line L₃-R₃ gedreht ist (der Blick ist über die Schulter nach R gerichtet, der Körper nach L)		
⑤ Ap-gubi + Oesantul-makki (<u>links</u>: Arae-makki, <u>rechts</u>: Olgul-yop-makki)		s. 63,78,83
auf der Stelle eine Positionsänderung durchführen, so dass der Oberkörper nach R₃ zeigt		
⑥ Ap-gubi + Jumok-danggyo-tok-jirugi (langsam)		s. 63
den linken Fuß in Richtung L₃ überkreuzen, dann den rechten Fuß in Richtung L₃ setzen		
⑦ Ap-gubi + Oesantul-makki (<u>rechts</u>: Arae-makki, <u>links</u>: Olgul-yop-makki)		s. 63,78,83
Fortsetzung siehe nächste Seite		

| Übersicht über die achte Taeguk (pal-jang)		2/3	
Nr.	**Stellung und Armtechnik**	**Hinweise**	**Beschreibung**
	den Körper in Richtung L_3 drehen, ohne die Füße zu versetzen		
8	Ap-gubi + Jumok-danggyo-tok-jirugi (langsam)		s. 63
	270° Drehung über die linke Schulter in Richtung V - dabei nicht den linken Fuß bewegen, sondern den rechten Fuß nach hinten setzen		
9	Dwit-gubi + Momtong-sonnal-makki		s. 64,91
	den linken Fuß etwas zur Seite versetzen		
10	Ap-gubi + Momtong-baro-jirugi (rechts)		s. 63,98
	mit dem <u>rechten Fuß</u> **Ap-chagi** treten und den Fuß hinten wieder absetzen - danach mit dem linken Fuß schnell einen Schritt zurückgehen und den rechten heranziehen		
11	Bom-sogi + Momtong-batangson-makki (rechts)		s. 67,120
	den linken Fuß in Richtung L_2 zur Seite setzen		
12	Bom-sogi + Momtong-sonnal-makki		s. 67,91
	der rechte Fuß bleibt stehen, mit dem <u>linken</u> (vorderen) wird **Ap-chagi** getreten und der Fuß danach wieder in Richtung L_2 abgesetzt		
13	Ap-gubi + Momtong-baro-jirugi (rechts)		s. 63,98,120
	den rechten Fuß etwas zum linken heranziehen		
14	Bom-sogi + Momtong-batangson-makki (links)		s. 67
	den Körper auf dem linken Fuß um 180° in Richtung R_2 drehen		
15	Bom-sogi + Momtong-sonnal-makki		s. 67,91
	der linke Fuß bleibt stehen, mit dem <u>rechten</u> (vorderen) wird **Ap-chagi** getreten und der Fuß danach wieder in Richtung R_2 abgesetzt		
16	Ap-gubi + Momtong-baro-jirugi (links)		s. 63,98,120
	den linken Fuß etwas zum rechten heranziehen		
17	Bom-sogi + Momtong-batangson-makki (links)		s. 67
	Drehung um 90° nach rechts, wobei der rechte Fuß in Richtung H gesetzt wird		
18	Dwit-gubi + Arae-goduro-makki (rechts)		s. 64,85
	mit dem <u>linken Fuß</u> **Ap-chagi** treten, dann (ohne Absetzen) mit dem <u>rechten Bein</u> **Ap-chagi** im <u>Sprung</u> auf der Stelle treten - der linke Fuß landet dort, wo der rechte stand		
19	Ap-gubi + Momtong-an-makki (rechts) + Momtong-dubon-jirugi (links - rechts)		s. 63,87,98,120
	270° Drehung über die linke Schulter in Richtung L_1		
20	Dwit-gubi + Momtong-hansonnal-makki (li.)		s. 64,93
	Fortsetzung nächste Seite		

Übersicht über die achte Taeguk (pal-jang) 3/3

Nr.	Stellung und Armtechnik	Hinweise	Beschreibung
	den linken Fuß etwas zur Seite setzen		
21	Ap-gubi + Olgul-palkup-dollyo-chigi (rechts)		s. 63,115
	unverändert		
22	Ap-gubi + Olgul-dungjumok-ape-chigi (rechts)		s. 63,107
	unverändert		
23	Ap-gubi + Momtong-bandae-jirugi (links)		s. 63,98
	180° Drehung in Richtung R_1 (auf der Stelle), wobei der rechte Fuß etwas an den linken herangezogen wird		
24	Dwit-gubi + Momtong-hansonnal-makki (re.)		s. 64,93
	den rechten Fuß etwas zur Seite setzen		
25	Ap-gubi + Olgul-palkup-dollyo-chigi (links)		s. 63,115
	unverändert		
26	Ap-gubi + Olgul-dungjumok-ape-chigi (links)		s. 63,107
	unverändert		
27	Ap-gubi + Momtong-bandae-jirugi (rechts)		s. 63,98
	den linken Fuß heranziehen und den Körper in Richtung V drehen		
-	Guman	entspricht Junbi	s. 60
	Ende		

Hinweise zur Ausführung

Die schwierigsten Techniken innerhalb dieser Form sind die beiden gesprungenen Fußkicks. Da jeweils nur mit einem Bein abgesprungen wird, benötigt man für die Ausführung relativ viel Kraft.

Ansonsten sollte mit dieser Form noch einmal die Sauberkeit aller Techniken überprüft werden, die bereits in den zuvor einstudierten Übungsfiguren enthalten waren.

Taeguk-pal-jang
Junbi
Bandae-jirugi
Dungjumok-apchigi
Palkup-chigi
Hansonnal-makki
180° Drehung in Richtung R
rechten Fuß heranziehen
Hansonnal-makki
Palkup-chigi
Dungjumok-apchigi
Bandae-jirugi
270° Drehung über die linke Schulter in Richtung L
mit dem linken Knie Schwung holen
Junbi
Godubo-bakkat-makki
Baro-jirugi
Ap-chagi
Bandae-jirugi
Baro-jirugi
An-makki
Dubon-jirugi
Dubon-jirugi
An-makki
Fuß nicht absetzen
Sonnal-arae-makki
Gegenansicht
Ap-chagi
Ap-chagi (im Sprung)
Gegenansicht
Schritt nach vorne machen
270° Drehung in Richtung R
Den rechten Fuß zurückziehen
Drehung um 90° in Richtung H
Fuß zur Seite setzen
Danggyo-tok-jirugi
Oesantul-makki
Bandae-jirugi
Baro-jirugi
Batangson-makki
Batangson-makki
Baro-jirugi
Ap-chagi
Sonnal-makki
Den linken Fuß überkreuzen und den rechten danach in Richtung L setzen
Hinten absetzen und Schritt zurück gehen
Den linken Fuß zur Seite setzen
Drehung um 180° in Richtung R
Oesantul-makki
Danggyo-tok-jirugi
Sonnal-makki
Ap-chagi
Sonnal-makki
Ap-chagi
Baro-jirugi
Batangson-makki
270° Drehung in Richtung V
Den linken Fuß zurückziehen
R1 H L1
R2 L2
R3 V L3

Koryo

Die Bedeutung der Form

Korea wurde früher Koryo genannt. So ist es verständlich, dass diese Bezeichnung für die Form zum ersten Meistergrad gewählt wurde, da durch sie die besondere Wichtigkeit herausgestellt wird.

Übersicht über Koryo			1/3
Nr.	Stellung und Armtechnik	Hinweise	Beschreibung
	den linken Fuß zur Seite setzen		
0	Junbi-sogi + Tongmilgi-junbi (die Hände werden langsam vom Körper aus nach vorne geführt)		s. 60
	den linken Fuß zur Seite setzen und 90° Drehung in Richtung L₁		
1	Dwit-gubi + Momtong-sonnal-makki		s. 64,91
	mit dem <u>rechten</u> (hinteren) Fuß erst einen **Arae-yop-chagi**, dann einen **Momtong-yop-chagi** in Richtung L₁ treten (dazwischen nicht absetzen) und dort absetzen		
2	Ap-gubi + Olgul-sonnal-bakkat-chigi (rechts)		s. 63,112,131
	unverändert		
3	Ap-gubi + Momtong-baro-jirugi (links)		s. 63,98
	den rechten Fuß etwas zurückziehen, den linken stehen lassen		
4	Dwit-gubi + Momtong-an-makki (rechts)		s. 64,87
	Drehung um 180° in Richtung R₁, wobei der rechte Fuß dorthin gesetzt wird		
5	Dwit-gubi + Momtong-sonnal-makki		s. 64,91
	mit dem <u>linken</u> (hinteren) Fuß erst einen **Arae-yop-chagi**, dann einen **Momtong-yop-chagi** in Richtung R₁ treten (dazwischen nicht absetzen) und dort absetzen		
6	Ap-gubi + Olgul-sonnal-bakkat-chigi (links)		s. 63,112,131
	unverändert		
7	Ap-gubi + Momtong-baro-jirugi (rechts)		s. 63,98
	den linken Fuß etwas zurückziehen, den rechten stehen lassen		
8	Dwit-gubi + Momtong-an-makki (links)		s. 64,87
	den linken Fuß in Richtung V setzen und 90° Drehung nach links machen		
9	Ap-gubi + Arae-hansonnal-makki (links) + Olgul-kaljabi (Schlag mit der Handspanne) (rechts)		s. 63,93
	Fortsetzung siehe nächste Seite		

Übersicht über Koryo			2/3
Nr.	**Stellung und Armtechnik**	**Hinweise**	**Beschreibung**
	mit dem <u>rechten Fuß</u> **Ap-chagi** treten und in Richtung V absetzen		
10	Ap-gubi + Arae-hansonnal-makki (rechts) + Olgul-kaljabi (Schlag mit der Handspanne) (links)		s. 63,93,120
	mit dem <u>linken Fuß</u> **Ap-chagi** treten und in Richtung V absetzen		
11	Ap-gubi + Arae-hansonnal-makki (links) + Olgul-kaljabi (Schlag mit der Handspanne) (rechts)		s. 63,93,120
	mit dem <u>rechten Fuß</u> **Ap-chagi** treten und in Richtung V absetzen		
12	Ap-gubi + Murup-kokki (rechts unten - links oben) (Schlag mit der Handspanne auf das Knie des Gegners)		s. 63,93,120
	Drehung um 180° auf dem rechten (vorderen) Fuß, wobei das linke Bein in Richtung V gesetzt wird und damit nach der Drehung hinten steht		
13	Ap-gubi + Momtong-hechyo-makki		s. 63,94
	mit dem <u>linken Fuß</u> **Ap-chagi** treten und in Richtung H absetzen		
14	Ap-gubi + Murup-kokki (links unten - rechts oben) (Schlag mit der Handspanne auf das Knie des Gegners)		s. 63,120
	den linken Fuß etwas zurückziehen, den rechten stehen lassen		
15	Ap-sogi + Momtong-hechyo-makki		s. 63,94
	Auf dem Ballen des linken Fußes nach rechts drehen, dabei den rechten Fuß nach links setzen, so dass dieser nach der Drehung in Richtung L_2 hinten steht		
16	Juchum-sogi + Hansonnal-yop-makki (links)		s. 60,93
	unverändert		
17	Juchum-sogi + Jumok-pyojok-jirugi (rechte Faust schlägt in die linke Handfläche)		s. 60,98
	der rechte Fuß wird nach vorne über den linken gekreuzt (Koa-sogi), gleichzeitig werden die Hände an die rechte Seite der Hüfte genommen - dann wird mit dem <u>linken Fuß</u> **Yop-chagi** in Richtung L_2 getreten, vorne abgesetzt und der Körper sofort in Richtung R_2 gewandt		
18	Ap-gubi + Arae-pyonsonkut-jechyo-chirugi (links)		s. 63,105,131
	den rechten Fuß etwas zurückziehen, den linken stehen lassen		
19	Ap-sogi + Arae-makki (rechts)		s. 63,78
	den linken Fuß einen Schritt nach vorne in Richtung R_2 setzen - dabei **Momtong-batangson-nullo-makki** mit <u>links</u> ausführen und danach sofort den rechten Fuß einen Schritt nach vorne setzen und den Körper in Richtung V drehen		
20	Juchum-sogi + Palkup-yop-chigi (rechts)		s. 60,117

Fortsetzung nächste Seite

209

Übersicht über Koryo			3/3
Nr.	**Stellung und Armtechnik**	**Hinweise**	**Beschreibung**
	unverändert		
21	Juchum-sogi + Momtong-han-sonnal-yop-makki (re.)		s. 60,93
	unverändert		
22	Juchum-sogi + Jumok-pyojok-jirugi (linke Faust schlägt in die rechte Handfläche)		s. 60,98
	der linke Fuß wird nach vorne über den rechten gekreuzt (Koa-sogi), gleichzeitig werden die Hände an die linke Seite der Hüfte genommen - dann wird mit dem rechten Fuß **Yop-chagi** in Richtung R$_2$ getreten, vorne abgesetzt und der Körper sofort in Richtung L$_2$ gewandt		
23	Ap-gubi + Arae-pyonsonkut-jechyo-chirugi (rechts)		s. 63,105,131
	den linken Fuß etwas zurückziehen, den rechten stehen lassen		
24	Ap-sogi + Arae-makki (links)		s. 62,78
	den rechten Fuß einen Schritt nach vorne in Richtung L$_2$ setzen - dabei **Momtong-batangson-nullo-makki** mit rechts ausführen und danach sofort den linken Fuß einen Schritt nach vorne setzen und den Körper in Richtung V drehen		
25	Juchum-sogi + Palkup-yop-chigi (links)		s. 60,117
	der linke Fuß wird an den rechten herangezogen - die beiden Hände werden über den Kopf genommen und dann in einem großen Kreisbogen nach außen schließlich unten wieder zusammen genommen		
26	Moa-sogi + Arae-mejumok-pyojok-chigi (langsam) (die linke Faust wird gegen die rechte Hand geschlagen)		s. 58
	auf dem rechten Fuß nach links um 180° nach hinten drehen und dabei den linken Fuß in Richtung H setzen		
27	Ap-gubi + Hansonnal-bakkat-chigi + Hansonnal-arae-makki (beides links)		s. 63,112,93
	mit dem rechten Fuß einen Schritt nach vorne in Richtung H gehen		
28	Ap-gubi + Hansonnal-bakkat-chigi + Hansonnal-arae-makki (beides rechts)		s. 63,112,93
	mit dem linken Fuß einen Schritt nach vorne in Richtung H gehen		
29	Ap-gubi + Hansonnal-mokchigi + Hansonnal-arae-makki (beides links)		s. 63,112,93
	mit dem rechten Fuß einen Schritt nach vorne in Richtung H gehen		
30	Ap-gubi + Olgul-Kaljabi (Schlag mit der Handspanne)		s. 63
	auf dem Ballen des rechten Fußes linksherum drehen, bis der Körper in Richtung V zeigt		
–	Guman (mit Tongmilgi-junbi)	entspricht Junbi	s. 60
	Ende		

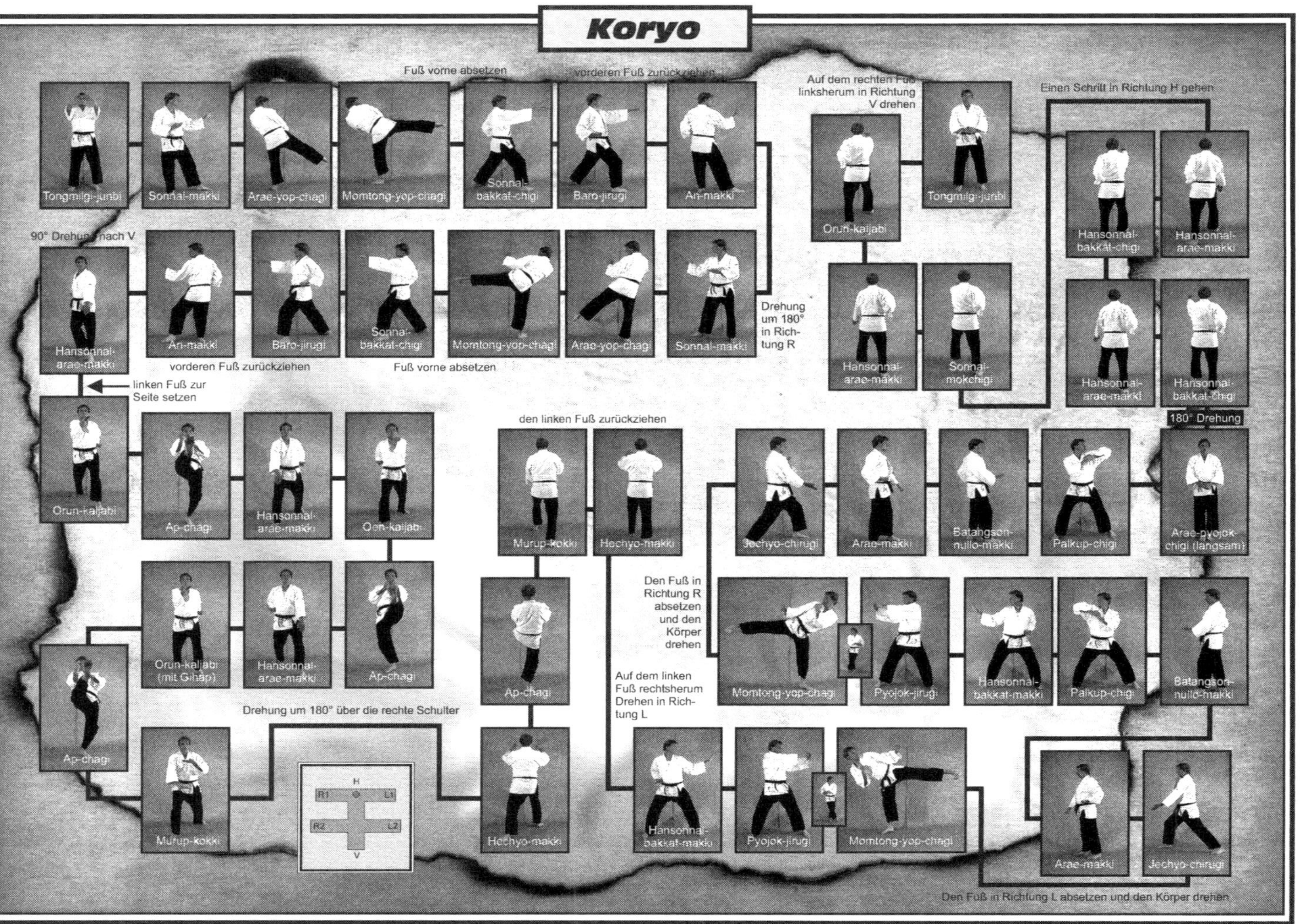

Koryo
Fuß vorne absetzen
vorderen Fuß zurückziehen
Auf dem rechten Fuß linksherum in Richtung V drehen
Einen Schritt in Richtung H gehen
Tongmilg-junbi
Sonnal-makki
Arae-yop-chagi
Momtong-yop-chagi
Sonnal-bakkat-chigi
Baro-jirugi
An-makki
Orun-kaljabi
Tongmilg-junbi
Hansonnal-bakkat-chigi
Hansonnal-arae-makki
90° Drehung nach V
Hansonnal-arae-makki
An-makki
Baro-jirugi
Sonnal-bakkat-chigi
Momtong-yop-chagi
Arae-yop-chagi
Sonnal-makki
Drehung um 180° in Richtung R
Hansonnal-arae-makki
Sonnal-mokchigi
Hansonnal-arae-makki
Hansonnal-bakkat-chigi
180° Drehung
vorderen Fuß zurückziehen
Fuß vorne absetzen
linken Fuß zur Seite setzen
den linken Fuß zurückziehen
Orun-kaljabi
Ap-chagi
Hansonnal-arae-makki
Oen-kaljabi
Murup-kokki
Hechyo-makki
Jechyo-chirugi
Arae-makki
Batangson-nullo-makki
Palkup-chigi
Arae-pyojok-chigi (langsam)
Den Fuß in Richtung R absetzen und den Körper drehen
Orun-kaljabi (mit Gihap)
Hansonnal-arae-makki
Ap-chagi
Ap-chagi
Momtong-yop-chagi
Pyojok-jirugi
Hansonnal-bakkat-makki
Palkup-chigi
Batangson-nullo-makki
Auf dem linken Fuß rechtsherum Drehen in Richtung L
Drehung um 180° über die rechte Schulter
Ap-chagi
Murup-kokki
H
R1
L1
R2
L2
V
Hechyo-makki
Hansonnal-bakkat-makki
Pyojok-jirugi
Momtong-yop-chagi
Arae-makki
Jechyo-chirugi
Den Fuß in Richtung L absetzen und den Körper drehen

Koreanisches Fachwörterverzeichnis

A

agwison	Handspanne
ahob	neun (9)
an	von außen nach innen
an-chagi	Tritt von außen
an-chigi	Schlag nach innen
an-makki	Block von außen
an-palmok	Innenunterarm
an-palmok-bituro-makki	gedrehter Block mit dem Innenunterarm
ap	nach vorne
apchagi	Vorwärtskick
apchigi	Schlag nach vorne
apchuk	Fußballen
apkoa-sogi	seitliche Überkreuzstellung
ap-gubi	Vorwärtsstellung (tief)
apkyorumse	Frontalstellung (Kampf)
ap-sogi	kleine Vorwärtsstellung
arae	Unterleib
arae-bo-jumok	Startstellung (linke Hand um rechte Faust)
arae-makki	Tiefblock

B

baesim	Jury
bakkat	nach außen
bakkat-makki	Block nach außen
bakkat-palmok-gawi-makki	Scherenblock mit dem Außenunterarmen
bakkat-palmok-goduro-makki	Unterarmblock nach außen mit Unterstützung
bal	Fuß
balbadak	Fußsohle
baldung	Fußrücken
baljit	Stepp
baljitki	Stepptechnik
balnal	Fußkante (außen)
bamjumok	spitze Faust
bandae	gegenseitig
bandae-jirugi	gegenseitiger Fauststoß
bangoki	Blocktechnik
baro	gleichseitig
baro-jirugi	gleichseitiger Fauststoß
batangson	Handballen
batguo	"Wechsel" (Kommando)
bato-chagi	Kontertechnik mit dem Fuß
bituro-makki	gedrehter Block nach außen mit dem Innenunterarm
bo-jumok	Startstellung (linke Hand umfasst in Kinnhöhe die rechte Faust)

(Fortsetzung)

bom-sogi	Tigerstellung (Rückwärtsstellung)
bon	Muster, Vorbild
busim	Punktrichter

C

chagi	Kick
charyot	"Achtung!"
charyot-sogi	Achtungsstellung
chigi	Schlag
chil	7.
chi-jirugi	Aufwärtsstoß
chirugi	Stich mit Fingerspitzen
chong song	Sieg für blau
chukyo	heben
chukyo-makki	Hebeblock

D

dan	Meistergrad
danggyo-jirugi	ziehender Stoß
danjon	Zwerchfell
dari	Bein
dasot	fünf
datchimse	geschlossene Stellung (Kampf)
digut-cha	u-förmig
digut-cha-makki	u-förmiger Block m. Handspann
dobok	Trainingsanzug
dojang	Trainingsraum
dolchogwi	Drehangel, Scharnier
dolla	umdrehen
dollyo-chagi	Drehtritt
dollyo-jirugi	Drehstoß
du	zwei(fach)
du-batangson-chukyo-makki	Hebeblock m. beiden Handballen
dubon	doppelt, zweimal
du-jumok	beide Fäuste
du-jumok-sewo-jirugi	gleichzeitiger Stoß mit zwei senkrechten Fäusten
dungjumok	Faustrücken
dungjumok-ape-chigi	Faustrückenschlag nach vorne
dwi	hinten, rückwärts
dwitchagi	Rückwärtskick
dwitkoa-sogi	Überkreuzstellung vorwärts
dwit-gubi	Rückwärtsstellung
dwitkumchi	Achillesferse
dwit-palkup-chigi	Ellenbogenschlag nach hinten
dwitpal-sogi	Rückbeinstellung

Koreanisches Fachwörterverzeichnis

G

gawi	Schere
gawi-makki	Scherenblock
gawisonkut	Fingerspitzen in Scherenform
gesok	"Weitermachen!"
gibon	Basis, Grund
gibon-junbi	Grund-Startstellung
gihap	Kampfschrei
godub-chagi	Doppelfußtritt
goduro-makki	Block mit Unterstützung
gu	9.
gubi	gebeugt, beugen
guman	"Ende!"
gyopson	linke Hand über die rechte Hand gelegt
gyopson-junbi	Startstellung - Hände wie oben beschrieben

H

hakdari-sogi	Kranichbeinstellung
han	ein-, einzel
hana	1 (eins)
hanbon-kyorugi	Einschrittkampf
hanson	eine Hand
hansonnal-makki	Einzelhandkantenblock
hechyo	Keil, auseinander
hechyo-makki	Keilblock
hoejon (il,ie,sam)	Runde (1.,2.,3.)
hogu	Kampfweste
hong	rot
hong song	Sieg für rot
hosinsul	Selbstverteidigung
huryo	Peitsche
huryo-chagi	Peitschenkick
hyong	Übungsfigur

I

i	2. (Ordnungszahl)
il	1. (Ordnungszahl)
ilgob	sieben
injung	Nasenrille

J

jabi	Griff
jang	Abschnitt

J

jayu-kyorugi	Freikampf
jebipum	Schwalbenflugförmig
jebipum-sonnal-mokchigi	eine Handkante schlägt zum Hals, die andere führt Gesichtsblock aus
jechyo	umgedreht
jechyo-chirugi	Stoß mit umgedrehter Faust
jirugi	Fauststoß
juchum-sogi	Sitzstellung
jumok	Faust
junbi	"Achtung!"
junbi-sogi	Vorbereitungsstellung
jusim	Kampfleiter

K

kal	Messer
kaljabi	Schlag mit der Handspanne
kallyo	"Auseinander!"
kamjom	Minuspunkt
kima-sogi	Reitsitzstellung
koa-sogi	Überkreuzstellung
kolchyo-makki	Einhakblock
konggyokki	Angriffstechnik
kumgang	Diamant
kumgang-makki	Diamantblock
kun-dolchogwi	hakenförmig geführter Fauststoß
kup	Schülergrad
kuryong	Kommando
kuryong opschi	ohne Kommando
kuryonge matschuo	mit Kommando
kyesok	"Weiterkämpfen!"
kyokpa	Bruchtest
kyonggi	Wettkampf
kyonggo	Verwarnung
kyongie	Gruß, Respektsbezeugung
kyorugi	Kampf
kyorumse	Grundkampfstellung

M

makki	Block, Abwehrtechnik
mejumok	Faustaußenseite
miro	schieben, stoßen
miro-chagi	Stoßtritt
mituro	abwärts
mo	Ecke
mok	Hals
mok-chigi	Schlag zum Hals
moa-sogi	geschlossene Stellung
mojuchum-sogi	Sitzstellung mit gedrehten Füßen

Koreanisches Fachwörterverzeichnis

mom	Körper
momdollyo-chagi	Tritt mit rückwärtiger Körperdrehung
momtong	Rumpf (vom Nabel bis zum Schlüsselbein)
myongchi	Solarplexus

N

naeryo	abwärts
naranhi-sogi	offene Paralellstellung
natchumse	Tiefe Kampfstellung
net	vier
nullo	herunterdrücken
nullo-makki	Druckblock nach unten

O

oen	links
oesantul-makki	arae-makki, olgul-bakkat-makki gleichzeitig
oh	5.
olgul	Gesicht
olgul-makki	Gesichtsblock
ollyo	aufwärts
ollyo-chigi	Aufwärtsschlag
opo	waagerecht
oposonkut	Fingerspitzen waagerecht
orun	rechts
otgoro	überkreuzt

P

paegi	Befreiung
pal	Arm
pal-chagi-junbi	Grundstellung
palgub	Ellenbogen
palgup-pyojok-chigi	Ellenbogenzielschlag (gegen die Handfläche)
palmok	Unterarm
an-palmok	Innenseite (Speiche)
bakkat-palmok	Außenseite (Elle)
poom	Form oder Meistergrad
poomsae	Bewegungsform
pyojok	Ziel
pyon	flach
pyonson	flache Hand
pyonjumok	halb geöffnete Faust
pyonsonkut	Fingerspitzen senkrecht
pyonsonkut-jechyo-chirugi	Fingerspitzenstich mit nach oben gedrehter Handfläche

S

sa	4. (Ordnungszahl)
sabom(-nim)	Meister, Großmeister
sam	3. (Ordnungszahl)
santul	Bergform, bergförmig
santul-makki	beidarmiger Gesichtsblock
sebon	dreimal
sebon-kyorugi	Dreischrittkampf
set	drei
sewo	senkrecht
sewo-an-chagi	Tritt mit der Fußinnenkante
sewo-chirugi	Vertikalschlag/stich
sib	10. (Ordnungszahl)
sijak	"Beginnen!"
simpan	Kampfrichter
sogi	Stellung
son	Hand
sonkut	Fingerspitzen
sonmok	Handgelenk
sonnal	Handkante (Außenseite)
sonnaldung	Handkante (Innenseite)
sonnal-mokchigi	Handkantenschlag zum Hals
sung	gewonnen

T

Taekwondoin	(sing./pl.) jmd. der TKD betreibt
tok	Kinn
twio	im Sprung, gesprungen
ty	Gürtel

W

win	links
wiro	aufwärts

Y

yodul	acht
yol	zehn
yollimse	offene Kampfstellung
yop	seitlich, Seite
yop-chagi	Seitwärtskick
yop-jirugi	Seitwärtsstoß
yop-kyorumse	seitliche Kampfstellung
yop-makki	Seitblock
yosot	sechs
yuk	6. (Ordnungszahl)